世界银行
华盛顿特区

公共财政管理系列丛书

U0821289

地方预算

沙安文　主编
大连市财政局翻译小组　译

中国财政经济出版社

图书在版编目（CIP）数据

地方预算/（美）沙安文（Shah，A.）主编；大连市财政局翻译小组译．—北京：中国财政经济出版社，2012.10

（公共财政管理系列丛书）

书名原文：Local Budgeting

ISBN 978-7-5095-3997-2

Ⅰ.①地…　Ⅱ.①沙…　②大…　Ⅲ.①地方预算　Ⅳ.①F810.7

中国版本图书馆CIP数据核字（2012）第238181号

著作权合同登记号：图字01-2012-8570

责任编辑：罗亚洪　　责任校对：张　凡

封面设计：郁　佳　　版式设计：兰　波

中国财政经济出版社出版

URL：http：//www.cfeph.cn

E-mail：cfeph@cfeph.cn

（版权所有　翻印必究）

社址：北京市海淀区阜成路甲28号　邮政编码：100142

发行处电话：88190406　财经书店电话：64033436

北京财经印刷厂印刷　各地新华书店经销

787×1092毫米　16开　18.25印张　350 000字

2012年10月第1版　2012年10月北京第1次印刷

定价：46.00元

ISBN 978-7-5095-3997-2/F·3242

（图书出现印装问题，本社负责调换）

本社质量投诉电话：010-88190744

Local Budgeting
Copyright ⓒ 2007 by The International Bank for Reconstruction and Development/The World Bank
1818 H Street, N. W. , Washington, D. C. 20433, U. S. A.

《地方预算》版权由国际复兴开发银行/世界银行所有

This work was originally published by The World Bank in English as *Local Budgeting* in 2007. This Chinese translation was arranged by China Financial & Economic Publishing House (CFEPH). CFEPH is responsible for the quality of the translation. In case of any discrepancies, the original language will govern.

本著作由世界银行最初于 2007 年以英文出版，书名为《地方预算》。

中文翻译工作由中国财政经济出版社组织完成。中国财政经济出版社将对翻译质量负责。如出现任何与原版的不一致，以原版语言为准。

一切观点、解释及结论均为本书作者所持有，不代表世界银行的执行董事或其所代表的政府的观点。

世界银行不对著作中包含的数据的准确性提供保证。书中任何地图上的边界、颜色、名称及其他信息不表示世界银行对任何区域法律地位的判断或对于任何边界的认可与接受。

前　言

《地方预算》一书是世界银行为了完善发展中国家的公共支出管理和财政问责制度改革而编著的文献，集数位国外著名学者研究之大成，视角独到，观点鲜明。本书详细分析了改进财政管理的原则和实践，回顾了发展中国家预测收入和支出的可用工具，检验了确保财政透明性和财政纪律的制度性安排，详细分析了绩效预算是如何成为检验以结果为基础的问责政府的工具，探讨了预算执行在确保管理灵活性的同时提高民主问责性的作用。

本书反映的发展中国家财政领域存在的热点、难点和焦点问题，在我们财政工作当中也不同程度的存在。自 2000 年部门预算改革实施以来，我们先后开展了收支两条线、国库集中收付、政府采购、政府收支分类等多项改革，为提高地方预算管理水平奠定了基础。但应该看到，地方预算管理当中还存在很多问题，如预算编制细化不到位，预算约束力不强，财政管理透明度不高，绩效预算滞后等等。解决这些问题需要我们在工作当中不断的探索和思考，而《地方预算》一书无疑也为我们提供了很好的指导和借鉴。

考虑到本书对我国地方预算管理工作具有较强的借鉴意义，同时也为了激发大连市财政局干部职工注重学习、钻研业务、更新知识和提高素养的热情，大连市财政局党组经过研究，决定成立大连市财政局翻译小组，利用业余时间翻译此书。经过一年多的辛苦付出，译书终于付梓出版。

本书由大连市财政局翻译小组负责翻译，其中：第一、二、三、四章由王倩倩翻译；第五、六、七、八章由吴知音翻译；第九、十章由张威翻译。在本书翻译出版过程中，得到了大连市政府主要领导的肯定和支持，得到了中国财经出版社和世界银行的指导和帮助，在此表示衷心的感谢！

由于初次译书，经验不足，水平有限，恐有失误，恳请读者谅解。

大连市财政局局长　毛岩亮

2012 年 7 月

目　录

序

200多年来，西方民主制度中政府结构的制衡体系是政府有效行使管理职能的核心，赋予了公民应享有的权利。公务员和决策者的动机——公共部门因为其工作所受的表彰与惩罚——都是从国家责任的框架出发的。完善的公共部门管理和健全的政府支出有利于经济发展和社会公平，特别是有利于穷人和弱势群体，比如老年人和妇女。

然而，很多发展中国家的政府管理体系仍然经常运作不力，存在着寻租和渎职行为、资源分配不当、税收体制效率低下以及一些关键的公共服务设施质量不高等问题。管理不善导致的直接后果是穷人和一些弱势群体（如妇女儿童、少数民族等）无法享受到公共服务。在解决这些普遍关注的问题时，从普通的发展援助团体到世界银行都在不懈努力，希望从世界各地的实践中汲取经验教训，可以更清楚哪些措施可以提高公共服务的管理质量，哪些措施不可以，特别是在反腐倡廉和为贫困人口提供服务方面。

本系列丛书从实践出发，为提高公共服务部门的效率和公平性，以及加强职能部门的管理责任，提供了方法和经验教训，丰富了我们这方面的知识。这套丛书所主张的框架是要创造一个激励型的环境，并在政府职能部门内外形成一种对优秀管理的推动力。这个框架列举了公民如何要求政府对所做事情负责的行政机制，并为如何取得结果和审慎的财政管理提供了较为实用的指导。本书列举了对付腐败和渎职的方法，为拓展公共服务领域的几个适用框架提供了理论和指导。本书还提出保护穷人、妇女、少数民族和其他弱势群体利益的措施，加强发表意见和退出的行政结构安排，评价政府公共项目的方法，建立负责任政府的管理框架，以及财政联邦制和地方政府管理等问题。

本套丛书将有助于政府官员、发展经济的实践者、学习发展经济学的学生以及那些对发展中国家公共管理感兴趣的人士进行这方面的研究。

Frannie A. Léautier
世界银行学院副院长

导　语

地方一级的预算制度主要是根据公共意愿配置公共资源。过去二十多年来，预算制度的角色发生了显著变化。地方预算从计划和财政控制的工具演变为绩效管理、结果管理和财政纪律的工具。目前地方预算也可以用来提高公民的权利和公共部门以结果为导向的外部问责。公民希望有关地方预算方面的文献能够提供关于政府管理方面的完整、准确的信息，并以用户友好的形式公示出来。本书总结了可供地方政府选择的可以满足以上需求的选择，以及在地方层面上保证财政管理谨慎性和透明性的措施。

《地方预算》为设计和贯彻预算制度的地方管理者提供了综合性指导。这些管理者迫切希望能够实现公共服务提供过程中的效率和公平，能够对政府进行内部和外部问责。本书详细分析了改进财政管理的原则和实践；回顾了发展中国家预测收入和支出的可用工具；检验了确保财政透明性和财政纪律的制度性安排。此外，本书还勾勒了地方收入管理中反腐战略。

在预算方面，本书讨论了确定预算形式和安排所需要作出的决定，包括预算范围，法律要求的预算透明度，预算所重视的投入、产出及结果。《地方预算》还讨论了资本预算的作用，详细分析了绩效预算是如何成为检验以结果为基础的问责政府的工具。对于非专业读者来说，本书还介绍了解读预算文件的方法，以便于公众了解政府的主要工作，以及政府在履行职责方面是否称职。本书强调预算过程中，参与方投入的途径。最后，本书探讨了预算执行在确保管理灵活性的同时提高民主问责性的作用。

《地方预算》是瑞典国家发展合作代理机构和世界银行为了完善发展中国家，尤其是非洲国家的公共支出管理和财政问责性而共同努力合作出版的。我们希望本书在完善预算制度方面，能够为政策制定者和实践者提供有效指导。

Roumeen Islam

世界银行学院减贫和经济管理部经理

致　谢

在编辑三年多的直接指导下，本书终将地方财政管理和预算两个学习模块结合在一起，从而为世界银行学院学习项目提供准备。上述学习模块及其出版物由瑞典政府通过与世界银行学院的公共支出和财政问责（PEFA）合作项目来提供资助。日本政府为编辑此书提供了额外的财政支持。

本书编辑感谢瑞典国际发展局的哈格瑞德·戴瑞斯，感谢其为PEFA项目提供的全程指导和支持；此外，还感谢本特·安德森、格兰·安德森、格尼拉·布瑞恩、阿兰·加斯特森，以及对此项目的设计和发展作出贡献的PEFA项目外部咨询团队的其他成员。

非洲及其他地区资深的政策制定者和学者对世界银行学院的学习活动贡献良多，本书也因此而获益。本书编辑为此特别感谢：南非应用财政研究中心主任塔尼尔·阿吉姆；加拿大财政部前副部长助理保罗·布鲁斯；南非财政部处长尼尔·科尔；普华永道瑞典斯德哥尔摩公司的安德尔·海格拉德；杜克大学教授罗伊·凯勒；印第安纳大学教授约翰·米克塞尔；南非财政部局长伊斯梅尔·穆姆尼塔；南非民主研究院的克里斯汀娜·诺姆多。

本书编辑向撰写本书章节的主要学者们表示感谢，向对本书给予意见的知名的评论者们表示感谢。安纳普姆·达斯、阿尔塔·佛斯科尔、安德瑞恩·沙尔和沈春丽在本书筹备的不同阶段都作出了贡献，并对各章提供了评论和编校修改。卡特林·提尔尼为整个过程提供了优质的行政事务支持。

本书还要感谢斯蒂芬·迈克格雷蒂，他保证了本书的迅速出版；感谢蒂娜·托宾在本书编校过程中的优质监管；感谢蒂妮斯·波根，保证了本书优秀的印刷质量。

编写人员介绍

阿玛瑞斯·贝格茨（AMARESH BAGCHI）是印度公共财政和政策研究所名誉教授，并作了10年主任。从印度政府的税收管理员开始，他一直在印度的不同层级政府从事税收政策的制定和执行工作。他一直是中央、州、地方政府官方委员会的成员，写了大量关于税收方面的文章。

阿塔·福斯切尔（ALTA FOLSCHER），独立的研究人员兼顾问，曾在非洲、亚洲、巴尔干和东欧、加勒比地区和中东地区工作过，主要研究公共财政和公共政策。其研究领域包括政府治理、公共责任和财政透明度、公共支出和财政管理、有利于穷人的支出分析、预测和成本计算、教育经费等。关于非洲财政管理，她发表了多篇论文，编辑了三本书，并合编过关于南非经济转型的书籍。她拥有伦敦大学公共政策及管理的硕士学位。

卡洛尔·W. 刘易斯（CAROL W. LEWIS）是康涅狄格大学的政治学教授。对于公共预算和伦理有浓厚的研究兴趣，她在许多学术和专业期刊上发表过文章，其中包括《公共管理评论》、《市财政杂志》、《公共完整性》。她最近的著作是与斯图尔特·C. 吉尔曼合著的《公共服务的伦理挑战：解决问题的指南》（2005）。作为一名前地方政府官员，刘易斯曾担任研究顾问或为以下机构提供培训：布鲁金斯学会、州政府委员会、国家公共行政学院和世界银行等。她拥有与大学和专业协会交往的丰富经验。

约翰·L. 迈克塞尔（JOHN L. MIKESELL）是公共财政和政策分析专业教授，印第安纳大学公共与环境事务学院公共事务项目主任。他是《公共预算和财政》的主编，撰写的文章涉及财产和销售税、税收管理和预算过程等方面。他撰写的《财政管理、分析及其在公共部门的应用》是公共管理和公共政策硕士项目的标准教科书。他拥有伊利诺伊大学经济学博士学位。他因公共预算和财政方面的成就获得预算和财政管理协会颁发的2002年怀尔德夫斯基终身学术成就奖。

丹尼尔·R. 穆林斯（DANIEL R. MULLINS），美国大学公共管理与政策系副教授，研究重点包括政府间财政关系、税收和支出的限制、预算实践/改革、人口变化的财政意义、经济发展、都市的经济和空间结构。他的研究在许多学术和专业出版物中登载，如《公共管理评论》、《政策科学》、《城市事务季刊》。他是《公共预算和财政》的主任编辑，也是《公共财政和预算的演变：四分之一世纪的发展》的编者之一。他曾在美国各级政府和其他国家政府中担任顾问。他的研究集中于：政府部门预算、政府间财政关系、转型经济中的财政和服务问题。他拥有雪城大学马克斯韦尔公民与公共事务学院的博士学位。

艾瑞恩·罗宾（IRENE RUBIN）是北伊利诺斯大学名誉教授。她终身从事公共预算和财政的教学工作。她的大部分著作是关于政治和预算的关系，尤其是关于怎么陷入及如何摆脱财政压力。她的著作包括《公共预算政治：获取和支出：借款和平衡》（2005）和《等级、税收和权利：美国市政预算》（1998）。最近出版的章节包括《公共政策手册》（2006）中“过程是否重要？1998－2004年美国的财政预算过程”和与乔安妮·凯利合著的《公共管理牛津手册》（2005）“预算和会计改革”。她在芝加哥大学获得博士学位。

拉瑞·斯格瑞德（LARRY SCHROEDER）是公共行政专业教授，任职于雪城大学马克斯韦尔公民与公共事务学院。作为一名公共财政经济学家，针对美国和发展中国家及转型经济体中出现的各类州和地方财政问题，他曾展开研究。其研究重点包括财政分权、政府间财政关系、公共服务提供中制度安排的影响。在这些领域，他与其他人合著了几本书，撰写了大量文章。在包括南亚和东南亚以及非洲和东欧的许多国家负责人提供咨询并主持政策研究项目。

沙安文（ANWAR SHAH）是世界银行学院最权威的经济学家，并任公共部门治理项目组组长，也是德国慕尼黑公共财政国际研究所执行委员会成员，还是加拿大艾伯塔省公共经济研究所成员。他曾在加拿大财政部和阿尔伯塔省政府部门工作过，负责联邦—省和省—地方之间的财政关系的协调。他在公共经济学和环境经济学方面撰写了大量文章，在政府治理、全球环境、财政联邦制和财政管理方面有很多著作和论文。在全球主流教育机构曾发表过多次演讲。

沈春丽（CHUNLI SHEN）是世界银行预算、公共财政管理和财政分权问题方面的顾问。她拥有公共管理学硕士学位，并在马里兰大学公共政策学院继续攻读博士学位。她曾在马里兰州蒙哥马利县政府、公共政策与私人企业研究中心、国家房屋及再发展办公室工作过。她与沙安文一起，合编了几本世界银行出版的关于中国方面的中文书籍：《财政联邦制与财政管理》（2005）、《地方公共财政和治理》（2005）、《中国地区差距》（2006）。

科特·特梅尔（KURT THURMAIER）是北伊利诺斯大学公共管理专业教授。他的研究兴趣包括州和地方公共预算、政府间财政关系以及电子政务。在这些领域，他从事着广泛的研究、写作和教学。他曾作为预算和管理分析人员，在威斯康星州预算办公室工作；曾是波兰克拉科夫大学的富布赖特学者；通过国际市/县管理协会在波兰地方政府做过顾问；担任过美国市—县整合项目的顾问。他的著作包括《州预算中的政策和政治》（2001）和《市—县整合案例学习：重塑地方政府蓝图》（2004）。

A. 约翰·沃格特（A. JOHN VOGT）是北卡罗莱纳大学政府管理学院公共财政和政府专业教授。他为北卡罗莱纳州和美国各地方政府官员提供资本规划和财政培训。他任教于北卡罗莱纳大学公共管理硕士课程。他的近作是《资本预算和财政：地方政府指南》（2004），其他著作包括《城市租赁指南》（1983）和《资本改善规划：地方政府官员手册》（1976）。他曾担任过政府财政官员协会下经济发展和资本规划委员会顾问，在资本规划、预算和财政方面，为地方政府官员提供日常咨询。

总　论

沙安文（Anwar Shah）

地方预算制度是决定地方提供什么服务以及如何获取提供这种服务所需资金的一种工具。在这些制度中，透明度有助于保证地方政府根据公民意愿提供公共服务，有助于促进地方政府有效、公平、完整地提供公共服务，有助于协助全体选民监督地方政府的公共服务效率。对于地方公共部门的完整性和公民对政府的信任来说，公开而透明的地方预算是非常重要的。

在大多数发展中国家，尤其是非洲国家的地方政府普遍缺乏预算制度的透明度。本书试图对致力于建立公开而透明的预算制度的地方政府提供实际指导。这些指导会在建立财政纪律、确保公共资源的谨慎性配置、保证地方公共服务的效率和公平方面，提供帮助。本书汇集了一些重要的国际学者对地方公共预算的相关内容作出的贡献：预算形式（包括绩效预算和流程），预算执行，资本预算，收入和支出预测，财政管理，地方财政纪律，收入管理中的反腐败。

第一章由约翰·L. 迈克塞尔（John L. Mikesell）撰写，概述了在地方建立高效财政管理的原则和实践。财政管理改革应当严肃财政纪律，提高公共资源的科学配置，有效地提供服务。应当通过提高透明度和问责性，加强地方政府对公民意愿的敏感性。地方财政管理有 5 个核心职能：预算、会计、现金管理、负债管理和收入管理。每个职能都是地方财政敏感性和控制的重要组成部分。迈克塞尔指出，在发展中国家，财政管理系统必须遵循以下原则：坚持硬性预算约束，为决策提供有价值的信息，保证公共透明性，囊括政府所有财政运作，适度控制公共借款，在一个合理的转移系统内运作，强化财政运营的技术能力。通过强有力的地方财政管理，地方政府可以充分发挥贴近公众的优势，造福当地民众。

第二章由拉瑞·斯格瑞德（Larry Schroeder）撰写，回顾了发展和转型经济体中，地方政府财政管理者预测收入和支出的原则和方法。本章详细介绍了这些方法是怎样运用的，并用实例说明在实际中如何运用这些方法。鉴于发展中国家中几乎没有地方政府进行系统的预测工作，因此本书中的案例主要来自发达经济体的地方政府。

年度预算要求预测下一个财政年度的收益以便对支出计划形成财力约束。这些收入预测应当尽可能准确以避免财政年度收入不足或收入大量盈余。

尽管所有的基层政府都在从事预测活动，但是很少对收入和支出进行系统、长期（3—5 年）的预测。通过预测中期财政收入，并与支出水平相比较，有助于维持现有的公共服务水平。地方政府官员可以据此确定近期是否要采取措施缓解财政不足。如果确定采取措施，那么会考虑实施有助于克服财政赤字的政策。新的资本基建投资对收入和支出（包括与基建相关的运营和维护支出）的影响，可以被估算出来，因此，预测可以帮助政策制定者了解其新资本投资计划的财政效果。

在预测收入和支出时，可以运用一些方法。这些方法既包括依靠专家知识作出的简单判断，也包括更为复杂的多元统计技术。对于经济状况非常敏感的收入来说，统计预测方法更为合适。时间趋势分析及确定性方法与其他预测方法相比，统计分析要求有大量的数据和预测者的专业技术。实际上，地方政府预测实践表明确定性方法是最常用的方法，收入和支出的预测建立在假定影响收入、支出的变量间的简单联系上。财政分权化政策给了发展中国家地方政府更多的权利和责任，也使得改进预算和财政计划的需求更为强烈。因此，本章所讨论的预测方法也更为重要。

随着城市及其基础设施建设的需求增长以及收入增长的滞后，发展中国家的地方政府面临越来越大的财政压力。地方政府可以采取的应对措施是发挥国家环境的作用，在该环境下进行财政运作并作出相应的制度安排。在第三章中，阿尔塔·福斯科尔（Alta Folscher）讨论了国家和地方政府的制度是如何影响地方政府财政纪律的。

对州和地方政府来说，财政纪律具有核心价值。在资源有限的情况下，如果政府财政上不加以限制的话，支出需求会导致长期高额赤字、债务不断增加以及税收负担。财政纪律与可担负得起这一概念紧密相联：财政纪律意味着将预算、实际支出、收入和借款维持在财政可持续性水平，与短期和长期经济目标亦相容。财政纪律的价值在于避免负面的外部和内部影响，也在于其发挥了硬性预算约束在支出有效性和支出效率方面的优势。

财政分权化——支出责任与收入筹集能力向地方政府的转移——对政府管理宏观经济以促进稳定和增长的制度提出新的挑战。当地方政府有条件进行借贷时，地方政府财政运作的不稳定性风险加剧。当没有渠道借款时，地方政府迟早要被迫作出艰难的抉择，也就意味着几乎没有能够支持其发展需要的选择。

在财政分权的背景下，很多制度性工具可用以促进和加强一般财政纪律。拨款制度的设计非常重要。政府间财政关系应当建立在稳定、透明、非主观、不可谈判的基础上，配置给地方政府的资源应当与其支出责任相匹配。如果支出责任持续地分配给地方政府，那么也应当给地方政府配置稳定的收入来源。同时，地方政府预算应当具有灵活性以符合地方的环境和需要。

有利于不同层级地方政府协调与合作的财政运作系统也是非常重要的。对预算执行及时、全面反映应当建立在连贯的国家会计系统基础上，同时应当报告中央对下级政府资源的转移。这种报告是必要的，有助于尽早发现财政压力从而采取相应措施，有助于划清不同层级政府的责任。此外，每年的政府间预算流程应当是合作性的。

控制地方政府预算的国家系统在作出借款决定之前应当关注借款人和贷款人的事前激励和可能的事后结果。仅仅依赖事前约束，而不考虑事后结果，会给不负责任的贷款人和借款人很大的诱惑去挣脱事前约束。而仅仅依靠事后结果，会导致较大的地方政府逐渐积累巨额债务，从而使得中央政府无法强制其偿还债务。新兴分权国家的地方借款实践表明单纯依赖市场纪律是无法确保地方财政纪律的。只有满足以下一些条件，财政市场才能有效地确保地方财政纪律。这些条件包括：合同的实行、地方政府与借款人公平竞争的领域、能够及时获知充足的政府财政信息、不期待中央政府对贷款人的紧急援助、借款人具有应对市场信号的能力。但几乎没有国家能满足上述条件。因此，财政纪律最好通过规则或中央政府对借款更好地监管和控制来实现。

在地方层级，自有收入能力和地方收入管理效率构成地方财政纪律的基石。在预算中运用现代方法（包括中期预算、现代分类系统、改进的内部控制以及绩效评价的运用）的政府更容易维持财政纪律。保证这些约束有效的必要条件是地方财政的透明度。仅仅获得及时和准确的信息是不够的，一个强大的文明社会应当补充这些信息：独立的媒体、反应灵敏的对立群体、优秀的调研组织、值得尊敬的时事评论员。综上所述，地方政府财政透明度要求做好以下工作：风险评估透明度以及中期财政假设、政策和目标的透明度；全面的预算框架；全面的资产负债表；关于预算执行情况的定期而准确的信息；强有力的审计和监管系统。

在政府收入评估和筹集过程中，腐败是普遍存在的，尤其在发展中国家。第四章中阿玛瑞斯·贝格茨（Amaresh Bagchi）重点关注在国家和地方收入管理中腐败发生的范围和蔓延程度以及应对策略。本章通过考察选定国家的实践和腐败发生的领域，关注国家和地方政府的主要收入来源。在回顾最近关于腐败的文献中，列示了收入管理中腐败的驱动因素，贝格茨指出经济犯罪理论（只要收益超过成本，腐败容易滋生）为可行的反腐措施提供了有价值的思路。然而，在引起收入管理中大量腐败行为的各因素中，问责性和政府治理（代理方法）显得十分突出。因此而得出的解决方法在于抑制逃税收益，具体措施可以通过将税率降低到可接受和可管理的水平，同时通过税务人员来提高逃税和贿赂的成本。

代理方法中的相关信息是以克里特格德提出的著名公式为基础的：腐败（Corruption）＝垄断（Monopoly）＋自由裁量权（Discretion）－责任（Accountability）。为了测定通过抑制垄断和自由裁量权能够在多大程度减少腐败的范围，贝格茨将腐败案例与国家和地方的一些收入来源联系起来，比如增值税和财产税。本章指出问责性主要依赖于政府治理。本章主要强调公平自由选举、市民社会及其他问责制度的重要性。

第五章由艾瑞恩·罗宾（Irene Rubin）撰写，考察了确定预算模式和预算安排时需要作出的决定，包括预算的范围，法律要求的预算透明度，预算对投入、产出和结果的重视程度。本章讲述了为什么这些决定如此重要，预算的几种形式选择，并描述了想要达到的目标。本章指出决策制定者应当以法律结构，特殊的政治和财政问题，以及政治环境为基础进行选择。贯彻执行的难易程度也是一个关注点，且决策制定者在选择预算模式时，应当使其与预算和财政管理人员的技术和经验相匹配。

预算安排强调法律和财政控制，从而防止过度支出；预算安排引起人们对效率或效果的关注从而改进管理；预算安排能清晰地显示出财政的自由裁量权会出现在何处，因此使得管理者不但对其收到的资金而且对其利用资源的绩效水平负责。预算文件是法律、新闻、社会问责的主要工具，但预算无法同时完成好所有任务。官员们必须选择哪些目标是最重要的，并将预算定位于完成这些目标；或者选择多重目标，而不是最大化某一个目标。

在强调政府绩效问责方面，涌现了大量在国家层面的绩效预算及相应改革的文献。虽然绩效预算最初出自地方层面预算改革的创新，但很少有人关注应从更广泛应用中吸取教训这一问题。第六章由沙安文和沈春丽（Anwar Shah and

Chunli Shen）撰写，本章对地方层级绩效预算进行了介绍并通过分析将绩效预算进一步推进，为面对公民的、以结果为导向的问责提供了一个框架。地方水平的以公民为中心的绩效预算，即在本章中介绍的框架，是公民向地方政府问责的一种工具。这种工具强调绩效问责和公民参与，对于最近的公共管理改革运动来说是实用的。本章结论指出绩效预算对于地方层级的公民赋权来说是一种重要的工具。绩效预算是创造绩效文化的更广泛改革举措的一个内部要素。在没有对良好绩效的奖励和对谷底结果的问责的情况下，绩效预算的引进并不能改进绩效问责。

在发展的背景下，作为社会和经济快速变化的一面镜子——撒哈拉沙漠以南非洲地区不断发展以应对新的挑战。最好的预算实践是不断变化的，当运用到撒哈拉沙漠以南地区时，需要不断进行调整，而非简单的移植或模仿。虽然预算的核心是政治性的，仍需要一些技术技巧。以不同地方政府的预算为例，卡洛尔·W. 路易斯（Carol W. Lewis）在第七章中重点关注解读预算的10个关键问题：报告实体，财政年度，经营预算和资本预算，法律地位和预算周期，平衡或盈余/赤字，综合平衡，资金，收入来源及中央配置和地方自由裁量权；成本和预算分享；公众关注的问题。

第七章指出通过预算达到既定目标需要进行有效的财政管理和项目管理。本章第二部分主要通过一系列内部和外部评估技术和工具将预算与绩效联系起来。这些工具包括财政状况的度量和指标；这些技巧包括公民参与、绩效度量和标准。

第八章由丹尼尔·R. 穆林（Daniel R. Mullins）撰写，主要关注预算流程的改革。地方政府预算流程的实质和重要性很大程度上在于政府间结构情况。有效的地方预算流程要求地方用其自由裁量权和权威来安排和管理地方资源，从而满足地方政府的需要，实现地方政府的目标。同时，政府层级间的交流与合作的有效模式也很重要。多层机构和参与者造成了对这一流程的限制，导致了有效地方预算选择的复杂性。非洲普遍存在对地方权威的过度控制，但其趋势是权威的分享、更大的地方裁量权和能力。

合作的政府间系统不够发达，但却是一直发展的。官僚/强制和合作/协作机制（垂直和水平）的平衡还需要进一步实现。然而，地方层级有效预算流程的目标和元素与其他层级一样。这一流程包括：建立需求、目标、目的机制去指导决策和预算发展；恰当而有效的程序和管理回应；与可用资源和达到目标的管理/程序手段相一致的支出计划。这一流程还应包括评估绩效和确保财政完整性的反馈机制。有效的系统应当能够促进财政纪律、支出控制、战略资源配置、经营（管理）效率以及对地方需求作出回应。

流程和环境条件是地方预算周期的重要元素。关键因素是平衡的机构权威和权益方的适当代表。必须确保财政纪律，其实现方式在于保证对地方民众的回应。在对地方资源可获得性的现实评估基础上，有效预算的形成需要系统地包含咨询性地方政策指引。同样地，行政性/管理性创新和灵活性应当在项目选择的发展中予以推动。有效的立法评估要求严肃的立法权威及与政策选择和监督有关的信息的可获取，这相应地要求独立的机构能力、提交能够具体到问责每一个预算单位的支出计划以及最后支出配置的谨慎性。确保预算执行与通过的预算相一致的机制是非常重要的，保持管理灵活性与立法控制的平衡也是非常重要的。评价和报告应当足够充分，从而确保有能力对项目绩效和财政完整性问责，这些报告应当对外公布。时间表和技术细节固然重要，但恰当的机构关系、能力、角色和权益方参与对取得实效则是至关重要的。

参与流程为改进计划和预算提供了重要的潜在可能性。但要想取得效果，必须广泛地以参与为基础。在绝大多数情况下，只有地方人口的一小部分能够进入参与流程，这会导致这一流程被一小部分社会精英所控制，使资源远离真正需要的人群。促进公开、共同的参与流程机制对于获取参与式流程的收益十分重要。足够的社会资本是一个关键因素，其与重要地方资源的谨慎使用和分享互为作用。有效参与应当将权益方参与日常决策制度化，并将其作为预算计划、发展和批准的一个组成部分。政府需要建立确保群众代表充分参与的程序，否则会被社会排除在外。

机构间的问责、不同层级政府之间的问责、政府治理机构和公众之间的问责是很关键的。既要有以规则为基础的机制，也要有以绩效为基础的机制。在参与流程中本着这些原则采取重要举措。对结果问责（事前）需要作出具体考虑。问责可以通过公开报告、严格审批、合适的组织文化、项目设计和激励、法律规则及民主机构加以促进。问责需要采取措施遏制政治捕获和官僚腐败。因此，独立评估机制、公开信息机制、发言机制都很重要。

穆林（Mullins）指出建立合理流程要素是有效的地方预算（和管理）最重要、最复杂的一面。其要求不同层级政府、机构执行者、公民社会和一般地方民众间的互相协调。合理流程要素的建立也要求发挥正式或非正式参与流程的相互关联角色的勤勉绩效及其作用，以及相对独立的机构和个体的功用。合理流程要素要求制度上和文化上的发展和成熟。这些也是形成有效的、回应式的地方预算和治理机制最重要的因素。

世界各地的公民拥有相同的基本需求和权利，即需要了解并能够了解其支付税收和费用的目的，以及支付的税收和费用是否用于由被选出的代表所确定的目标。当预算文件可获得且能清楚显示出收入来源和支出计划时，当年中和年末的预算执行报告能够清晰地呈现这些资金相对于计划是如何支出时，说明地方预算工作是围绕公民的需要和权利而开展的。

第九章由科特·特梅尔（Kurt Thurmaier）撰写，指出应当将预算执行看作确保民主问责和管理灵活性的控制工具之一。编写预算文件和恰当的财政报告需要一种管理方法：由执行总裁和政府主体制定并执行预算，该预算竭力实现城市的目标和使命。这种方法考虑到了政治、法律和管理方面的影响。正如预算发展不能排除政治一样，预算执行不能与政治分开。预算执行并不是简单的会计。它涉及收入和支出的审慎管理及预算政治。

地方预算执行需要对国家（和地区）预算执行进行讨论。地方政府预算收入越依赖于地区和中央预算转移支付，地方政府执行预算计划的能力就越依赖于中央和地区有效执行预算计划的能力。

第十章地方资本预算由 A. 约翰·沃格特（A. John Vogt）撰写，讨论了地方政府为资本预算建立特殊流程的原因。本章界定了资本性支出的含义并考虑了哪些花费和项目支出属于资本预算。此外，本章还提出了地方资本预算的模型或流程，主要包括对需求的计划、资金支持、决策和贯彻执行。

五种条件有助于增加地方政府从独立的、流程发展良好的资本预算中获益的可能性。首先，经济体正在经历显著的经济增长，地方政府必须兴建基础设施满足经济增长；或者经济体并未增长，地方政府投资基础设施刺激经济增长。第二，面对大量资本需求时，地方政府投入大量资金。第三，满足公共资本项目的需求很可能成为经济最基本的特点。第四，经济体正在运用债务、资本租赁以及涉及长期支付责任的资本融资方式。第五，现行预算流程并不适用于计划和筹划地方政府的资金需求。

根据会计的常规定义，资本性支出是指购买使用期限在一年以上（通常是很多年）不动产的支出。资本性资产包括土地、建筑、基础设施和设备。并不是所有的资本性支出都要囊括在资本性预算中。以下项目可在运营支出中加以计划和融资：年度或常规资本性设备的支出和正在进行的基础设施改造项目支出。资本预算应当用于较昂贵的资本项目或对一些使用期限长的、昂贵的、非常规经常性的设备的采购和其他资本收购。

本章将构成地方资本预算流程的角色、政策和步骤分为五个阶段，每一个阶段都有具体步骤。第一阶段是组织，需要对资本预算程序和资本预算政策发展进行界定。第二阶段是资金需求规划，确定资本需求；对资本需求进行排序、项目评估、确定范围和成本；对资本改善项目的准备和批准。第三阶段是资本融资，需要作以下工作：对地方所辖区域财政状况进行评估，准备多年财务预测，对资金筹措方案的认同，资本融资战略的发展和对融资项目的选择。

第四阶段是项目决策，包括对资本项目和支出进行介绍，授权和资金拨付。第五阶段是实施，涉及获取和管理项目融资，组织和管理建设项目，购买设备和其他资本资产。

总之，本书为地方预算制度和财政管理改革的原则和实践提供了一个综合的处理意见。本书将为政策制订者、实践者和财政管理的学生提供有用的指导。

第一部分

财政管理

第一章

地方政府中的财政管理概况

约翰·L. 迈克塞尔（JOHN L.MIKESELL）

通过贯彻政府政策以及给地方民众提供重要的公共服务有助于地方政府增加公众福利。地方政府独特的财政优势在于提供公共服务的项目管理者和政策制定者更接近地方民众。在为民众提供公共服务时，地方政府有成为最透明和最具有问责性政府的可能。但要想实现这一构想，需要强有力的财政管理，从而能在发展目标中体现公民意愿，在财政可持续的前提下执行政策，资源不会因为低效率、浪费或腐败而流失。如果用来提供公共服务的资源落入政客或官僚的口袋，那么政府反映民众意愿的可能性会很小。

地方政府应当致力于通过提供符合民众意愿的公共服务提高公民福利。如果政府未能提供这些服务，未能以负责的方式为这些服务买单，未能保护好提供这些服务的资源，那么公民的福利就会在现在或将来处于危险之中。地方政府财政的独特优势在于其离公众近，从而可以确保决策符合民众意愿，确保决策产生的结果评估与民众联系在一起。可以通过管理机构的服务项目，也可以通过听证会实现公民参与，但立法方面对这些项目的实施是谨慎的。相对于中央政府，地方政府更容易获得公众参与，因此人们往往对于在地方政府财政进程中引入公民直接参与抱有更大希望。地方政府决策和执行时，公众的参与对于改进公共资源配置状况、增强对地方公民关注问题的反应程度非常重要。

一、地方政府独特的财政优势

地方政府的财政承诺反映了将责任转移给更接近民众的政府的一些优势：通过民众更多的参与，政府反应更为灵敏，以及基于公民对公共服务结果反馈的更好的问责制，来改进提供的服务。地方财政管理是为了贯彻政策和执行地方政府项目，其具有一系列独特的财政优势。下面将对其中一些优势予以展开论述。

（一）选择和反应

在回答政府应向公民提供何种公共服务的问题[①]时，地方政府往往允许财政多样性和多种选择。的确，地方政府最突出的优势在于使居住不同地区的居民享受不同的政府服务。地方具有一定程度的财政自治性，在向不同民族的公民提供公共服务时，既可以调整提供服务的水平和类型，也可以决定如何提供这些服务所需要的资金支持。不同地方的居民对于政府提供的公共服务的要求是不同的，所以一定程度的财政自治性可以保证服务及其支持资金的多样性。这种多样性类似于私人市场提供的产品和价格选择机制。地方财政管理提供了这样一种结构，通过这种结构地方政府可以根据当地居民的偏好提供公共服务，同时使得地方政府具有财政反应性、财政可持续性，与透明的、民主的政府治理标准相一致。

如果一个国家很小，只有一个民族，经济上没有区分度，那么地方政府之间基本没有什么不同。但如果一个国家内部存在很大差异——比如一部分农村地区，一部分城市地区——那么政府服务和相应的资金支持也应有很大不同。这就意味着建立独立的地方政府有助于满足公民不同的需求。对某些民众非常重要的一类服务并不一定在全国所有地区都重要。地方政府能够提供制度性机制从而应对民众对服务的不同需求。他们成为服务于公民意愿的最好的治理机制。地方财政管理系统是应对不同需求的有效手段。与地方的独立自主不同，国家政府的分支机构难以提供这种多样性的服务。拥有自主权的地方政府可以因地制宜提供不同的服务，比如，斯威士兰在城市地区建立一种地方政府，而在农村地区建立另外一种地方政府。

（二）公民参与

地方政府为公民政治参与提供了机会。地方政府在其管辖区域内给予公民参与政治进程的机会，并因此给民主注入了巨大的活力。与距离遥远的首都不同，地方政府作出的决策是贴近民众的真正自主的选择。当政策及政策制定者靠近民众时，民众有更好的机会影响民主流程及其决策。决策流程中的参与（通过地方财政管理），而不是获得政府活动的信息，是参与式治理赋予公民的权利。尽管交流技术日益先进、日益便利，从中央政府获取信息的渠道日益畅通，但这些工具不能完全替代政府提供的定期、面对面的接触。

（三）试验和革新

地方政府为政府试验和政府革新提供了天然的实验室。多样的自主权意味着地方政府可以因地制宜采取各自的措施解决各自的公共问题。有些措施可能会取得成功，有些可能会失败。但这些尝试并不会将整个国家置于危险之中——而全国范围的试验则有可能将国家置于风险中——那些成功的措施可以在全国其他地区推广。多样化的地方政府是为了公民福利而服务的，因而地方政府会为了提高效率展开强烈的竞争：公民会观察其他政府所提供的服务并会因此要求本地政府提供相似或更好的服务。

（四）问责性

当政府作出决策的地方接近民众而不是来自首都，那么公众就可以监督公共服务和相应税收的决策路径，并同政府代表和官员交流他们的关注和兴趣点，公众还能够监督政策是否付诸实践。公众对政府的这种关注对于问责性来说非常重要。与居住在遥远的首都，同自己社区联系甚少的专业立法者不同，地方法律制定者可以成为兼职立法者并致力于服务本地市民和经济。公民，而非外部审计机构，密切关注政府项目的贯彻执行，这种反馈很直接，显然不是专家们最终发布的报道所能比拟的。进行直接问责的民众包括政府公共服务的对象及政府下届选举所面对的对象。此外，批准通过法案的立法者也居住在该社区，必须遵守该项法律，也必须面对因法律不完善而引起的负面结果。

（五）改进的收入筹措方式

当政府决策更接近民众而不是来自于首都，公民能够看到其负担的税收与改进的政府服务之间的清晰联系，这样，公民倾向于接受缴纳更多的税收。中央政府征收和筹集税收时，市民就很难看到这种联系。缴纳的税款淹没在国库中，这部分资金的使用方式很少对纳税人的行为产生可确认的影响。

在地方财政结构上，这种关系就大不相同了。例如，政府为修建地方公路而征税，税收的筹集是地方性的，税收投入到地方道路修建上，公民可以看到税收与服务的联系。如果税收与特定服务的联系很明显，那么公民更愿意承受税收的负担。这在征税及其税收遵从方面表现较为明显。相比国家预算而言，一个地方纳税人对地方预算贡献更大，如果其不纳税，则会对地方预算有较大影响。由于拖欠税款的后果似乎更为明显，地方纳税人更可能遵从税法。骗取地方税者相当于窃取了邻居的财物，而非损害遥远的中央机构的利益。市民很容易了解当地不纳税的讯息，一些由此产生的社会压力会迫使人们缴纳税收。收入动员不仅包括技术能力，还涉及政治因素和守法激励因素。地方政府在其他方面还具备实现收入纳员的优势。[②]

（六）对结果的监测更简单

通常成为地方政府责任的是贴近民众的服务：中小学教育、地方交通、保护性服务、地方的文化及娱乐设施、住房和公用设施、供水和污水处理、废物管理等诸如此类。民众会立刻受到所提供服务的影响，并不需要复杂的评估工具判断服务是否令人满意。民众接受服务并能很快判断其质量与合理性。他们可以不必经历调查和报告的时滞就可检查到政府机构行动的结果。

进行评价交流也很方便。相对于地区或中央政府官员，地方立法和管理人员更容易与民众进行沟通。除了最大地方的政府，民间和管理者之间并不存在遥远的指挥链。问题和结果可以简单而快速地交流，具有较高响应性。这对于建立以民众为导向的公共治理至关重要。在地方层级，民众对结果的监测相对容易，因此有理由将民众参与作为地方预算流程的常规组成部分。这对于预算项目的形成、对于项目执行的监测和项目结果的评估都很重要。

（七）少数民族占多数的地方政府

虽然在国家范围内作为一个整体是明显的少数民族，但在某些特定地区，这些民族、宗教、语言或社会团体可能会占人口的大多数。[③]他们的特殊利益很可能被国家政治中的主体所淹没，因此他们可能与整个国家格格不入。地方自主权给这些民众一个不需要脱离他们的国家，而以与其他地区不同的风俗治理自己的地区，提供有特色的地方政府服务。由于具有可根据当地的风格和偏好调整政府服务的能力，拥有下放权力的地方政府可以成为区域差异的调解者和地区紧张局势的中间人。分权结构使地区中的大多数人得以发挥在政府治理中的作用，而这种作用是在国家层级中无法享受到的。在非洲农村，为地方政府提供一定程度的自治往往是在不将国家肢解为地理单元的状态下，对在不同民族中具有更大“声音”和在政治上拥有更多代表的人群的一个处理措施（Winter 2003：10）。事实上，地方分权已为莫桑比克和乌干达内战带来了长期的稳定。当然，地方分权并不是万能的，譬如，未能解决加拿大魁北克省的不满。但是，如果没有向省以下政府分权的话，民众的不满程度很可能会更大。

二、地方政府承担较多引起的不足

在地方财政管理中的自主权可以完善政府公共服务。但是，下放更大的权力给地方政府并非是没有问题的，有些问题甚至还比较严重。

（一）交叉事权和责任

各级政府之间的事权很少能够清晰界定，因而难以避免重复工作（伴随的浪费）。多个政府机构可能都在某一领域拥有事权——例如刑事调查——导致一些事权被承担两次，而其他重要的事权则可能被忽视。一个集权政府将能更好地控制和减少重复工作。

正如地方政府可能造成政府的重复工作，也可能导致公共问题责任的混淆，以至于一些服务没有得到充分重视。比如中央政府可能认为地方处理某一问题更合适，而地方则认为这一问题是中央政府的责任。更重要的是，对于应当由何级政府提供某一特定公共服务，民众也会感到困惑。在多级政府的国家中，“政府”从来都不是单一的实体，而是指具有不同的作用和责任的多重政府。这不足为怪，一个普通的民众并不知道一些责任应当由哪一级政府负责，哪一级政府应当为服务失败而负责。因此，运作的透明度和政府间职责分配的明确对于问责制来说非常重要。

（二）地方决策的外部影响

当地方提供服务不合格，对经济前景和国家整体经济生产力产生不良影响时，地方决策的重要性则影响到了国家层面。很多由地方政府提供的公共服务——教育、环境保护、公共卫生等诸如此类——在地方政治和地理管辖范围之外都有影响。地方财政决策者对外部受益者的关注远远少于对当地民众的关注，后者对他们的政治命运产生直接影响。在这个民主的环境中，外部效应在财政决策流程和政策结果中影响有限。这些外部效应至少应成为在政府间财政系统中建立特殊机制的理由，该机制引导地方政府在决策中考虑外部效应影响——其特征表现为强制的、有计划的转移支付机制。

分权财政带来的另一类外部影响是宏观经济影响。地方政府拥有财政自治权，则可能不利于国家经济稳定。④非协调的地方分权，尤其在发展中国家，会导致对赤字的依赖。当承担新事权的政府没有能力和资源来处理这些问题时，这一问题会更严重。最终的危险是地方政府将无法履行财政纪律并无限制地运用赤字，最终要依靠中央政府的援助。除非有一个针对地方政府的硬预算约束，否则国家财政系统的可持续性就会处于危险之中。[5]

（三）技术能力和规模经济

反对扩大地方财政权力的较常见的意见认为，地方政府缺乏对公共资源进行响应的、诚实的、有效的管理所需的技术能力。地方政府工作人员可能缺乏必需财政职能的素质，地方政府可能缺乏适当的技术信息，地方立法者可能缺乏平衡财政决策的经验。因此，如果由地方政府行使，民众可能无法获得充分的服务。因此，各国政府选择保留中央级财政的权利，而没有选择发展地方政府处理这些任务的能力，也没有给予公民在地方作出选择的便利。既使许多事实证明地方当局能发展出适当的能力，上述作法仍不会改变。然而，如果没有运转良好、透明的财政管理体系，很可能产生低效率和腐败等问题。

相应地，由较小政府提供地方服务会失去规模经济的优势。规模经济来自于提供服务的厂商的规模。较小地方政府可能会与较大政府或较大民营企业签订合同，以提供服务，同时保留对提供这些服务的条款和条件的控制。[6]这种制度安排在美国许多地区十分普遍，其在获得规模经济的成本和技术优势的同时，保留地方政府对这些服务的控制。其唯一的限制在于能否在合同相关条款中体现对政府服务的质和量的期待。如果服务中包括无形资产，那么很难签订一份恰当的合同。因为无形资产不易在合同中反映出来，合同签订人关注的是在合同中清晰罗列出来的对绩效的期望。

（四）横向财政平衡

横向财政平衡——地区间经济差异是各国普遍存在的问题——考虑差异的程度，地方政府间收入资源（或地方税基）的分布会导致一些地区财政十分富裕，而另一些地区则极度贫乏。由于天然资源（油、水和肥沃的土壤）、商业中心、国家人口的地理分布不平衡，税基的分布并不平均。任何地方税收来源都可能出现财政不平衡的格局。但相对于其他税收来源较少和地理范围较小的地方，这种情况在某些税源上表现更为典型（自然资源税是一个例子）。

财政资源的巨大差距意味着一些地方的居民将比其他居民有更多的选择。具有较多财政资源的地方在标准税率下，会提供更多的公共服务；较低的税率下，提供同样的公共服务；或者在两种税率之间提供不同的服务组合。这使得他们的居民与其他财源较差的地区居民相比，处于优势地位。这样的结果作为市场经济的组成要素是可以接受的，但地方对具有国民意义（例如，中、小学教育或基本公共卫生）的服务收费是不可取的。在这些服务方面，各地有限的资源可能成为整个国家的问题——因为低质量的公共服务有可能对整个国家的发展产生影响——国家干预可能是必要的。[7]

许多更高层级的政府建立政府间转移支付制度以缓解横向财政不平衡，以便于地方政府提供的公共服务不会因为财政资源的不同而呈现太大差异。当然，如果地方财政并不是由地方资源支持的——即地方政府只从更高层级政府接受转移支付，横向财政不平衡的问题便不会发生，除非更高层级的政府的转移支付对横向财政不平衡问题不敏感。但是，当地方政府失去了调整其预算规模和人口项目成本分配的权利时，也就意味着其失去相当程度的财政自主权。

（五）国家标准的维护

地方自治的国家结构，鼓励地方自主地位的形成和地方独立解决特殊问题。然而，这种作法可能与国家统一的精神相冲突，也可能与在全国范围内统一政府服务标准相矛盾。在政府较多的情况下，由于地区差异、地方政府官员能力的不同、原则及理解上的差异、公民政治选择的不同等，地方政府会有不同的服务水平和标准。政府政策和项目会因商业和居民所在地的不同而有所差异。因此，由地方政府决定的公共服务要在国家可接受的范围内体现差异性。

三、地方财政管理的期望

地方财政管理包括向公民提供政府服务项目有关的一系列任务，包括项目计划、执行项目、提供项目资金、项目结果评价。地方项目的正确实施应有助于增进公民的福利，并确保政府和地方经济的财政可持续性作用。行政任务可由中央政府完成（可能通过其地方办事处），可由地方政府完成，或由两级政府合作完成。组合的案例在工业化国家、发展中国家和转型国家中都出现过。无论如何安排，行政任务一定要完成，以便管理国家财政。它也是财政管理项目不可或缺的一个组成部分。由于规模、职责分配、政治限制以及地方政府的立法结构等相差很大，即使在一个国家内部，财政管理本身也具有很大差异。然而，这里所指的任务对地方财政管理而言是基本的。

地方财政管理系统应当履行制订财政纪律并承担相应责任、对响应性资源进行配置、保障政府运作有效等职责（Campos 和 Pradhan 1996；Schick 1998）。不论是在政府内部还是对于广大社区，该体系的决策、项目结果、融资都应当具有透明度。

（一）财政纪律

地方财政管理应当建立一种根据收入控制支出的结构，应当确保开支和收入计划按已采纳的方案执行，应当保持机构支出的合法性，应当建立一个清晰的提供公共服务的责任追踪路径，应当为建立财政服务于公民意愿的政府系统提供支持。它也应当作为防御公共腐败的第一道防线。通过建立良好的内部控制制度，检查预算执行；建立强有力的内部审计制度，防止滥用资源；建立强有力的外部审计制度，确保善用资源并纠正已发现的不当行为。地方政府应当提供一个系统用来预防偷盗、防止挪用资金和滥用资源。财政纪律结构是财政管理最基本的元素，因为它有助于财政长期的可持续性发展，并是反腐的第一道屏障。

（二）资源配置

地方财政管理应当为政策选择和政府资源权衡提供一种结构。资源是有限的，提供政府服务的机会是宽泛的，而且预算流程应当提供一种确保民众最重要需要而配置资源的结构。由于现有资源并不能支持提供所有有价值的服务，财政流程需要一个对资源的多种用途作出选择的平衡系统。这些选择更多地是政治上考量的结果，而非科学分析的选择。因此，这一过程必须调整，以提供更多的选择和权衡机会，提高反映的灵活性，从而使得最后的选择能够更多地体现民众的意愿。由于其决策流程离民众较近，民众参与的成本较低，因此地方预算民众直接参与大机会。民众不必到遥远的首都争取立法者在预算审议中听取民众的意见，也不需要聘请专业代表去表达他们的利益。就民众参与、决策透明度以及公共服务结果这几方面来说，地方一级政府的潜力是最大的。

（三）技术效率

地方财政管理成为有效实施地方政府财政计划的机制。一旦机构接受了为政府服务配套的资源，应当促进机构对资源的最有效使用。虽然资源使用不能偏离公众这一原则很重要，但机构应当着重按照已为国会所批准的计划来使用，而不必拘泥于资源是如何使用的。注意力应当集中于资源使用的结果，而非资源本身。财政进程应当鼓励机构有效地提供服务，引导机构关注民众的最大福利，鼓励提供服务时使用最好的技术战略，培养根据需求变化快速调整的能力。对财政纪律来说，控制资源至关重要，但控制不应过于僵化以至于政府机构在向民众提供公共服务时，难以作出灵活、快速、有效的反映。

（四）透明度

如果公众参与的优势累积，那么这个流程对公民应该是透明的。公民应该了解，在这一进程中，行政机构何时会考虑公众参与，何时需要立法者和政府机构对工作进行公开。透明度是实现更广泛参与的一个关键因素。奥坦优和林德（2004）确定政府透明度改革分五个阶段：（a）代表政府的透明度（政府的合法性）；（b）判断政策收益（公共服务）分配工具的透明度；（c）应对行政失当（根除腐败）的透明度；（d）加强问责制（信息和决策披露）的透明度；（e）政务公开（技术、电子民主和治理）的透明度。[8]每一方面都与地方政府财政管理进程相联系，因为这一流程提供了与地方公民交流财政结果和意图，以及了解公民意愿的最佳机会。

即使作为选民代理人的立法者有效地开展工作，但仍有必要让民众了解到财政决策是代表他们作出的，以便选民在下次选举中作出正确的决策。要想透明度有效，财政决策——关于税收、支出和借款——必须是一个开放的流程，而不是局限于封闭的听证室或流程非常迅速以至于公众没有监督的机会。财政信息需要公开并提供给公众，最重要的是提供给媒体。在地方层级，透明度在事项优先程度、计划、决策和结果评估等方面为政府与公民的交流提供了机会，因此，可以成为提供反应灵敏的、负责的、有效的公共服务的重要基础。地方公众的参与是地方层级政府财政决策最大的优势之一，而透明度是在财政进程中实现公民参与的工具。对外公布预算要使用透明语言、内容涵盖计划和结果，这对于鼓励当地民众参与十分重要。而当地民众的参与又是地方一级财政决策的巨大优势之一，透明度是实现公民参与财政流程的工具。提供多少信息以及提供的信息多有价值取决于地方的政治意愿、提供信息的成本以及更高层级的法律规定。最后一点相对来说是最无效的，因为地方透明度很少成为更高一级政府的关注重点。

四、地方财政管理的核心职能

地方财政管理包括五个不同的核心职能。在一些国家中，某些职能由国家政府承担，而在另一些国家，这些职能由地方政府承担。职能责任的一种划分并不比另一种优越。然而，由于在地方财政自治中，地方被赋予更大的责任，其靠近民众的优势更大一些。[9]其核心职能包括预算、会计、现金管理、债务管理和收入管理。[10]每一项职能都应该既达到财政纪律、资源配置和有效运作等综合目标也要实现各项职能的具体目标。

虽然每项职能都有自己的流程和程序，但作为财政管理的一部分，他们的角色和运作密切相关。例如，预算的筹备、执行和审计依赖于政府会计制度；收入管理、现金管理与既定预算的执行联系紧密；债务管理与预算计划和执行联系密切。独立地方政府的运作取决于构成财政管理的各职能的成功实现。每一项职能概述如下。[11]

（一）预算

预算是一年或多年政府财政项目的计划、采纳、执行、监控和审计的一个流程。地方预算流程是财政管理制度的核心，因为在该进程中大量财政政策和政府项目得以发展，政府规模及有益于政府运作的其他职能得以确定。[12]以下是设计现代地方预算制度的基本原则：

- 预算流程应当是全面的，包括所有与政府相关的财政实体；不存在违反财政纪律的预算外资金；透明度；问责制和反腐斗争。
- 预算最小化专项资金的使用，并根据优先程度配置资源。
- 预算是一个行动指南，应当按照既定预算执行。
- 为了保持控制，预算流程每年进行一次，但须在一个长期财政框架内通过，有助于实现规划。
- 预算是基于收入和环境的现实预测。
- 预算是地方政策的一项声明。
- 预算支出可按照法律上负责资金的行政单位进行划分，也可按照支出的基本目的（或项目）划分。
- 作为与公众交流的工具，不管是草案还是通过后的预算都应当采用公众可理解的形式。
- 预算流程应当关注绩效结果而不仅是政府购买投入。
- 预算流程包括立法者回应公民的服务需求动机，包括机构最经济使用资源的动机。

通过后的预算计划将是机构资源使用的硬性约束，同时在使用资源提供服务方面给予机构一定的灵活性。计划与预算联系在一起可保证两方面努力不偏离现实轨道，有时通过正式的中期预算框架将所有方面融合在一起。这种联系使得计划更有意义，也使得预算更好地了解情况。

预算流程本身是一个循环反复的流程（a）政府的行政长官及执行机构根据预期的来年状况制订服务计划；（b）有关立法机构审核计划并通过基于该计划的项目；（c）政府将通过的项目付诸实践；（d）外部审查机构审计评估该项目并将其调查结果向立法机构和公众报告。[13]与许多发展中国家地方预算流程的非正式性和不确定性不同，乌干达地方政府遵循一个并不需要中央政府批准的、标准的预算流程（Obwona 和其他人 2000）——这是良好的开端，因为建立预算流程是地方财政管理的基本要求。

这一流程可为资本性（或发展）支出和经营性支出提供不同预算路径。由于发展性资本项目所需的重复性资金在预算流程中被忽略，[14]由于捐助融资（主要是发展性的）和国内融资（主要是经营性的）项目没有协调好，同时其优先顺序被地方选择所扭曲，由于发展项目在计划时没有考虑到资源的限制（Alm 和 Boex 2002；Sarraf 2005）等原因，在一些发展中国家这种复式预算制度产生了一些问题。的确，在许多非洲国家，未能整合好两种预算，未能认知两种预算的成本已成为历史性的财政问题。

整合政府两种支出预算的必要性是毋容置疑的。资本预算的传统逻辑（不是发展预算，包括人力资本的开发支出）在于一旦一次性购买基础设施项目，就不需要再次购买该设备，并能产生多年的收入流。大型基建工程极其昂贵以至于如在一年内支付定会打乱地方财政平衡，大型基建工程极其持久以至于在将其纳入支出计划前需要进行特别审查。这些特点与开发人力资本的支出（例如，教师和医生的工资）明显不同，也导致工业化国家地方财政制度对资本支出的特殊处理。财政逻辑认可资本预算融资（即发行债券融资），因而该设备在其整个使用年限内获得资金支付；而经营性支出要从当年获得的收入中支付。不管双重预算是保留还是取消，地方政府都有必要在整个预算流程中整合两种类型的支出，将预算与统筹规划联系起来，维护好这一反映公民的意愿的过程，并在可用资源的范围内维持预算。

作为政府对公众利益的回应和监督政府项目成效的手段，在地方政府的预算编制中，公众可以参与这一进程的每一阶段。公众的参与历来是政治性的——涉及竞选、投票、游说和有时在听证会作证——但其一直以来被认为是用来影响政治代表和官员的。然而，一种新的理念和制度——参与式预算——在机构形成其预算方案之时就开始吸收公众的观点，因此，对于公众参与预算进程这一问题考虑得比传统模式更早。公众通过社区会议和公共绩效监管等方式直接参与对地方资源配置的讨论和协商。参与式预算已成功地应用于巴西、加拿大、中国、多米尼加共和国、厄瓜多尔、印度、印度尼西亚、菲律宾、塞尔维亚、南非、斯里兰卡、坦桑尼亚、英国和马拉圭等国的地方政府。[15]

正如 Andrews 和 Shah（2005）指出的，发展中国家的预算和预算制订过程通常不是公民友好型的。为了使参与有效，需要做以下调整：（a）预算数据必须以其对公民有意义的方式进行分类；（b）预算的制订对公民应当是开放的；（c）预算必须清楚地表明政府官员的主要职责；（d）预算必须明确反映财政运作的关键功能（支出、收入、赤字或盈余、业绩成果等等）。[16]更重要的是，参与预算重点关注投资支出，首先是一般优先事项，然后是具体项目。预算流程需要确保所提供服务的意图及执行情况等相关信息的完整性、及时性和可获得性。[17]

最好的报告应当包括有关公共项目结果的信息，以及关于业务的传统财政信息。相对于从中央政府获取国家形势的信息来说，这些信息流对地方民众更有意义——这是向地方政府提供权威和责任的独特优势。

预算和公共支出管理的一种国际趋势是将关注重点由对预算投入的控制（强调财政纪律）转移到对服务结果的问责（政府运作的合意结果，强调资源分配）或以结果为导向的管理和评估上来。虽然地方政府用于统计监测和评价结果的尖端技术较少，但其更接近公众：通过关注公众的反应并将其纳入监测流程中，从而做到以结果为导向。[18]但 Schick（1998）着重指出，控制投入很关键，必须保证在政府将重点转移到风险较大的结果控制之前，做好收入控制工作。地方服务比中央服务更容易受到结果的影响。

（二）会计

会计是对政府财政和运营状况的记录、分类、控制、报道等程序和制度的应用。会计作为一项历史记录，作为当前业务的指导，作为未来财政计划的投入，需要向政府、公民和各种第三方提供准确的政府财政状况信息。如果该制度想要在地方财政管理中发挥恰当的作用，根据会计制度而制订的财务报表应当具备以下特征：（a）相关性，包括所有有助于决策的信息，并在决策时能够及时提供相关信息；（b）可靠性，即信息是经过独立审计机构核实的，没有任何偏见，提供事件的忠实报道；（c）类似实体之间具有可比性，从而有作出判断的标准；（d）会计期间的一致性。

如果没有一个可靠的会计制度和财政报告，难以判断一个地方的财政健康状况。对地方立法者、地方财政的中央监督员、愿意与地方做业务的经济实体以及公民来说，这种判断能力很重要。在制订新预算时，需要地方的财政记录，以便于了解政府的财政环境，以便于用历史信息指导预算内容中的项目议案。会计制度还包括各种各样的内部控制和检查，以保障公共资金安全，防止资金分配与法律通过的预算不一致，提供信息从而防止超预算开支，防止提供错误信息误导公众。

为了保证可比性和提高透明度，会计制度和标准应规定由中央政府确定，如能足够专业，可由国家会计标准委员会制定。[19]发展中国家和转型国家的问题主要包括覆盖范围不完整（预算外资金，对捐赠资金项目的遗漏），仅仅报道现金信息，信息差距（政府担保和准财政活动），数据不一致（债务与财政资金流不协调，预算与实际数据不符）以及发布报告的滞后性（国际货币基金组织2006）。不受内部和外部审计监督的会计制度，或在会计期间结束后才出具审计报告是无法为公众利益服务的，这种情况在印度很多城市都存在。外部审计审核相关交易是否符合相关法律。在发展中国家和转型国家，外部审计机构通常是中央政府的实体——例如，克罗地亚的国家审计局（Ott 和 Bajo 2001）——但在工业化国家，审计实体有时是一个根据合同工作的私营审计公司。

（三）现金管理

现金管理包括在预算年度内政府现金流的运营，政府支出，政府持有资金的使用，以及收不抵支时的调整策略。为了保持控制和问责，为了获得现金池的优势，资金的流入和流出应当通过国库单一账户，而不是单一机构账户。收入必须在恰当账户中流入并记录，对合法索赔人付款必须及时作出。即使在年度预算平衡的政府，流入国库的收入流在时间上很少能与国库的支出匹配。总会存在这样一段期间，即累积的收入小于累积的支出。现金管理的一项任务就是发展一种协调差距、没有拖欠（供应商的强制贷款）的短期机制。[20]在该年的其他期间，国库应当维持现金平衡。现金管理的第二项任务就是在安全的短期投资中最有效地使用这些资金。[21]维持这些资产的收益与现金支付义务之间的平衡是一个基本的资源管理问题。

另一种方法为非洲法语地区广泛应用。地方政府负责支出和收入，[22]国库负责管理所有现金流量。这种方法减少了在财政管理部门中对地方能力的需求——因为能力依然集中。这种做法容易引起对地方缺少财政控制的担忧以及对资金未能有效借贷的疑虑（Winter 2003）。在这个方案中，财政管理的其他因素由地方负责而现金管理集中于中央。

（四）债务管理

债务管理是对政府借款和未偿债务的管理。一般来说，如果地方政府在不需要上级政府援助的情况下有能力偿付债务，那么其出于合法的基础设施建设目的可以获准借款。[23]借款的关键在于让潜在借款人确信其款项会被如期偿还。债务管理的基本目标是效力（有能力满足中长期的基础设施发展融资需求）、效率（以尽可能低的净成本借贷）、公平（基础设施成本会在较长时间内公平分摊）和说明性（债务及对官员、公民以及相关第三方债务服务项目的充分披露）。债务管理避免了轻率的债务结构和战略，即可能危及财政可持续性及从未来债券市场获得资金的战略。

虽然借款是发展长期资本性基础设施建设融资的好方法，但其具有对公共收入的长期第一求偿权，如果地方不停地借款会危及财政可持续性。此外，地方政府举债可能与限制通货膨胀压力的国家宏观经济稳定政策相冲突。这类借款是自我限制的，即对偿债能力的担忧最终会把政府排除在债务市场之外。[24]如果对偿债的可靠性有怀疑，那么对债务条款或特殊条款的任何操作都不会保证政府保有进入债务市场的能力。

因为高额偿债成本能够挤出在持续性服务支出，甚至包括对民众很重要的支出（教育、减贫、公共卫生、公共安全等），所以适当的债务和借款政策对地方政府至关重要。借款的滥用会把政府财政活力置于危险中——滥用意味着通过借款来筹措政府运营费用（运营赤字）以及资本因此基础设施的负债规模超过了政府的偿债能力。然而，发行债券融资是一个政府资本资产长期融资的恰当机制。

由于恰当使用借款是对长期资本性基础设施建设的非重复性购买，因此地方政府预算发展和债务管理的紧密联系就很正常。债务管理信息可以帮助指导资产收购周期，避免高额的债务负担、债务叠加以及导致利率提高的其他问题。由于地方政府债务的长期影响以及借款对地方官员的吸引力，地方借贷、债务政策和债务管理在许多国家受到中央严厉的控制和监管。

负责任的地方债务管理政策体现财政可持续性和财政纪律原则：

- 长期债务应该仅用于资本性基础设施建设，基础设施的使用年限要长于债务到期时间。
- 对债务不应该再融资以延长其偿还期（尽管再融资具有利率低的优势）。
- 非重复性收入应当用于资本性支出或减少债务，而不是经营支出。
- 短期资本资产应用当前收入支付，而非借款。
- 地方政府应当整合资本资产规划和财政规划，确保长期基础设施项目负担能力。
- 应当在竞争的基础上发行债务。
- 地方政府应当出具完整、全面、明确的债务报告。

在这些原则中，债务管理人员应当管理好借款和债务，以尽量减少债务利息、发行费用和偿债成本。借款容易诱发政治滥用和腐败，债务的使用是良好地方财政管理的组成部分之一，因此建立政府对借款负责的控制很重要。

一些国家制订了诸如集中风险、较低利息成本和提供借款技术效能等制度以方便地方借款。美国许多州已建立了州立债务银行以巩固地方政府基础设施融资，地方政府可以发行较大规模的债务，分散行政成本，允许各州工作人员专门将更多的专业知识用于管理债务发行。除了确定项目的合法性外，债务发行并不需要对项目进行评估。在南非，一家私营公司——基建财务有限公司——具有类似的功能。它将国际财政机构和股东处筹集的资金借给市政府、水资源管理委员会及其他发展基础设施的公共机构。印度也有类似的基础设施发展基金，泰米尔纳德邦的城市发展基金是最好的例子（Venkatachalam 2005）。这些所有机制通过提供专门知识和规模经济以及允许通过技术效率降低借贷成本等方式来协助地方债务管理。但是，世界各地的许多发展基金很少成为推动私人储蓄纳入债务市场的中介。

(五) 收入管理

收入管理通过贯彻政府制订的税费制度来为政府项目运作提供资金，其对纳税人或经济活动种类不存在任何偏见。税收管理职能包括纳税人登记和服务、纳税申报或评估、收入和纳税人会计、犯罪控制、审计、执法、上诉或抗议（Ebel 和 Taliercio 2005；Mikesell 2007a）。[25]地方税通过以下几种方式实现管理：地方政府单独管理，地方政府间合作管理，更高层级的政府单独管理，更高层级政府与地方政府合作管理。[26]收费项目通常由申请收费的政府负责管理。收入管理的分散程度依赖于技术和政治因素的组合。尽管地方管理有助于收入项目的地方控制，中央管理有助于发挥规模优势和专门知识。在这两种选择之间作出恰当的平衡取决于特定税收的性质和结构。Bahl 和 Linn（1992）针对发展中国家地方政府税收政策提出的指导意见同样适用于收入政策管理：保持简单，关注收入而非其他的社会或经济目标。

在许多发展中国家，包括非洲国家，即使管理完善，地方政府允许使用的收入源的增长也会有限。因为地方只能征收大量非生产性税收（坦桑尼亚 60 多种），而不是一种或两种以上的生产性税收。相对于征税收益来说，成本相对昂贵，且管理困难，地方政府并不愿意征收这些税收。收入难以弥补征收成本。在这些情况下，自治地方征收经验的不足，包括自我管理责任的不足，并不应当成为是否允许地方征收生产性税收（如土地税和财产税等）[27]的关键理由。坦桑尼亚的改革将所有不动产都纳入税收目录，评估资产现实价值，据此税基确定恰当税率，并卓有成效地收税（Kelly 和 Musunu 2000）。肯尼亚的实践也证明了类似的收入前景（Kelly 2000）。

人们常说："税收管理就是税收政策"（Casanegra deJantscher 1990：179），这一点在财产税上尤为明显，财产税通常是作为自治地方政府筹集税收收入的最佳选择。财产税税基通常是由政府机构（或政府雇员或根据政府标准工作的私人承包商）确定的，而非纳税人。所以计算其价值——税收政策的基础——取决于政府规则。在这种情况下，透明度、可说明性和诉求的开放性对于实行可接受的管理和保证对纳税人的公平是至关重要的。相对于地方财政管理的其他部分，在政策和管理上的不可分割性对收入管理更为有利。

五、地方财政管理的法律和制度背景

大多数国家的地方政府在两个法律框架内运作，一个由国家政府（或在联邦制中由地区政府）制定，一个由地方立法者制定。这些框架包括地方财政法规和履行法律义务的财政管理。财政管理必须符合宪法的要求，必须符合管制和其他监管的标准，必须在国家和地方两级的法律结构下运作。这些结构包括：（a）关于预算流程、会计标准、国库管理、债务管理和收入筹措的规则；（b）内外部审计和执法体系的环境；（c）负责具有财政监督职能的专门机构。很少会有地方政府可以自由作出财政决策及贯彻实施。

（一）开放的边界，开放的内部市场

一国地方政府之间的边界一般是开放的。[28]人们以及产品可在各地自由流动。这种自由流动对货物、服务和就业国内市场的发展是十分重要的，便于资本投资向潜在回报率最高的领域灵活流动。流动壁垒会扭曲资源配置，制约国内经济增长。虽然地方政府可能试图重现现代版本的重商主义，以获得经济优势，但这种做法阻碍了国家的整体增长和发展。因此，财政管理中的限制性做法与国家利益相违背，不管这些做法是否涉及预算项目、收入结构或债务管理。中央政府通常设法阻止这种做法。同样，当地方政府拥有高度财政自治时，地方财政支出和税收可能会扭曲资源的流动。充分的灵活性会导致流动性生产要素的辖区间竞争，从而造成大规模的经济非效率。这是财政管理问题，更是涉及基本财政政策的问题。

（二）支出和收入分配

民众期望地方政府提供的服务种类和其可获得的收入来源与中央政府有系统性的不同。地方政府要么通过正式法律分配，要么通过实践和传统对与人民和财产紧密相关的服务负责。这些服务包括社会服务（教育和公共卫生）、基础设施（道路、供水、污水处理、废物管理、住房、供热和通讯）、环境、社会安全网和防护性服务——具有变化的投入比例，其中一些服务可以由私人提供。在地方责任中，这些服务的潜在优势是最大的。国家和地区政府对具有更广泛影响的服务负责（国家安全、区域间交通、国际事务、货币和财政政策等）。这些政府承担转移支付责任，处理地方政府间的不平衡和外溢问题。

经验表明，相对于收入来源的下放，发展中国家政府更热衷于对责任的下

放。人们普遍认为，完善的财政政策既不能将收入筹措任务全部给中央，也不能允许地方完全享有拓展税基的自由。更合理的设计是每一层级的政府能够获得一定的生产性税源，并通过转移支付处理横向不平衡问题。即使允许地方税征收生产性税基（如不动产），这个问题也没有完全解决，因为有些地方可能缺乏肥沃的土地、商业、自然资源或其他具有税收潜力的活动。如果地方政府要向公民提供服务，那么他们将需要转移支付。

有些国家根据政府层级将税基完全分割（如印度）。有些国家允许税收交叉（例如加拿大和美国），但在层级结构和管理重叠税方面有大量合作。由于地方政府往往难以应付收入的大幅波动，因此最好分配给地方政府流动性不强、具有收入稳定性的税基（例如房地产）。如果违反这些分配原则，很可能导致低效决策和管理。随着经济活动流动性的增强和对地理位置的依赖越来越少，地方政府在独立管理大部分税基方面面临着更大的挑战。生产性地方收入结构通常从财产税开始。

一个重要问题是涉及可获得收入和支出方面分配间的平衡。正如塞维利亚（2005：10）所总结的："地方竞争和财政资源配置的某种平衡是必要的，以避免新问题的产生和公共服务资金的短缺，后者将最终造成赤字问题。"分配的清晰度和支出与收入的平衡对于形成有序的地方财政管理很重要。

（三）预算中的控制和授权

不同国家的地方政府制定、通过和执行预算时享有自治权的程度是不同的。有些国家中央政府只对地方政府实施有限的指导和控制，而另一些国家则建立了地方资源配置的指导方针、限制及控制。中央政府的指导控制和标准力图确保地方政府提供的、未达标的重要政府服务不会对整个国家造成影响。但是这种做法限制了地方应对当地条件和公民利益的能力。一个控制框架包括制度性限制（地方政府运作的一些一般性原则）、法律规定（政府间财政体制的定义，政府结构和程序的制度性细节，问责流程和结构，以及违反规定的补救措施）、监管（法规的诠释）。

常见做法：第一，中央政府对地方政府提供的服务制订统一或最低标准。可能是投入质量标准，可能是不同阶层投入的比例，也可能是财务要求。对于教育和公众健康的干预最为普遍，但还可能涉及其他服务。不幸的是，转型国家的国家政府经常使用以投入为基础的"标准"（Guess 2001：423），其要求地方政府根据某些物化投入比率（如诊所医生和护士的比例），而不是以绩效为基础的标准来安排支出，后者有助于激发地方创造性和提高响应度。这种标准的使用降低了政府服务的效率和效果。第二，中央政府干预服务领域。其溢出效益可能超过地方的辖区范围。这种干预可以阻止资源的重新配置，并使除了当地之外的居民受益。第三，中央政府可能认为某些服务很重要因而强制支出，但仅没有相应的财政拨款支持所需开支。有些国家通过法律禁止这些没有资金配套的授权但其效果非常有限。第四，中央政府可以建立改进服务有效性的管理政策。这些项目可能需要地区之间的合作。第五，中央政府在预算具有法律约束力之前需要检查地方预算（如在马里和塞内加尔）。遗憾的是，这些批准并不总能及时进行，导致财年开始的时候没有已通过预算的指导。在斯威士兰和赞比亚，预算批准通常在财政年度几个月后（Steffensen 和 Trollegaard 2000）。[31]

这些政策的问题在于干预对于地方预算进程来说是否有价值？每一次干涉减少了作出贴近人民的财政选择的机会，增加了中央政府对地方决策流程的控制程度。这种控制的影响是深远的。例如，如果中央确立了当地雇员的工资率，并严格控制地方的裁员能力，如立陶宛，地方政府在很大程度上失去了对支出的控制权——尤其在提供劳动密集型服务方面。这种控制增强了国家利益对选择的影响，但减弱了地方政府处理特殊问题的能力。因此，现代意义的民主政府应当将控制限制到最低限度。如果对腐败的制度控制到位，公共选择的结构健全，财政管理的其他元素可用，那么有限度的干预政策是可取的。

（四）对借款和地方债务的特殊关注

任何一级政府在没有确定的债务计划的情况下不得随意借债。过多的债务会对经营支出造成过重的债务负担，对财政的可持续性造成威胁。债务的累积也不利于宏观经济的稳定。[32]即使债务仅仅用于融资和基本建设，债务负担也会削弱地方财政实力。管理不善的后果是高昂的、长远的。[33]拖欠或拒付债务会损害各级政府的信贷评级长达几十年。例如，19 世纪 40 年代美国好几个州拖欠债务——这些州需要持续支付额外费用超过 150 年之久（英国 1996）。因此，高层级政府通常控制地方政府借款。

对借款的限制主要有三种模式：[34]

1. 资本市场纪律。这种逻辑允许地方自由进入资本市场。借款主要通过借款者的意愿得到限制。在拖欠风险方面，标准普尔、惠誉、穆迪和他们的国家分支机构提供的信用评级为市场参与者提供了指导。[35]

2. 更高层次政府的审查机构。更高层级政府，往往是国家财政部，对地方政府借债的目的和数额进行评估及审批。例如，在印度，如果州政府对联邦政府有未偿付债务（大多数州都如此），那么州政府借贷必须获得联邦政府批准。在中央集权制国家，中央对地方借款的控制很普遍。

3. 借贷的法律限制。最简单的方法是禁止地方借款，但这一政策也否认了财政管理中一种潜在的合理方法。一个不那么严格的控制是对未付地方债务的刚性约束政策。例如，波兰规定地方政府每年支付的债务不能超过预计总收入的15%。几乎美国所有的州都对地方政府发债进行限制，通常根据地方税基的一定比例限制借款总额。尽管州政府有时会干预陷入困境的地方的财政状况，但并不为债务提供担保。印度尼西亚政府对下级政府的借贷进行限制，并对债务提供担保。匈牙利同样在一定限度内允许市政府借款，但不提供担保。

如果有一个隐含的（或明确）保证指出更高级政府会为债务提供担保，那么更高层级政府的控制很重要。正如 Rodden（2002：671）指出的："当中央政府对下级政府融资关联较多时，即当中央政府负有道德、政治和实际的义务时，对于超支、准以为继的赤字和救助需求，中央政府很难说'不'。"因此，更高层级的政府在确保地方政府维持财政纪律方面负有一定的责任：除非地方政府看到其面对硬性预算约束，否则，地方政府很少能理性运转。美国经验表明地方政府总会找到应对严苛控制的方法，其他国家的地方政府很可能效仿。

市场纪律不能充分限制发展中国家或转型经济体的地方借款。为使纪律有效需要运用几种方法（Lane 1993）：

- 财政市场必须开放。不能通过储备金、投资组合、提供税收制度或直接命令等手段要求财政中介机构成为最后购买人。
- 贷款人必须有关于借款人未偿债务和偿还新老债务能力的信息。很多地方政府缺乏预测中期收入和支出的能力，更别说预测长期债券问题。
- 财政市场不能期望恶意的欠款人会受中央政府或央行融资的救助。
- 借款人必须有能力应对借款限制将至的情况。在市场排除地方政府之前，借款人的应对应是有效的。

对贷款来源很难进行监测。在发展中的资本市场，地方政府贷款来源可能包括其他政府、外国和国内银行、国际组织、援助组织等等。在这种环境中，财务控制可能非常复杂。地方官员可能携款潜逃，让下届政府来处理这个烂摊子。许多国家对国外借款的限制比国内借款的限制多。没有这些条件，市场纪律将是无效的。如果要避免与滥用债务相关的地方财政问题，中央政府需要对地方借款主体进行审查或法律限制。借款限制的清晰化提供了透明度和确定性，并可防止审查机构可能寻求的与中央当局的政治性协商（Ter - Minassian 1997）。然而，很难作出具有约束力的，使专家都束手无策的限制。

（五）转移项目

地方政府依赖于更高层级政府的转移支付以便为地方政府提供的服务分担成本。在提供服务的成本与地方资源产生的收入之间存在财政缺口的情况下，转移支付份额会占相当大的比例。这些差距有可能是支出责任过度下放给地方政府造成的，也可能是中央政府分配给地方的收入能力不足导致的，或者是两种因素共同导致的。[36]转移支付分配标准由捐助政府确定，配置资金数额也由这些政府决定，因此，地方政府缺乏对这些收入的直接控制。但也有合理原因使得转移支付不仅仅是填补财政缺口。一些有条件的转移支付项目要求受援政府的某些行动（例如，在马里和乌干达对某些服务类别指定支出数额或要求采取某些绩效评价措施），在这些项目中，地方政府拥有一定的控制权。这些转移支付项目由中央和地方政府设计，促进地方政府提供具有效应的公共服务。在这个意义上，转移支付是为了整个国家的最优化，而不仅仅溢出是地方最优化。

第二种类型的转移支付有助于缓解地方政府之间的横向不平衡。如果地方政府依靠本地资源进行预算，那么一些地区会因经济富饶而财政充裕，而另一些地区因本地资源有限而陷入财政困境。贫苦地区的地方政府难以向其民众提供最基本的服务。当服务不足的影响超过地方范围时，这一问题就会成为全国性问题，如果贫困地区的学生由于教育资源匮乏而转移到另一个地方，那就会造成社会基础设施的负担。因此，需要中央政府提供转移支付以维持地方政府管辖区之间一定程度的财政均衡。转移项目需要一个分配标准（即确定一个地方享受的转移支付份额）以及有适当的资金进行分配的机制。

纯粹的平衡性转移支付项目向地方政府提供资金，这部分资金没有指定用途，进入一般预算流程，并根据地方民众的优先事项分配使用。但只用于某些政府服务（如前所述的条件性转移支付）的转移支付项目具有平衡因素，其对能力较低的地方政府有较大的支持作用。[37]很多发展中国家的中央政府财政状况本身就很脆弱，因此当经济困难时，中央政府常会减少转移支付资金。[38]转移支付的削减导致地方政府财政不安全，这并不利于服务项目的执行。

以下是对转移支付项目的几点合理要求。一般情况下，该项目应是：（a）透明的和客观的，以便地方了解和相信转移支付项目的功能；（b）公式驱动的，以便摆脱捐赠者和地方之间的政治博弈；（c）稳定的，地方政府可以预测其预算约束；（d）有意义的[39]，有助于改善地方财政状况；（e）刺激收入的，以便地方财政努力不因转移支付而减少。在一项改革计划中，南非中央政府基于家庭的人均收入建立对地方政府转移支付模型，从而消除临时的转移支付，提高了管理透明度，增强了接受者对转移支付的可预见性。

六、发展中国家特别关心的问题

由于摆脱了殖民统治的影响，摆脱了指令控制，地方财政管理对于发展中国家和转型国家来说具有新的重要性（Shah 2004）。具有更大财政责任的地方政府需要改进管理结构从而让民众享受分权政府的好处，同时在最大可能范围内控制其缺点。然而，这些国家的许多地方政府面临难以改进地方政府的挑战。除了一些低产的、征收比较繁琐的税费外，几乎所有的收入都集中于地方政府。地方政府名义上具有权威的主要项目支出实际上受中央的命令和管制所控制。正如立陶宛城市建设所发生的，"地方政府没有独立的手段来调整收入的减少或成本的增加。面对这些事件，他们唯一的选择是拖欠款项或向中央政府及私人借款"（世界银行 2002：iii）。在这种情况下，地方政府的优势几乎没有得到实现，从改进的地方财政管理中收益甚微。

当地方政府有足够的能力应对民众对政府服务的需求时，他们就会对公共福利作出贡献。但是，地方财政管理制度需要加强对公民意愿的反应能力和对资源使用的控制能力。当制度比较完善时，地方财政管理可以极大地促进公民福利。以下是许多发展中国家和转型国家进行地方财政管理的经验：

- 在硬预算约束基础上的决定。由于收入预测过于乐观，许多地方制定了不合理的开支计划。在预算执行流程中，预算支出前控制不严，欠款（有效的、强迫性贷款）不断增加。职责的履行比较随意，导致预算执行与之前通过的计划不符。不幸的是，预算编制的错误、预算审批的滞后、预算执行的监管不力、执行控制的不恰当是发展中国家和转型国家的常见问题。
- 有价值的信息。预算分类、发展、分析、审批和执行侧重于资源投入，而不重视提供给民众的服务，这种方式提供的信息对民众来说就不是有价值的。预算中这种典型的投入导向是出于财政纪律的考虑，也是为了规范政府行为——出于限制政府及其腐败雇员的考虑。的确，这是预算制度的首要问题，但不应是唯一的关注点。对控制的注意力不应排挤财政管理的其他重点——即资源的恰当配置和运营机构技术效率的鼓励。分类方法由关注投入和遵守法律转到对结果的关注。这种分类方法对于响应型的地方财政管理来说是一项非常重要的改革。
- 有助于提高公民参与的透明度。地方政府向公众提供的有用的和相关的财政信息不足，提供的民众直接参与的信息也不足。信息的透明度是问责制和民主治理的关键。它包括与民众沟通、地方绩效评估和执行财政管理任务中的公民参与。提供可进入性——将公民纳入财政进程——可以成为地方政府提供公共服务的独特优势。然而，如果参与方获得的信息不充分，参与的程度不明确，地方政府的独特优势将难以发挥。
- 广面覆盖。地方预算覆盖面经常不完整。各地经常从分配的收入或与政府联系紧密的自治机构中设立特殊基金，但通常被认为在地方财政控制之外。如果在地方财政中出现此类操作，可能仅包括净值，从而掩盖了该机构对资源的真正使用情况。这样做的目的大概是为操作提供更大的灵活性，但这种结构与政府的控制和监督，与政府工作的透明度相冲突。有时捐助活动和捐助者控制资金使用的愿望会导致预算外资金的使用。针对这种现象恰当的做法是完善经常性财政制度体系，以使所有资源都得到保护，而非再设立一些资金。如果要实现财政管理的目标，地方预算必须全面。

■ 借款。可对支持基础设施发展的债务进行财政管理。发展中国家和转型国家需要制定明确的规则，其中至少包括借款上限及对借款目标的可行性评估，规范借款行为。

■ 转移支付。地方政府需要进行政府间转移支付以纠正财政不平衡和地方决策的外部影响。有些地方资源极其匮乏。如果分配给地方重要的服务责任，但没有提供相应的转移支付，那么这种做法就是残酷的恶作剧。如果要想地方政府遵守财政纪律并有效地提供服务，那么捐助政府需要提供透明、可靠、稳定的转移支付项目。自行决定的、谈判的、可变的转移支付不能成为有责任地方政府的良好基础。

■ 技术能力。赋予地方政府更多财政自治权的忧虑在于担心地方政府会因技术能力低导致地方治理较差。频繁的分权决策会导致分权两难，Dillinger（1991：29）将其形容为“在无动于衷和能力不足中进行权衡。”地方政府比中央政府更关注地方问题和地方偏好，但中央政府拥有更强的技术能力。因此，中央的无动于衷是对本地能力不足的平衡。然而，能力不足的问题可以通过训练和经验得到缓解，但无动于衷确是灾难性的。[40]从经验中可以不断提高能力，这可能是提高能力的最好办法。

本章注释

①由地方选举出的地方议会具有决策权、负有提供政府服务的责任、拥有上级授予的有限强制权、对收入的一些控制权。以上可用于决策的预算流程、控制和监测。当然，并不是所有的地方都具有相同的结构。

②收入流动性前景取决于地方政府的选择。举例来说，Livingstone 和 Charlton（2001）指出，乌干达的地方税收潜力相对于其分配的支出责任尚显不足，但其他税收工具则有较大潜力。

③相对于中央一级，地方政府可以提供更多的穷人代表。

④提供影响证据的实证研究包括 DeMello（2000），Fornasari 和 Webb（2000），Hunther 和

Shah（1996），Prud’homme（1995）。

⑤但是在美国，州和地方政府通常比联邦政府受更多的财政纪律约束。

⑥一些发展中国家和转型期国家已经建立了过多的地方政府，其数量远远超过理性数量。例如，亚美尼亚，900 多个地方政府；克罗地亚，约 420 个地方政府；捷克共和国，6292 个地方政府（Dabla – Norris 2006）和格鲁吉亚大约有 1000 个。关于政治合理化的一些想法应当伴随改进地方财政管理的讨论。

⑦例如，在布基纳法索，关于以结果为导向的支出管理审查中，有对于在分权责任中资源不平衡的关注（Mesple – Somps 和其他人 2003）。

⑧Otenyo 和 Lind（2004）也提供了透明度影响地方财政管理任务的具体例子。因为透明度适用于税收政策和管理，更多内容见 Mikesell（2007b，第 7 章）。

⑨关注焦点主要在于政府财政的下放——“决策权、财政权和管理权与企业的地位转移到半自治的地方政府部门问题”（Litvack 和 Seddon 1999：3）。其他形式的分权较少涉及地方财政管理独立进程及中央财政体制实践。

⑩有些可能将有形资产管理和采购加入到财政管理职能小组，但这些重要的功能不是普通小组的一部分。

⑪每个函数的详细描述见 Mikesell（2007b）。

⑫非洲英语和法语地区出现的国家公共支出管理制度的对比见 Llienert（2004）。法语国家财政管理的集中程度比英语国家大。

⑬立法机构通过立法拨款维持财政，主要基于以下三项原则：（a）专项划拨的资金不能用作其他用途；（b）划拨的资金是支出的最大限额；（c）前一年划拨的资金在下一年不得使用，除非制定了特殊条款。这些批款的执行掌握在政府的手中。在一些转型国家（例如阿尔巴尼亚），地方一级批准的预算必须在中央一级再核准。

⑭一些国家的地方政府——尤其是马里、塞内加尔和乌干达——经常遗漏新的运营和维护费用。这种做法明显地威胁到财政的可持续性（Winter 2003）。

⑮在坦桑尼亚首都达累斯萨拉姆，伊拉拉当局是一个比较成功的案例，正如巴西的阿雷格里港和贝洛奥里藏特。20 个国家的 300 多个地方政府使用该系统。

⑯在使用参与式预算的一些城市中，公民的参与关注于发展支出，而不是传统经营支出。由于总支出的大部分用于工资和传统政府开销，除非想要重新配置资源的使用投向，否则留给用于公民参与的项目余地不大。

⑰文字是交流财政信息的正常手段，但由于撒哈拉以南非洲国家的识字率低，其对民众参与预算流程造成了挑战。

⑱Burkina Faso 在将分权管理纳入以结果为导向的支出管理制度方面具有一些经验。其经验表明将地方官员与发展绩效信息系统联系起来，将地方官员与贯彻执行这一管理系统的预算结构联系在一起。（MespleSomps 和 others 2003）。Guess（2001）将保加利亚的拉兹格勒和马其顿的威勒斯作为将财政数据与预算结果相联系的模式来引用。

⑲国际公共部门会计准则委员会为公共部门财务报告向国际和国家标准融合制定了高质量标准，以改进世界各地的财务报告。其特别关注从收付实现制向权责发生制的过渡，以改善财务状况报告的质量，以更好追溯政府的活动。政府并未在英国普通法律制度下制定会计

标准。为了产生更具有互动性的结果，这些国家假定允许具有良好知识和资源的私人机构制定准则，而不是政府机构。政府可能参与建立机构，但机构是私有的。

⑳美国和加拿大具有发展良好的短期市政债券市场，但大多数国家不允许其市政府借款少于一年。这种限制给现金管理者带来额外的挑战。

㉑一些地方的现金余额可以合并成一个较大的投资池，由更高级次的政府或合约职业经理人负责管理。

㉒这种集中的财政管理在发展中国家和转型国家中并不鲜见。比如，在马其顿共和国和塞尔维亚，财政部国际支付办公室也履行国库功能（Guess 2001）。

㉓市政债券市场在发展中国家处于不同的发展阶段。在基础设施融资中发挥重要作用之前，市政债券面临不同的制度性挑战。Leigland（1997）评论了印度尼西亚、菲律宾、波兰和南非的进展和障碍。

㉔如果认为当地的借款最终会由中央政府承担，那么其道德风险会很明显。地方政府将不会有尽力履行财政责任的激励，因为他们的错误将由中央政府承担。正如在立陶宛发生的，可从中央借款对财政纪律的腐蚀性如同中央承担地方债务对财政纪律的腐蚀性一样严重。（世界银行 2002）。

㉕关于发展中国家财产税收管理流程的总结见 Bahl 和 Linn（1992）的文章。对于提供财政自治权，财产税的管理很重要，因为这种税特别适用于地方政府。

㉖撒哈拉以南的一些非洲国家（包括肯尼亚、马拉维、卢旺达、南非、坦桑尼亚和赞比亚），在 20 世纪 80 年代初期，印度尼西亚之后，已建立了国家自治税收机构，以消除政治干预，改善税收征管绩效，为税收征管提供更大的灵活性，改变税收征管下的财政激励，从而在处理纳税人问题上有一个新的开始。在地方管理方面似乎没有可比较的例子。

㉗由于产权不明，价值较低，在非洲地区的土地或不动产的税收生产力可能很低。

㉘还有，在发展中国家和转型国家或多或少存在一些例外现象。包括一些转型国家要求的居留证，表面上是为了确保劳动力市场和当地服务市场的安定有序。地方贸易税（octroi）适于城市的跨越边界货物流动，在一些国家亚洲和非洲还继续存在。虽然贸易税确有良好的收益能力，但抑制经济发展和生活水平提高的潜力。

㉙回顾加纳、塞内加尔、斯威士兰、乌干达、赞比亚、津巴布韦的分权进程，不难发现支出责任和收入资源的不平衡是一个相当大的问题（Steffensen 和 Trollegaard 2000）。对强制支出缺乏财政支持是世界各地政府间关系的主要问题。

㉚在塞内加尔，百分之八九十的总预算是用来强制支出的（Alassane 和 others 1999）。这样给地方财政管理留的空间并不大了。

㉛塞内加尔使用了默许制度以确保及时性。如果中央政府在一个期限内没有提出异议，就自动批准（Steffensen 和 Trollegaard 2000）。

㉜巴西地方级政府借款过度以至于威胁到 20 世纪 90 年代国家经济的稳定。

㉝相对于国家政府，地方政府没有铸币权。通过印刷货币进行融资的行为是不适当的——就像前苏联一些国家在其独立的最初几年——但它可以是最后的工具，并给予国家政府对地方货币债务提供额外的保证。如果经常使用，其效用会迅速恶化。

㉞Singh 和 Plekhanov（2005）考察了各种借款约束对于防止地方财政赤字的有效性。他们

发现不存在任何条件下的最好安排，最好的安排依赖于国家其他一系列措施。

㉟惠誉国际评级（2002）对某一国际评级机构使用的评级流程和标准做了解释。该报告最大限度地明确了哪种财政及财政管理有助于评级。撒哈拉以南的非洲国家的地方政府很少获得私人机构的信用评级（津巴布韦是一个例外）。

㊱转移支付是一项很重要的工具，可以防止地方政府因为财政不平衡而借款从而危及财政的长期可持续性。

㊲一些一般性转移支付项目涉及税收分享，一个国家或地区税收既定部分分配给地方政府专用。分配可由公式确定（例如，按人口计算），或征收地点决定（如前苏联的一些国家）。该公式体系易于管理，有助于促进横向均衡。该系统为地方政府鼓励国家税基的发展提供了明显的激励。

㊳例如，最近加纳很难维持对地区支付共同资金。

㊴例如，Alexeev and Kurlyandskaya（2003）发现，俄罗斯联邦的转移支付制度限制了低层级政府增加税基的努力。没有任何逻辑上的理由进行这种非激励。

㊵有证据表明，面对选民的更大问责——地方政府承担更大的责任——可以促进工作人员能力的提高及工作质量的关注（Campbell 1997；Tendler 1997）。

本章参考文献

Alassane, Papa, Jesper Steffensen, Svend Trollegaard, and Abdoul Wahab. 1999. "Senegal: Fiscal Decentralisation and Subnational Finance in Relation to Infrastructure and Service Provision." National Association of Local Authorities in Denmark, CABEX Sarl, and M. R. BEAL International, Senegal. http://www1.worldbank.org/wbiep/decentralization/africa/Senegal%20Report%20English.pdf.

Alexeev, Michael, and Galina Kurlyandskaya. 2003. "Fiscal Federalism and Incentives in a Russian Region." *Journal of Comparative Economics* 31: 20 – 33.

Alm, James, and Jameson Boex. 2002. "An Overview of Intergovernmental Fiscal Relations and Subnational Public Finance in Nigeria." International Studies Program Working Paper 02 – 1, Andrew Young School of Policy Studies, Georgia State University, Atlanta.

Andrews, Matthew, and Anwar Shah. 2005. "Toward Citizen – Centered Local – Level Budgets in Developing Countries." *In Public Expenditure Analysis*, ed. Anwar Shah, 183 – 216. Washington, DC: World Bank.

Bahl, Roy W., and Johannes F. Linn. 1992. *Urban Public Finance in Developing Countries.* Washington, DC: World Bank and Oxford University Press.

Campbell, Tim E. J. 1997. "Innovations and Risk Taking: The Engine of Reform in Local Government in Latin American and the Caribbean." Discussion Paper 357, World Bank, Washington, DC.

Campos, Ed, and Sanjay Pradhan. 1996. "Budgetary Institutions and Expenditure Outcomes."

Policy Research Working Paper 1646, World Bank, Washington, DC.

Casanegra de Jantscher, Milka. 1990. "Administering the VAT." In *Value Added Taxation in Developing Countries*, ed. Malcolm Gillis, Carl S. Shoup, and Gerardo P. Sicat, 171 – 79. Washington, DC: World Bank.

Dabla – Norris, Era. 2006. "The Challenge of Fiscal Decentralization in Transition Countries." *Comparative Economic Studies* 48: 100 – 31.

DeMello, Luiz R. Jr. 2000. "Fiscal Decentralization and Intergovernmental Fiscal Relations: A Cross – Country Analysis." *World Development* 28 (2): 365 – 80.

Dillinger, William. 1991. *Urban Property Tax Reform.* Washington, DC: World Bank.

Ebel, Robert, and Robert Taliercio. 2005. "Subnational Tax Policy and Administration in Developing Economies." *Tax Notes International* 37 (March 7): 919 – 36.

English, William B. 1996. "Understanding the Costs of Sovereign Default: American State Debts in the 1840s." *American Economic Review* 86 (March): 259 – 75.

Fitch Ratings. 2002. *International Rating Methodology for Regional and Local Governments.* New York: Fitch Ratings.

Fornasari, Francesca, and Steven Webb. 2000. "The Macroeconomic Impact of Decentralized Spending and Deficits: International Evidence." *Annals of Economics and Finance* 1: 404 – 33.

Guess, George. 2001. "Decentralization and Municipal Budgeting in Four Balkan States." *Journal of Public Budgeting, Accounting, and Financial Management* 13 (Fall): 397 – 436.

Hunther, Jeff, and Anwar Shah. 1996. "A Simple Measure of Good Governance and Its Application to the Debate on the Appropriate Level of Fiscal Decentralization." World Bank, Washington, DC. http://www. worldbank. org/wbi/governance/pdf/wps1894. pdf.

IMF (International Monetary Fund). 2006. "Selected African Countries: IMF Technical Assistance Evaluation—Public Expenditure Management Reform." Country Report06/67, IMF, Washington, DC.

Kelly, Roy. 2000. "Designing a Property Tax Reform Strategy for Sub – Saharan Africa: An Analytical Framework Applied to Kenya." *Public Budgeting and Finance* 20 (Winter): 36 – 51.

Kelly, Roy, and Zainab Musunu. 2000. "Implementing Property Tax Reform in Tanzania." Lincoln Institute of Land Policy Working Paper WP00RK1, Cambridge, MA. http://www. lincolninst. edu/pubs/dl/8_KellyMusunu00. pdf.

Lane, Timothy D. 1993. "Market Discipline." *IMF Staff Papers* 40 (March): 53 – 89.

Leigland, James. 1997. "Accelerating Municipal Bond Market Development in Emerging Economies: An Assessment of Strategies and Progress." *Public Budgeting and Finance* 17 (Summer): 57 – 79.

Litvack, Jennie, and Jessica Seddon, eds. 1999. *Decentralization Briefing Notes.* Washington, DC: World Bank Institute.

Livingstone, Ian, and Roger Charlton. 2001. "Financing Decentralized Development in a Low – Income Country: Raising Revenue for Local Government in Uganda." *Development and Change* 32

(1): 77 - 100.

Llienert, Ian. 2004. "A Comparison between Two Public Expenditure Management Systems in Africa." *OECD Journal on Budgeting* 3 (3): 35 - 66.

Mesple - Somps, Sandrine, Marie Eugenie Malgoubri, Jean Muguet, and Blaise Zongo. 2003. "Results - Oriented Expenditure Management: The Case of Burkina Faso." Working Paper 204, Overseas Development Institute, London.

Mikesell, John L. 2007a. "Developing Options for the Administration of Local Taxes: An International Review." *Public Budgeting & Finance* 27 (Spring 2002): 41 - 68.

——. 2007b. *Fiscal Administration, Analysis, and Applications for the Public Sector*, 7th ed. Belmont, CA: Thomson Wadsworth.

Obwona, Marios, Jesper Steffensen, Svend Trollegaard, Yeko Mwanga, Francis Luwangwa, Ben Twodo, Abdul Ojoo, and Fred Seguya. 2000. "Fiscal Decentralisation and SubNational Government Finance in Relation to Infrastructure and Service Provision in Uganda." National Association of Local Authorities in Denmark and Economic Policy Research Centre, Uganda. http://www1. worldbank. org/wbiep/decentralization/africa/Uganda%20Annexes. pdf.

Otenyo, Eric E., and Nancy S. Lind. 2004. "Faces and Phases of Transparency Reform in Local Government." *International Journal of Public Administration* 27 (5): 287 - 307.

Ott, Katarina, and Anto Bajo. 2001. *Local Government Budgeting in Croatia*. Zagreb: Insti - tute of Public Finance.

Prud'homme, Remy. 1995. "The Dangers of Decentralization." *World Bank Research Observer* 10 (3): 354 - 60.

Rodden, Jonathan. 2002. "The Dilemma of Fiscal Federalism: Grants and Fiscal Performance around the World." *American Journal of Political Science* 46 (July): 670 - 87.

Sarraf, Feridoun. 2005. "Implementation Note: Integration of Recurrent and Capital 'Development' Budgets: Issues, Problems, Country Experiences, and the Way Forward." World Bank Public Expenditure Working Group, Washington, DC. http//www1. worldbank. org/publicsector/pe/StrengthenedApproach/Capital RecurrentIntegration. pdf.

Schick, Allen. 1998. *A Contemporary Approach to Public Expenditure Management*. Washington, DC: World Bank.

Sevilla, Joaquin. 2005. "Accountability and Control of Public Spending in a Decentralised and Delegated Environment." *OECD Journal on Budgeting* 5 (2): 8 - 21.

Shah, Anwar. 2004. "Fiscal Decentralization in Developing and Transition Economies: Progress, Problems, and the Promise." Policy Research Working Paper 3282, World Bank, Washington, DC.

Singh, Raju, and Alexander Plekhanov. 2006. "How Should Subnational Government Borrowing Be Regulated? Some Cross - Country Empirical Evidence." *IMF Staff Papers* 53 (December): 426 - 52. International Monetary Fund, Washington, DC.

Steffensen, Jesper, and Svend Trollegaard. 2000. "Fiscal Decentralisation and Sub - National

Government Finance in Relation to Infrastructure and Service Provision: Synthesis Report on 6 Sub – Saharan African Country Studies." National Association of Local Authorities in Denmark. http://www. cddghana. org/documents/decentralization% 20in% 20subsahara% 20africa _ 1999_PADCO. pdf.

Tendler, Judith. 1997. *Good Government in the Tropics.* Baltimore, MD: Johns Hopkins University Press.

Ter – Minassian, Teresa. 1997. "Decentralizing Government." *Finance and Development* 34 (September): 36 – 39.

Venkatachalam, Pritha. 2005. "Innovative Approaches to Municipal Infrastructure Financing: A Case Study on Tamil Nadu, India." Working Paper 05 – 68, Development Studies Institute, London.

Winter, Mike, ed. 2003. *Local Government Initiative: Pro – Poor Infrastructure and Service Delivery in Rural Sub – Saharan Africa, A Synthesis of Case Studies.* New York: United Nations Capital Development Fund.

World Bank. 2002. "Lithuania: Issues in Municipal Finance." Report 23716 – LT, World Bank, Washington, DC.

第二章

预测地方收入和支出

拉瑞·斯格瑞德（LARRY SCHROEDER）

预算是财政管理和财政规划的核心。由于预算和计划是以未来为导向的，预测未来支出需求和可获得收入，对于预算编制和规划是十分重要的。本章重点在于下级政府能够运用并在实际中使用的预测方法的优点和缺点。[①]

本章采用了规范分析（应该发生什么）方法和实证分析（实际发生什么）方法。缺乏实证信息阻碍了对发展中国家和经济转型国家下级政府进行实证预测。发展中国家和转型国家似乎很少尝试用系统的方法预测财政状况。[②]在低收入国家，即使对国家级收入进行预测的信息也是有限的。关于对地方政府的预测方法和程序的文献主要集中于美国司法管辖区。因此，这里引用的实际做法均来自美国的经验。

对于良好的地方财政管理来说财政预测至关重要。在原则上，地方政府必须确保支出不超过收入。因此，年度预算要求尽可能准确地预测收入。如果收入被大大高估，地方将不得不意外地削减开支。同样，如果低估收入会导致意想不到的预算盈余。这可能诱使地方决策者开展自己喜好的项目，这种项目如果进入日常预算流程会被否决。这些不良后果意味着现实和准确的收入预测应当是年度预算流程的首要目标。[③]

事后收入预测的准确性通常不是长期（3—5年）财政预测主要考虑的问题。一般来说，多年收入预测实践是为规划和决策服务的。从收入和支出对等的角度出发（即平衡预算），对数年后收入和支出的预测容易做出预算赤字预测。这种预测警告决策者，他们必须制定相应的财政政策以避免收入不足。这些政策包括努力调动更多的本地资源，获得额外的政府间转移支付，减少开支。如果切实采取政策并取得成功，对赤字的预测就出现了偏差，因为没有像预测那样发生了赤字。然而，正是这样的“错误”导致审慎理财的决定。相对于为了避免赤字采取的应急措施，这种措施更为可取。

以下部分讲述了预测收入和支出的各种方法。随后的章节讨论了收入预测和支出预测。另一部分探讨在发展中国家和转型国家预测面临的挑战。

一、一般预测法

有些预测方法可能会更适用于收入或支出。[④]客观方法很容易解释并且很系统；主观方法主要以预测者的判断为主。最终选取的方法很可能部分基于预测者的判断，部分基于各种方法的可行性。

（一）判断法

判断法主要依赖于预测者的专门知识——也就是说，关于地方税收体系和影响年收入流量因素的知识。由于此主观方法主要依赖于具体情况和预测者的特质，其实施成本可能是最低的，并能产生相当准确的短期预测。Stemaier 和 Reiss（1994）文件证明，地方专家小组作出的年度预算预测，可以像客观技术推出的预测一样准确。

（二）时间序列法

时间序列法将未来收入或支出与过去经验联系起来。这些方法的复杂程度有很大的不同。此处讨论的是较为简单的方法。

迄今为止，最简单的方法是以最近的情况为基础，预测明年的收入——例如，根据过去两年间可获得的数据。预测者可作出这样的预测：地方财政收入未来的变化将像过去一样变动。但预测者必须确定是使用数据的绝对变化还是百分比变化。也就是说，如果一项收入来源在 T 和 T + 1 年间从 100 增加到 120 比索，那么预测者可以推测未来每年收入会增加 20% 或者增加 20 比索。而从 120 比索到 140 比索绝对增加 20 比索则意味着仅增加 16.7%，因为新的基类义是

120 比索。

如果预测者掌握了过去多年的数据，那么预测者必须选择几种方法中的一种来分析收入趋势。一种方法是计算时间序列中每年的百分比变化，如果至少在过去 4—5 年其变化大致相等，那么可以使用这些百分比变化的平均值。另一种方法是，预测者可以在二维图形中根据时间画出这一系列，如果所有点大致位于一条直线上，那么可以使用同一线性趋势进行预测。[5]计算机的电子制表程序可以预测线性趋势，以及以过去统计估计为基础的线性增长。趋势方法使用简单、易于解释，但他们以如下假设为基础：影响过去收入和支出的因素，其影响在未来会继续存在。[6]

（三）确定性法

预测者可能会发现，相对于时间，某些变量对收入或支出的决定性影响更具现实意义。例如，如果政府转移支付项目只依赖于地方人口，预测者可以通过对人口增长的预测来估算未来转移支付的数额。他们还可以利用这种方法来估计未来地方收入。在对美国弗吉尼亚州的威廉王子县，预测者假定县里的家庭数量与销售税直接联系并认为实际（而不是名义）每户销售税在未来 5 年是不变的。随后，预测者对家庭数量的增长作出假定，并将预测的销售税转换为以预期价格增长为基础的名义数额（弗吉尼亚州威廉王子县，2002）。

预测者在支出预测中广泛地使用确定性法。与特定地方政府服务相关的工资和薪金等于每年平均工资和提供服务的雇员人数乘以服务就业者的工资薪金。预测者可以对每一个变量进行假设，其结果构成对工资和薪金的预期支出。

预测未来数年的收入时，确定性法较多地应用于发展中国家的国家一级。通常情况下，政府制定目标：国家的收入将相当于国内生产总值（GDP）的一定比例。预测者将未来国内生产总值乘以预定的收入比例就可以得出未来的税收和非税收收入水平。由于地方数据相对不太可能获得，这种方法更适用于国家政府而非地方政府。

不过，预测者可使用一种与确定性法相关的方法预测财政收入。在分析收入数据时，应用收入弹性有助于预测地方财政收入。收入弹性系数衡量过去收入的百分比变化相对于工作的百分比变化（可能近似于国内生产总值的百分比变化）。如果能够获得对收入弹性的估算，那么预测者可以结合本地生产总值的预测，推导出未来的地方收入。

确定性法相当简单，可以很容易地向决策者解释基本原理。与时间趋势法不同，它不需要预测者假定未来收入或支出像过去一样增加（或减少）。但是，这种方法要求对变量作出明确假定，以推导出对收入或支出的预测。而这种假定最终可能是错误的。

（四）统计模型

统计预测模型，有时被称为计量经济模型，是最复杂的方法，需要最广泛的数据量。这种预测方法让预测者根据一个或多个影响收入或支出的变量，并将变量与预测项之间的关系建立在统计预测方法基础上。由于地方经济状况可能会影响地方政府收入，相对于支出预测，统计模型更多地应用于收入预测。[⑦]

最常见的统计方法是线性回归分析。第一，预测者确定自变量和因变量来解释过去和未来收入或支出的变化。第二，收集这些变量的历史数据，及收入和支出的历史数据。第三，预测者使用线性回归分析预测收入和支出数值及因变量之间的统计关系。第四，预测（或估计）自变量的未来水平，并将其代入预计的统计关系中以预测收入和支出数值。[⑧]

这种预测方法的准确性依赖于：自变量的合理选择，变量预期值的正确性，以及未来统计关系的稳定性。与判断法不同，这种方法明确了用来作出预测的因素，因此允许对预测误差进行事后分析以便今后改进预测。与以趋势为基础的预测不同，统计模型的预测取决于一个或多个自变量的预期变化，因此，收入或支出的一系列预测可能有升有降。与确定法不同，统计法允许分析师了解所选择的自变量和收入/支出系列数值之间的假定关系是否统计相关（统计学意义）。

在任何地方确定哪种是最合理的，预测者需要依靠自己的判断以及对地方预算的一些分析；使用某一特定方法的成本和可行性也会影响方法的选择。一个单一的方法不一定对所有地方的财政收入或支出都是最适当的。此外，方法的合理性也依赖于是做一年预算的预测还是多年预算的预测。

二、收入预测

在年度预算的收入预测中，最终预测应当包括对政策变化对收入的影响，如税率和关税的变化，以及地方税费定义的变化。较长期的预测，一般不包括未来政策的收入影响；相反，其目标是在制定的政策没有变化的情况下，预测地方政府的可实现收入。在未预测未来政策变化的情况下，估计未来收入流动比较困难。

尽管可以预测收入的总额，但将收入总量分解为各自的构成部分更为合理。只有通过这种方法，预测者才能较深入分析过去的预测错误并改进今后的预测。此外，不同的方法可能会或多或少适合不同类型的自有收入和政府间收入。

（一）自有收入

地方政府使用各种税项。由于以财产为基础的税收对于发展中国家的地方收入来说极其重要，故而需要特别关注这些收入。

在这里讨论的方向是规范的，而不是实证的。正如 Kyobe 和 Danninger（2005：3）说明，在发展中国家和转型国家的中央或地方层面“几乎没有关于收入预测的确定因素的研究”。在对 34 个国家（其中发展中国家 80%，转型经济国家 20%），Kyobe 和 Danninger（2005：3）发现，收入预测是 64% 国家的技术专家协商一致的产物。Kyobe and Danninger（2005：3）指出，只有 12.9% 个作出回应的国家依靠统计学（计量经济学）方法进行收入预测。

研究人员已对美国州和地方政府收入预测实践进行几项调查（见 Jung 2002 McCollough 1990；Rubin，Mantell，和 Pagano 1999）。这些调查显示，到目前为止，判断和趋势方是最常用的方法。只有 20%—33% 的受访地区使用统计方法。

预测自有收入一般关注地方主要税收和非税收入，因为总体预测误差受小项收入的影响很小。关于主要收入，需要考虑影响多年收入变化的因素类型。一些地方的收入，如以收入为基础的税收或对地方企业的税收，会随着经济状况的改变而改变。但是，车辆停泊特许收入可能不会随着年份变化而大规模变动（除非停车费率的变化）。

预测地方税收和假定对地方经济状况波动敏感的非税收入，统计模型是合理的方法。纽约市用这种方法预测重要的地方税收入（见专栏 2.1）。

专栏 2.1　纽约市收入预测工作

纽约市，美国最大的城市，每年根据该市章程进行多年税收收入预测。该章程规定，对所有至少占税收收入 5% 的税收进行预测。此外，管理与预算局（OMB）作出的预测必须能够提供给公众。

管理与预算局（OMB）主要依赖统计预测方法。管理与预算局（OMB）经济分析单位一直应用纽约市经济 77 - 等式计量（统计）模型。在模型预测的经济变量中包括：14 个地方经济主要行业的就业，财政业、私人非财政业及政府部门的工资率，消费者物价指数，个人收入，城市生产总值，以及一些房地产市场指标，如空置率、写字楼租金率。分析家将这一模型的产出作为税收收入预测等式中的投入来使用。

销售税，对城市的零售销售征税，构成纽约市税收收入的14%。在预测年度销售税收入的统计模型中，这些收入是工资率和总就业人数的函数。分析家使用回归分析估计这两个变量之间和过去销售税收入的统计关系。

纽约市被允许对城市居民的个人收入征税（城市居民也为其收入向联邦政府和纽约州缴税）。这种税收占全市筹集税收的17%。个人所得税预测模型比销售税预测模型复杂得多。纽约州税收和财政部门所做的微观仿真模型可以用来估计总体税收负担。对工资和薪金收入征收的大部分税收以根据所得进行缴税及预提为基础。估计这些税收的模型规定，预提税收的对数是工资所得与股息、利息、租金收入之和的对数以及最大城市个人所得税税率的对数。其他收入税收直接由纳税人在该财政年内缴纳，预测这些付款，分析家使用三个独立的变量：股息，利息和租金收入；实现的净资产收益；最大城市所得税率。分析师使用带有5个独立变量的统计模型估计这些独立变量中的第二个。

纽约对城市商业公司征税。这种税收占城市税收的60%以上，为了预测这种税收，管理与预算局（OMB）将公司分为两类：财政企业和非财政企业。对于财政企业公司税收收入，分析家考虑两个变量：纽约证券交易所会员公司的利润和国内生产总值（该国）。对于非财政企业的公司税，分析师使用三个解释变量：城市生产总值、相对于国内生产总值的税前企业利润、市内专业服务就业。

管理与预算局（OMB）最后预测的是财产税。这种税收是对不动产的评估价值征税，占城市税收收入的40%以上。由于税款未能与当前经济形势紧密联系，分析者使用判断法和确定法相结合的方式预测收入。

上述预测工作的复杂性反映了纽约市的庞大的年度税收收入（超过280亿美元）和对自有收入的严重依赖。自有收入对于提供公共服务来说是必不可少的。

资料来源：纽约，纽约2005。

统计方法的技术复杂程度导致发展中国家的地方一级很难使用这种方法。这种方法对数据的要求也限制了其应用范围。首先，用于预测收入的时间序列数据是必要的。一般来说，该系列数据至少应该有15年（这一系列数据需要剔出过去政策变化对地方收入的影响，见专栏2.2）。第二，影响这些收入的一系列被理性假定的变量在相同时间应当是可以获得的。最后，这些解释变量或自变量也必须是可以获得的。

专栏 2.2 用于预测的时间序列数据

如果用统计（计量经济学）模型或时间序列模型预测财政收入，收集大量数据的准备工作是必要的。首先，数据在整个时间段必须保持一贯性。一般来说，重要的收入来源很可能一直保有记录。但是，财政管理者对微薄收入的记录往往比较随意。

其次，数据应该剔除过去税率变化或税基定义变化的影响。考虑下面的例子：一种税率在 2000 年到 2001 年财政年度期间翻了一番。那么税率的大规模增加应当导致从该收入来源中获得的税收收入的大幅度增加。如果只观察 1990 年到 2005 年收入流形成的数据点，并根据这些数据画出趋势曲线，趋势线的斜率会高估年收入的增长。同样，如果税基定义在该系列时间内的某一点发生变化——例如，在燃油税中，免除对某些类型的燃料征税——实际筹集收入的时间序列应反映这一政策变化。

在税率或税基变化的情况下，要想获得对收入趋势更现实的估计，使用时间序列数据的分析师应当调整数据以便根据一贯性原则反映税率或税基。同样，如果使用统计模型预测收入，那么分析人员必须剔除税率和税基变化对数据的影响。如果在时间序列内，只有一个或两个税率或税基发生变化，这项任务并不难。但如果大量变化同时出现，那么这项工作则会相当困难。首先，分析人员必须回顾税率和税基变化的历史——因为并不总能定期对变化进行记录。第二，分析必须对这些变化对收入的影响进行估计并相应地调整时间序列。如果税率发生变化，这项任务可能不是特别困难。如果税率在 2001 年增加一倍，分析人员可以假定，2001 年以前的收入也会是以前的两倍。但是，这样的调整是建立在有疑问的假设基础上的，即利率调整不会对纳税人行为产生影响。如果税基定义发生变化，那么不仅需要估算当年税基变化对收入的影响，还要估算税基变化对以前年度的影响。当这种估算在贯彻政策变化当年已经作出，那么分析人员可以利用这种结果调整以前年度的收入数据。

分析人员可以使用多种方法净化数据。Gamboa（2002）总结了其他方法。其他相关信息见 Bahl（1972），Harris（1966）或 Prest（1962）的文章。

资料来源：作者。

在大多数发展中国家中，由于地方一级的数据很难获得，全国范围的经济指标——例如，国内生产总值、国民收入、国家的价格水平——可能是在地方层级运用统计方法的唯一可行数据源。即使这样，分析人员必须认识到根据这些等式作出的预测可能有些错误。如果使用统计模型预测自有收入有许多困难，很多收入预测都依赖于确定法或以趋势为基础的方法。

尽管在大多数发展中国家或转型国家，地方收入的统计或计量模型预测可能并不可行，使用确定法的系统预测是一个可行的替代方法。该方法可以将地方收入预测与国家经济预测联系起来。具体见以下公式：[9]

$$Rev_{t+1} = Rev_t \times [(1 + GDPGro) \times J1]$$

Rev_{t+1} 是 $t+1$ 年 的预测收入，Rev_t 是 t 年筹集的收入，$GDPGro$ 是 $t+1$ 年预测的国内生产总值的增长率，$J1$ 是一项调整因素。

$J1$ 的设置取决于预测者的最佳判断。如果设定 $J1$ 为 1.00，那么其假设为地方收入与国家的国内生产总值的增长速度相同。$J1$ 相当于地方税收的收入（GDP）弹性。因此，如果 $J1=1$，那么预测者假定的是单位税收弹性。任何关于地方税收收入弹性的估计可以代替等式 $J1$ 的调整因素。[10]

一些地方收入可能不受国民经济波动的影响。例如停车费收入不受 GDP 变化的影响。分析者可以通过使用诸如预测的人口或登记车辆的数量等地方变量来预测这些特定收入。

准确地预测财产税收入具有挑战性，特别是用财产（资本或年度）价值定义税基的时候。分析人士预计财产价值可能与地方和国家经济状况高度相关。但是，由于税基是财产的评估值，在大多数情况下，评估价值与财产的市场价值并不一致，地方财产税很少与国民经济的短期波动密切相关。[11]

财产税收的良好预测取决于预测者对地方税收管理的了解程度。[12]财产税收（如其他税收收入）相当于税基乘以税率乘以筹集比例。[13]这些因素中的任何一个都会决定实际收入的增长程度，因此，预测者需要了解每一个因素是如何变化的。如果评估的财产价值与通货膨胀率同步（在发展中国家并不常见），预期的通货膨胀率可用于预测税基。但是如果再次评估的间隔很长，只有在新的应税财产纳入征收范围时，税基才会增长。在这种情况下，收入预测依赖于对新建筑以及新增收财产税的预测。同样，现行财产税纳税义务（以及拖欠税款）的变化可以显著地影响实际收入。只有熟悉地方财产评估实践和税收筹集努力的预测者才有可能作出合理的、准确的预测。

（二）政府间转移支付

政府间转移支付占许多发展中国家地方政府收入的大部分。即使在财政高度分权的国家，政府间转移支付也能占地方政府收入的 2/3 到 3/4。为了准确地预测下一财政年度收入及长期收入，地方政府预测者需要在上级政府的控制下预测收入流。为此，预测者必须了解决定地方政府转移支付收入的两个因素：特定政府转移支付项目下的转移支付总额，向所有符合条件的下级政府配置转移支付资金的机制。

一类是与自有收入密切相关的分享税，根据其筹集来源，将其分配至各地方政府。[14]预测者可以使用以上方法预测分享税收入，特别是在共享税有可能与国家经济高度相关时。但在某些情况下，预测者可以依赖中央政府的预测工作。如果中央政府预计与地方政府的共享税增加5%，预测者可以合理地假设地方政府具有同样的增长速度。当地方政府拥有“共享”收入的全部时，上文所讨论的方法可以合理地预测未来收入。

一些国家根据税收的一定比例确定转移支付总量，并根据含有清晰变量的合理公式来配置转移支付。在菲律宾，国内税务局筹集税收的40%的部分根据转移支付公式分配给省、自治区、市和村（地理区划的城市和直辖市）。该公式只包含两个变量：人口和管辖面积（加上等量的司法管辖权）。根据国内收入分配规定，特定年度的转移支付数额取决于该预算年度3年以前筹集的收入。也就是说，2007财政年度的转移支付以2004年的实际收入为基础。因此，预测2008—2011年国内收入局的收入需要估计2005年、2006年和2007年的收入。如果在2007年作出预测，那么就应当有2005年和2006年的信息。

当确定转移支付规模为每年国家预算流程的一部分，在这些国家，预测转移支付规模相当困难。如果政府通过构建中期支出框架（MTEF）进行多年规划和预算编制工作，这个规划文件可能提供对转移支付规模的近似估计。[15]因为中央政府提供的政府间转移支付同时也是地方政府的收入和“支出”，转移支付规模的估计可以直接从中期支出框架中获得。在这种情况下，地方预测者可以通过预测地方政府可获得份额来预测其获得的转移支付数额。另外，地方预测者可以利用转移支付数额的过去趋势或专家意见，运用保守方案，假定转移支付总额名义保持不变，或者不那么保守，实际数额保持不变——即与通货膨胀保持同步。

政府间转移支付的另一个类型是特定目的转移支付——也就是说，转移支付必须用于特定目的。同样，可以基于判断或趋势作出预测。在许多国家，地方政府收到的转移支付还需要再拨下去，因此，此项转移支付已经由中央政府预先指定了具体用途。在这些情况下，收入对预算不会产生净影响，因为相同的支出数额会将收入抵销。预测者必须保持预算收入和预算支出的平衡。

另一种是成本分担型转移支付，与支出直接联系，地方政府匹配相应比例的支出。如果收入预测包括这种转移支付，分析者必须调整支出预测，以反映地方的份额。成本分摊转移支付最常用于资本投资。这些投资有可能对经常性支出产生长期影响——分析者在其多年预测工作中必须考虑这一影响。

三、支出预测

相比收入的估计流程，“预测”这一术语并不适用于年度预算所列示的支出的估计流程。一般来说，在制定下一财政年度经营预算时候，需要对收入进行预测。在硬性预算约束环境下，预算额等于预测的收入。支出预测，是对可能支出的动态估计，与长期支出预测紧密相关。

如上所述，多年支出预测并不是对实际支出数量的预测，而是对提供一定水平的公共服务成本的预测。美国大部分州和地方政府预测未来提供与目前水平相当的公共服务所花费的成本。将估算的结果与预测的长期收入进行对比，从而确定在收入政策没有改变的情况下，是否会发生财政赤字。或者，政府通过使用确定性模型提供可供选择的支出方案。

支出预测的会计恒等式方法根据部门、机构、计划、或者根据支出用途（例如劳动力或材料）分解支出。这种方法认为，支出相当于每项投入的数量乘以其价格或成本。这些分解支出的预测可以按照会计或财政管理系统的规定进行分解。

（一）人员支出

对劳动力支出进行预测的确定性方法，以会计恒等式为基础，即 t 年的劳动支出（LE_t）等于工资或薪金（W_t）乘以劳动力数量（N_t）。即：

$$LE_t = W_t \times N_t$$

这种计算公式可以应用于每一个功能区。如果可以获得足够的数据，一个功能区内的工资和就业信息可根据雇员的类型划分为不同种类。出于完整性的考虑，工资和薪金数据应包括与员工福利相关的任何费用——例如，对退休项目的支出。

出于预测的目的，分析师必须对 W 和 N 的未来价值作出假定。一般假定工资和薪金的未来水平与预期通货膨胀率保持一致——也就是说，在预测期内，实际工资将保持不变。如果分析师为了预测收入而对未来价格水平的增长作出了假定，那么这一假定也应反映在支出预测中。

对雇用劳动量的预测应当与有关服务水平的基本假定联系起来。如上所述，预算中服务水平保持不变这一假定已经司空见惯。对于有些服务来说，很难具体界定这些假设对公共雇用水平意味着什么。以公共教育为例，这可能意味着预计就业与学生年龄人口同步增加。至于其他服务，人口可能被认为是影响未来就业需求的决定性因素（根据服务水平不变的假定）。也就是说，如果地方居民每年增加 1 个百分点，预测者可以假定地方公共就业需要增加 1 个百分点。

对于已经采纳但并未执行的强制政策或地方政策，也应在支出预测中加以考虑。因此，如地方政府已通过立法，要求另外建立两个健康中心，预测者必须将这个中心的新增雇员纳入到考虑中去。同样，如果政策减少了政府雇员的需要，预测者必须在预测中反映预测员工人数的减少。

如上所述，分析师可以在既定政策方案下使用确定性模型预测支出，而不是以服务水平不变这一假定为基础。如果整个模型计算机化，那么这项工作非常容易。会计恒等式方法使得商业电子表格程序计算机化成为可能。

（二）非人员的经常性支出

与地方服务相联系的材料和服务的成本可以通过类似人员支出的方法进行预测。下面的会计恒等式可用于预测：

$$O_t = P_t \times Q_t$$

其中，O_t 是 t 年的其他经常性支出，P_t 是那些非人员支出的价格，Q_t 是对非人员的投入量。

将这些支出按功能分解到何等程度取决于以下几种因素：预测者对同类商品的分配能力；不同类型供应品价格指数的可获得性；预测详细程度。缺乏分类价格指数通常是分解现行支出的主要障碍。政府生产所用的商品的很多种类并没有价格指数，因此，分析家对一般物价水平的增幅作出假设，或简单地运用判断力来预测价格。但是，如果某些投入，如电费，增长速度高于一般价格水平，需要在预测中加入这些假设。

（三）对特需家庭的直接支付

一些国家的地方政府需要对某些个人和家庭进行直接支付或实物支付，如有特殊需求的低收入老年人。当这种付款通过中央政府转移支付给予时，支出需求的增加会被转移支付收入的增加所抵销，对地方政府的财政赤字或盈余没有净影响。当特殊需要支付并不通过中央的政府间转移支付时，预测者既要对需要进行支付的个人和家庭数量进行预测，也需要对这些支付的水平进行预测。

享受特殊需要支付的家庭或个人的数量以符合条件的人数为基础。如果这个条件是以年龄为主，分析家可以通过预测符合资格的人口进而对支出进行预测。其他项目可能会依赖于经济状况，在这种状况下符合支付条件的个人和家庭的数量可能取决于宏观经济预测。也就是说，如果预测到经济增长，那么有资格领取支付的人数可能将会下降。分析家必须将支出需求与宏观经济预测联系起来。

（四）资本支出和偿债

资本支出预测与资本预算的形成密切相关（见第五章）。因此，进行预测没有什么特别的方法。相反，预测者可以简单地假定资本性支出正如资本预算计划的那样发生。但是，分析人员在进行预测时，应当考虑某些细节。

目前讨论的假设是，收入和支出的预测会关注一般资金预算（地方政府的主要预算）。资本支出是较大的，一次性列支。这种列支可直接从一般资金收入中获得。一般来说，无论是地方政府每年的自有收入，还是普通转移支付，都不能满足大型列支的需要。这类资金必须来自一般资金中的累积盈余（平衡）、中央政府给予的资本性转移支付支出、或者债务。

如果所有或大部分资本支出的资金直接来自转移支付，预测人员可以在一般资金预测中包括总资本支出的预测，因为在对收入的预测方面将包括可比收入流。如果资本支出的资金来自资金累积盈余，那么预测模型应包括分类账中收入余额结转部分。

如果资本开支的经费来自于地方政府借债，收入预测应当只在一般资金中包括收入流，不包括通过信贷从贷款机构获得的资金。将整个资本支出纳入财政预测，表明收入和支出之间存在较大的负差。因此，最好的办法是将资本支出从支出预测中排除，将从贷款机构获得的资金从收入预测中排除。此外，在偿债的情况下，在多年支出预测中应包括资本项目的“支出”。在获得信贷的下一年，地方政府将需要支付与债务相关的本金和利息。因此，这类偿债应当成为财政预测中支出方面的额外项目。

如果允许地方政府借款，对债务融资资本支出的预测将集中于偿债支出。对于以前发生的债务，支出预测将包括本金和利息。在预测期内，预测者将不得不对与新预期债务相联系的条款作出假设。也就是说，新债务会增加本金和利息支出，预测者需要在接下来几年的预测中包括这些项目。

由于债务主要用于资本投资，与其相关的新增利息和本金支付，以及与新增资本相关的额外经常性支出同样重要。的确，长期财政预测的一个公认优点在于其要求政策制定者认可新的资本性基础设施的运营和维护（O&M）支出。当跨年度的支出需求预测包括额外的基础设施运营和维护（O&M）支出和偿还额外债务的成本时，地方政府需要了解目前有没有足够的经济能力进行投资，或者是否具有偿还债务负担的财政能力。

需要对基础设施的运营和维护（O&M）支出作出合理预测，说明首席财务总监（CFO）并非是必须参与到产出预测中的唯一个体。首席财务总监（CFO）

一般没有对每一个部门作出合理预测的必备知识。该工作可以被直接移交给监管基础设施运作的部门。

总之，大部分支出预测是多年预测的重点，因为年度预算一般是由预计的可获得收入和具体政策措施确定的。多年支出预测一般是以在假定的服务水平下的会计恒等式为基础。分析家可以将这些预测的结果与相似假设条件下可获得收入的多年预测进行对比。如果预测的支出超过预测的收入，这一结果可以成为地方政府的警示，提醒其应当减少计划支出，采取能够增加收入的措施，或者两种措施都采用。

美国得克萨斯州贝克萨尔县（2002:1）总结了多年预测目标：

> 预测不是预言！预测是以规定的假设为基础来预计最终结果……假设改变了，最终结果也会发生变化。预测的价值在于其允许政策制定者预测可能发生的问题，并采取积极的态度，以便在缓解问题及增大机会时取得更大的成功。

俄克拉荷马州俄克拉荷马城和伊利诺伊州尚佩恩，这两个美国城市通过多年预测给政策决策流程提供建议（见专栏2.3、2.4）。

专栏2.3 俄克拉荷马城的收入和支出预测

俄克拉荷马城，一个大约拥有50万居民的城市，是俄克拉荷马首府。多年来，该城市通过预测一般资金收入和支出来向政策制定者说明他们在满足公共服务需求的同时，有可能面临维持一般资金预算平衡的挑战。

该城市并未使用正式的预测模型，预测主要依赖于对过去趋势的判断和检验。它考虑国家、俄克拉荷马州、城市以及在俄克拉荷马城所在县的经济前景。它审查人口（包括人口的年龄构成）、通货膨胀（按消费物价指数计算）、个人收入、地方旅馆和汽车旅馆的入住率，失业率、以及预期的未来就业增长。

俄克拉荷马城，不同于大多数美国城市，并不依赖财产税收入。相反，销售税是自身收入的主要来源。在2005财政年度，销售税占全市收入的54%。

该城市收入预测将销售税与每年大约1%的人口增长率、每年约2.5%的通货膨胀率联系起来。这些假设导致该销售税收入预测在2006年为2.3%，2007—2010财政年度每年平均3.5%。同样，对其他税收的预测也立足于对局势判断、过去的表现和预期的政策变化。

支出预测很大程度上依赖于员工的开支，因为个人服务业占了所有一般资金支出的四分之三。在就业率降低百分之六之后，俄克拉荷马城认识到，如果进一步削减雇员人数，会降低公共服务的数量和质量。而且，在既定人口增长条件下，稳定的城市劳动力不得不提高生产力以维持服务水平。

为了预测人员支出，城市预测者会假定直接工资和薪金按照假定的通货膨胀率（实际工资没有增加或减少）增长；但他们承认，美国的保险费用（主要是医疗保险费用）的增长率一般快于通货膨胀率。因此，预测者称，保险费用将以每年约9%的速度增长。预测者还利用他们的判断力预测其他服务项目的成本（包括服务合同、公用事业，不是由城市职工提供的专业服务）、日用品和资本支出以及转移支付。

在俄克拉荷马城的预测工作最有趣的方面是与收入和支出的预期差距。总收入预计每年将增加约3.3%，而支出预计每年将增加大约5.2%。虽然目前收入超过支出的盈余意味着不会立即出现赤字，但预计到2010年支出将超过收入约3800万美元。为了解决这一可能出现的赤字，这个城市的预测文献描述了控制支出，寻找其他收入来源的应对途径。

资料来源：俄克拉荷马州城，俄克拉荷马州2005。

专栏2.4　尚佩恩的收入和支出预测

和大城市一样，美国的一些相对较小的城市也对财政支出进行多年预测。伊利诺伊州的尚佩恩制定5年的财政预测，使市议会有能力对年度预算、增长、项目发展目标等问题作出决策。

预测过程始于对国家和地方经济的评估。出于对经济未来走向的评估，预测者们对收入和支出预测进行了一系列假设。他们假定的变量包括：通货膨胀、建设成本、利率、人均收入增长、以及人口的增长。他们对支出的预测还立足于对工资、养老金、以及医疗保险增加的假设。

该市根据以往趋势和判断去预测地方财政收入。例如，在假定人均收入、通胀趋势与人口趋势的基础上，他们认为地方销售税的收入将以每年4%左右的速度增长。对于财产税，主要依靠城市规划部制定的建设规划的相关信息，将该信息与对增加的财产价值的评估联系起来。

尚佩恩预测文献的一个独特的特点是其对灵敏度的分析。正如预测者所指，销售税是地方财政收入的一项重要收入来源，因为它大约占了城市财政收入的一半以上。该预测演示了在销售税缓慢增长的情况下，收入和支出之间的差异是如何导致庞大的赤字的。此外，他们还能检验地方财产税税率增长的不同方案。财产税是地方财政收入第二个重要来源。

资料来源：尚佩恩，伊利诺伊州2005。

四、发展中国家地方政府预测面临的挑战

在发展中国家，地方一级进行收入和支出预测面临的挑战较大。前文关于收入预测的讨论已强调数据的可获得性。在没有足够数据的情况下，预测者只能依赖于判断预测或简单的趋势预测。长期趋势预测要求掌握完备的历史数据。统计预测不仅需要历史数据，还需要用于解释过去收入波动变量的数据。

许多发展中国家面临的另一个挑战是地方政府对政府间转移支付的严重依赖。如上述建议，多种类型的转移支付具有各自的分配机制和转移数量，这使转移支付的预测复杂化。如果想要保证对下级政府的收入预测的准确性，那么就需要分析转移支付的确定因素。

缺乏对收入和支出政策的控制是地方政策制定者开展财政预测面临的一大挑战。在许多发展中国家和转型国家，中央政府对地方政府的财政决策进行调控。地方税收和支出决策更受到严格限制。例如，法令可以具体规定，财产税可以根据预设的财产目录征收，或者为了特定用途，根据一定额度（并不是由政府事先指定的）征收。在这种情况下，多年预测的回报可能会减少，除非地方政府利用其预测结果游说中央政府应对预测赤字。这种游说可能产生以下几种有益于地方政府的结果：减少或放宽对地方税税率的限制，重新对税基进行界定，放宽支出配置的强制规定，增加对地方政府的转移支付。

政治和其他非技术因素能够影响支出和收入的预测。收入和支出的预测可能会被有意地低估和高估。在美国，有许多关于地方级政府预测偏见的研究。许多对美国地方级政府财政预测进行分析的人士认为收入普遍被低估了（Bretschneider 和 Gorr 1987，1992；Rodgers 和 Joyce 1996）。他们的论据基于以下假设：地方选举的决策者倾向于避免预算缺口，因为潜在的赤字可能会要求这些决策者撤销其预算决定，并对其领导力产生负面影响。而且这些潜在损失可能导致较低的信誉评级，这会增加城市发行新债的利息，对纳税人产生负面影响。最后，地方选举的政治领导人倾向于实现计划外预算盈余，这种盈余（由于收入被低估）可通过补充预算方式来划拨，从而有利于在位者寻求连任。

Mocan 和 Azad（1995）不赞同财政预测者会低估地方政府未来收入这一假设。Cassidy、Kamlet 和 Nagin（1989）发现，在地方级政府的预测结果中既反映高估偏见也反映低估偏见，消除了任何真正净影响。

预测者对发展中国家国家一级的收入预测可能过于乐观。发展中国家领导人可能没有美国州和地方领导人那么厌恶风险，或当国家预算不平衡时受到较少的

制裁。中央政府一般比地方政府更容易产生短期债务。

Danninger（2005）认为发展中和转型期国家的国家政府可能高估自己的收入。他指出，收入预测既是为了制定预算所作的估计，也是收入的目标。以阿塞拜疆为例，由于政府不能直接监管税务人员的征税工作（委托代理问题），收入的高估可对税务人员造成压力，促使其有效地执行任务。

发展中国家地方政府自有收入预算可能建立在相似偏见基础上，从而促使地方税务人员作出更大的努力。但是，由于在这些政府的收入结构中，自有收入不如政府间转移支付重要，地方政府更可能低估收入。造成这种低估的一个原因可能是对赤字风险的厌恶。此外，预测者和地方政治家可能认为，当预测可能出现赤字时，中央政府将增加政府间转移。如果中央政府不增加转移支付，那么可能导致地方政府对收入进一步低估。

五、结　　论

年度预算要求估计即将到来的财政年度的收入，从而根据资源限制制定支出计划。这些收入预测应尽可能准确，以避免收入不足或过大的收入盈余。这些结果中的任何一种都将要求地方当局重新分配资金，有可能打乱地方服务的提供。

尽管所有的地方政府都进行某种类型的收入预测，但并非都试图进行系统的、长期的（3—5 年）的收入和支出的预测。通过收入的长期预测，并将其与维持现有服务水平的支出进行比较分析，地方官员可以判断是否出现资金短缺，并考虑相应的应对政策。同样，预测者可以通过估计收入和支出对新资本性基础设施的影响，包括与基础设施相联系的运营和维护（O&M）成本，协助地方官员制定财政规划。

多种方法可用于预测收入和支出，既包括依赖专家知识的简单判断，也包括复杂的多元统计方法。对经济状况敏感的收入进行预测，统计预测方法可能是最恰当的。但是，相对于其他方法，如时间趋势分析和确定方法，统计分析需要相当多的数据和专业知识。

当预测仅仅与直接影响收入的变量简单联系时，相对于收入的统计分析，确定性的方法可能是最可行的。该方法允许预测者将收入的未来价值与国民经济中的预期变化和其他经济或人口变量联系起来。对于多年支出预测来说，确定性的方法具有优于其他方法的重要优势，一旦具体化和计算机化，可以使预测者考虑其他政策方案的财政效果。不像简单的时间趋势的办法，仅仅依靠时间进行预测，确定性方法依靠逻辑上或概念上与预测收入或支出相联系的变量。与判断方法不同，确定性模型依赖于明确的假设，允许分析人员研究预测误差并改变模型以提高预测的准确性。

发展中和转型国家地方级政府两种最常见的收入来源是政府间转移支付和以财产为基础的税收。这两种收入很难预测。因此，预测者应当对向地方政府提供收入的政府间转移支付项目和财产税的地方行政管理有深入的了解。

随着发展中国家的地方政府获得更大的财政权力和承担更大的责任，改进预算和财政规划的需求也会增加。在此讨论的预测方法将变得愈发重要。

本章注释

①本章使用的术语地方级政府，地方政府和市政府交替来表示非中央政府实体。大部分讨论同样适用于单一目标的公共当局，例如水区。

②这一结论是以与曾经或正在与发展中国家和转型期国家工作过的同事的交流为基础的。没有一个国家政府被报道过有系统地努力预测收入和支出。

③本章使用的术语——“预测”，“推断”，“估计”可以互相替换。

④对于一般的预测中肯概述，见 Makridakis，Wheelwright，Hyndman（1998）；Armstrong（2001）；http：//www. marketing. wharton. upenn. edu/forecast。

⑤当按时间绘制时，数据在一条直线上并不意味着该系列以恒定比率变化，而是增长速度在下降。以恒定的速度增长的系列表现为非线性的，并且向上凹。

⑥即使能够运用更复杂的时间序列预测技术，但在美国州或地方一级很少采用。有关如何在地方一级运用这种技术，见 Cirincione，Gurrieri 和 van de Sande（1999）。

⑦一些社会福利支出的预测是例外，其在经济衰退（扩大）时期往往会增加（减少）。

⑧Schroeder（2004）详细阐述了预测地方政府收入和支出的线性回归（统计）方法。对于用来预测的统计模型的例子，见 Wong（1995）。

⑨Research Triangle Institute（2002）提出了更复杂的预测模型，其包括国内实际生产总值组成部分、通货膨胀部分和另一个主观调整部分。

⑩所谓 GDP 弹性系数，一般按 GDP 变化中收入变化的百分比来估计，其并不是一个适当弹性系数的替代品。要合理地纯粹地估计 GDP 变化对收入的影响，应从收入数据中剔除税率和税基定义变化的影响。

⑪如果财产税主要以建筑物面积或土地表面面积计算，财产税税基不太可能与国家经济状况相关。

⑫关于纽约市地方财产税管理和财产税收入预测的深入讨论，见纽约（2005）。

⑬财产税收入预测必须包括筹集率。在一些国家——例如，罗马尼亚——预算法要求预算显示征收的总税收（支付全部财产税），而没有反映出更真实的征收额。更真实的征收额应当反映并非所有纳税人都遵守税法这一事实（见 ARD 2005）。

⑭共享税是由高一级的政府（通常是中央政府）所施加的，与地方政府共同征收，收入分享。当中央政府决定税基、税率以及分享比例时，这些收入应视为转移支付的一种形式。

尽管地方政府认为这些收入是属于他们的，但中央政府取得了对它们的完全控制权。因此，相关收入应被视为政府间转移支付。

⑮关于实施中期支出框架的经验的评论，见 Holmes（2003）。

本章参考文献

Armstrong, Jon Scott, ed. 2001. *Principles of Forecasting: A Handbook for Researchers and Practitioners.* Boston, MA: Kluwer Academic Publishers.

ARD (Associates in Rural Development). 2005. "Assessing the Borrowing Capacity of the Municipality of Iasi, Romania." Local Government Bridge Project, USAID Romania, Burlington, VT.

Bahl, Roy. 1972. *Alternative Methods for Tax Revenue Forecasting in Developing Countries.* Washington, DC: International Monetary Fund.

Bexar County, Texas. 2002. "Long – Range Financial Forecast and Strategies, FY 2002/03 through 2006/07." Planning and Resource Management Department, San Antonio.

Bretschneider, Stuart I., and Wilpen Gorr. 1987. "State and Local Government Revenue Forecasting." *In The Handbook of Forecasting*, ed. Spyros Makridakis and Steven C. Wheelwright, 118 – 134. New York: John Wiley and Sons.

——. 1992. "Economic, Organizational, and Political Influences on Biases in Forecasting States Sales Tax Receipts." *International Journal of Forecasting* 7 (4): 457 – 466.

Cassidy, Glenn, Mark S. Kamlet, and Daniel S. Nagin. 1989. "An Empirical Examination of Bias in Revenue Forecasting by State Governments." *International Journal of Forecasting* 5 (3): 321 – 331.

Champaign, Illinois. 2005. "Five – Year Financial Forecast." City of Champaign, Champaign, IL. http://archive.ci.champaign.il.us/archive/dsweb/Get/Document – 3543/Fiveyear% 20Forecast% 20Att. pdf.

Cirincione, Carmen, Gastavo A. Gurrieri, and Bart van de Sande. 1999. "Municipal Government Revenue Forecasting: Issues of Method and Data." *Public Budgeting and Finance* 19(1): 26 – 46.

Danninger, Stephan. 2005. "Revenue Forecasts as Performance Targets." Working Paper 05/14, Fiscal Affairs Department, International Monetary Fund, Washington, DC.

Gamboa, Ana Ma. 2002. "Development of Tax Forecasting Models: Corporate and Individual Income Taxes." Discussion Paper 2002 – 2006, Philippines Institute for Development Studies, Manila.

Harris, Robert. 1966. *Income and Sales Taxes: The* 1970 *Outlook for States and Localities.* Washington, DC: Council of State Governments.

Holmes, Malcolm (with Alison Evans). 2003. "A Review of Experience in Implementing Medium –

Term Expenditure Frameworks in a PRSP Context: A Synthesis of Eight Country Studies." Centre for Aid and Public Expenditure, Overseas Development Institute, London. http://www.odi.org.uk/PPPG/cape/publications/MTEF%20Synthesis%20Final%20Nov%2003.pdf.

Jung, Changhoon. 2002. "Revenue Estimation Practices and Budget Process in Municipal Governments." Paper presented at the 14th annual meeting of the Association for Budget and Financial Management, Kansas City, MO, October 11.

Kyobe, Annette, and Stephan Danninger. 2005. "Revenue Forecasting—How Is It Done? Results from a Survey of Low-Income Countries." Working Paper 05/24, Fiscal Affairs Department, International Monetary Fund, Washington, DC.

Makridakis, Spyros G., Steven C. Wheelwright, and Rob J. Hyndman. 1998. *Forecasting: Methods and Applications*. 3rd ed. New York: John Wiley and Sons.

McCollough, Jane. 1990. "Municipal Revenue and Expenditure Forecasting: Current Status and Future Prospects." *Government Finance Review* (October): 38-40.

Mocan, H. Nael, and Sam Azad. 1995. "Accuracy and Rationality of State General Fund Revenue Forecasts: Evidence from Panel Data." *International Journal of Forecasting* 11 (September): 417-427.

New York, New York. 2005. "Tax Revenue Forecasting Documentation: Financial Plan Fiscal Years 2005-2009." Tax Policy, Revenue Forecasting, and Economic Analysis Task Force, Office of Management and Budget, New York. http://www.ci.nyc.ny.us/html/omb/pdf/trfd5_05.pdf.

Oklahoma City, Oklahoma. 2005. "Five-Year Forecast, 2006-2010." Finance Department, Oklahoma City. http://www.okc.gov/finance_tab/five_yr_forecast/five_year_200610.pdf.

Prest, A. R. 1962. "The Sensitivity of the Yield of Personal Income Tax in the United Kingdom." *Economic Journal* 72 (September): 576-596.

Prince William County, Virginia. 2002. "Fiscal Year 2003-2007 Projections of General County Revenue." Prepared by the Department of Finance for the Board of County Supervisors, Prince William County. http://www.co.prince-william.va.us/docLibrary/PDF/000930.pdf.

Research Triangle Institute. 2002. "Manual for the Municipal Financial Analysis and Planning Model Developed for Municipality of Nessebar, Bulgaria." Local Government Initiative Project, Municipal Finance Task Force, U. S. Agency for International Development, Research Triangle Park, NC. http://www.mftf.org/index.cfm.

Rodgers, Robert, and Phillip Joyce. 1996. "The Effect of Underforecasting on the Accuracy of Revenue Forecasts by State Governments." *Public Administration Review* 56 (January-February): 48-56.

Rubin, Marilyn, Nancy Mantell, and Michael Pagano. 1999. "Approaches to Revenue Forecasting by State and Local Governments." In *Proceedings of the Ninety-Second Annual Conference of the National Tax Association*, ed. Daphne A. Kenyon, 205-221. Washington, DC: National Tax Association.

Schroeder, Larry. 2004. "Forecasting Local Revenues and Expenditures." In *Management Policies in Local Government Finance*, ed. J. Richard Aronson and Eli Schwartz, 104 – 132. Washington, DC: International City/County Management Association.

Stemaier, James J. L., and Martha J. Reiss. 1994. "The Revenue Forum: An Effective Low – Cost, Low – Tech Approach to Revenue Forecasting." *Government Finance Review* (April): 13 – 16.

Wong, John D. 1995. "Local Government Revenue Forecasting Using Regression and Econometric Forecasting in a Medium – Sized City." *Public Budgeting and Financial Management* 7 (Fall): 315 – 335.

第三章

地方财政纪律：财政谨慎性、透明度和问责性

阿尔塔·福斯切尔（ALTA FOLSCHER）

发展中国家地方政府预算受到越来越大的压力。迅速增长的城市人口要求提供更多的服务，但税基扩大缓慢，中央政府权力不断下放，没有提供额外的政府间转移支付。许多城市不仅面临提供高层次服务的需求，而且还必须处理重大基础设施方面的欠账，增拨资源以维护和更换破败和过时的基础设施。

不同的地方政府以不同的方式应对财政压力。应对途径包括发挥财政运作环境的作用，发挥地方能力和制度安排的作用。本章讨论四个核心问题。什么是地方财政纪律？地方政府财政纪律的价值在哪里？不良地方财政纪律后果是什么？政府间和地方各级机构的哪种制度对地方财政纪律重要？

一、公共财政管理中财政纪律的价值

大多数当代公共财政管理文献都将财政纪律、分配效率与运行效率作为取得满意结果的核心，以便计划和分配公共资源。

(一) 政府什么时候实行财政纪律?

财政纪律对于中央政府和地方政府都很重要。由于资源有限，如果没有财政纪律的约束，过分的支出会导致赤字，增加债务。财政纪律对每一个财政运行的关键环节进行约束和规范：总收入、财政平衡、公共债务。一般来说，如果对一项总额（如收入）进行控制，同时对其他预算总量进行控制，那么就可以实现财政纪律。但是如果只控制总收入，而不去监督开支，地方政府就会增加借款导致收入赤字，而非通过减少开支来达到收支平衡。

到哪种程度，财政总量才会被认为符合财政纪律呢？在特定条件下，政府会发现借款比较明智——如增加额外税收的经济成本高于借款的经济成本时，或借款的社会和经济基础设施提供成本由两代或更多代分担时。

财政纪律天生是与可偿付性这一概念相联系的。当预算总量不能承受时，无论事前还是事后，这个政府就会被认为缺乏财政纪律。偿付能力与公共收入和支出的水平及分配相关。从短期和长期来看，借款会对政府的宏观经济环境以及政府自身财政健康程度产生影响。

在本文中，关于可偿付支出这一概念不断发生变化（见 Schick 1999）。在第二次世界大战前，平衡预算原则被视为运作的规范。这项准则规定了在一个财政年度内，政府的支出，包括本期支出、投资支出和收入，不应当超过本年收入。而另一个相对较为宽松的准则要求本期支出不能超出本期收入，只有在用于缓解短期现金流动短缺或用于能够增加财政收入的项目时，才能借款。由于这项规则并没有区分经济增长期和经济停滞期，也没有考虑短期的公共支出刚性，很少有政府能严格遵守这项规定。但是这个规定仍然是规范财政政策的理想标准。

“二战”以后，政府规则更加灵活，开始允许预算总量根据经济情况和政府政策的变化作出相应调整。一个典型的规定就是政府收支在经济周期里应当尽力保持平衡。后来这一新政策意味着政府应该调整财政政策来减少实际产出与潜在产出的差距。

随着债务与国内生产总值产生的税收比率不断增长，经济情况不断下滑以及高赤字、高债务已经成为经济上升期固有的结构性问题，政府需要加强预算整体纪律。即政府根据财政可持续性和宏观稳定性及增长目标控制赤字。在这时运用模型来整合宏观经济和公共财政对目标总量的影响，评估内部风险和外部风险的实践非常普遍。现代财政政策实践的另一个特点是将目标设定与预算的制定与执行结合起来，通过这种方式来确保实际税收收入、支出与借款水平符合目标水平（Schick 1999：50－53）。

在国家层面，财政纪律意味着在可能风险的基础上，将预算和实际支出、收入、借款保持在财政上可持续的，与短期和长期的宏观经济目标一致的水平。优化地设置这些目标并实现这些目标是预算流程的职能。公开透明的建模假设；最新的和准确的宏观经济和财政结算数据；独立的财政政策目标为政府财政政策的稳健和对诚实预测的支持提供了重要检测。

财政分权承诺改善公共服务，但也对政府管理宏观经济的稳定和增长带来新的制度挑战。Prud' Homme（1995），Tanzi（1995）及其他一些人指出了分权带来新的风险。比如，地方层级财政纪律的缺乏和地方政府有害的财政行为可能会导致宏观经济风险。

公共部门中公共财政管理的三个主要职能是：宏观经济稳定，收入分配和资源分配。根据正统的财政联邦理论，稳定职能属于国家政府。该职能的关键部分在于控制财政总量从而达到支出和税收与借款审慎使用的最佳平衡。地方政府很少或根本没有动力采取稳定经济的政策，其影响是有限的。此外，他们往往缺乏必要的贯彻这些政策的宏观经济工具（Fjeldstad 2001；Pisauro 2001）。

地方政府是否应当致力于通过财政政策管理地方经济，地方政府是否应当为了实现这一目标而使用政策工具，在分权研究、分权政策和分权设计中仍然是一个倍受争议的问题。很多评论家似乎认为，出于地区稳定的需要，地方政府应当通过财政政策管理地方经济（Shah 2004；Spahn 1997，2005）。多层级政府已经对中央政府提高宏观调控的能力构成了挑战。

支出责任和收入能力的下放意味着给予地方级政府法律、政治和行政方面的权力，从而可以使地方政府能筹备项目、作出决策、履行公共职能（Baltaci 和 Yilmaz 2006：3）。这也意味着将财政压力和非谨慎性的风险转移到下级政府。许多发展中国家的财政分权项目给了地方政府额外的服务责任，并通过政府间转移支付或给予地方更大的筹税权力等方式使其有更多的资金。

当支出责任和成本大于收入时，地方政府承担巨大的财政压力。应对这种压力的财政战略不仅对于地方的财政健康和服务提供很重要，而且对于国家层面的经济和财政健康也很重要。

（二）为什么政府要实施财政纪律？

财政纪律的价值在于避免高赤字的负面外部影响和负面内部影响，避免管理不善导致的不断增长的税收负担，也在于寻求为提高支出效率和效果而采用硬预算约束的优势。如果政府在短期内面临财政压力而未能奉行谨慎的财政调整战略，则难以实现其长期发展目标。在发展中国家中这方面的实例有很多。因此，不可持续的财政政策会危害国家的国际声誉（增加未来借款成本）和宏观稳定性。

当地方政府有获得借贷的途径时，地方政府财政运营的潜在不稳定性会增大。这种借贷会软化预算约束，在财政不平衡时允许延迟痛苦的支出或收入调整，带来潜在的内部和外部短期及中期高额成本。在不能获得借款时，地方政府被迫迅速作出艰难的决策，作出政策调整时则不会那么痛苦。但同时，地方政府为满足关键发展需要的融资选择则会减少。

当中央银行的独立性和货币政策的独立性通过州立或非州立银行的救助或地方政府的直接救助削弱时，政府借款会影响宏观经济的稳定性。救助会破坏银行在稳定物价方面的作用。由于财政分权要求清晰划分各级政府的角色和责任，这有助于中央银行运用货币和汇率政策来保持物价的稳定性（Shah 2005：4）。但是，当下级政府对地方银行（有时是地方拥有的银行）的借款累计到难以持续的时候，中央银行提供的救助会触发货币的不稳定性。比如，在巴西，由于银行对下级政府的借款没有进行正确的风险评估直接导致了 1995 年的债务危机。政府和财政系统的正常关系一旦打破，无论在国家一级还是在地方一级，都会威胁到货币政策和财政体系。

在国家层面上，高赤字以及政府向国内资本市场巨额借款会挤出私人部门的投资并提高私人部门投资的成本。同理，地方政府过度借款也会导致相同的结果。当政府出于财政压力从国际银行和资本市场借款时，会面临汇率风险和外部非稳定性风险。只有少数的几个发展中国家拥有成熟的资本市场，允许地方政府使用资本市场债务工具。几乎没有发展中国家的地方政府可以从国际资本市场融资。而且，地方政府如果未能偿还国际债务，还会影响到国家政府的声誉，破坏公共部门借款运营的有效性。

发展中国家的地方政府，尤其在非洲国家，并不直接借款，而通过国家政府向国际发展性财政机构转借发展基金。在可获得多边和双边发展优惠资金的国家中，债务总额和财政政策的谨慎管理是确保预算和宏观经济稳定的关键。近年来，一些国家，包括肯尼亚、马拉维和赞比亚，在未能实现财政或其他政策目标的情况下，由于伙伴国家提供的优惠贷款和其他援助资金的暂停，都面临着严重的短期不稳定和支出削减。虽然转借不是严格意义上的地方级政府借款，但它是一种潜在的不稳定因素，尤其当国家政府没能建立功能性援助资金、投资和债务管理机制，而导致协调机制不足以确保项目的可持续性或地方政府不得不承担低效率项目的运作成本时。

地方政府大量的举债将会导致其陷入债务陷阱，其中对过去债务的赎回和新债务的注入以及债务服务成本在支出中所占的比重不断增加，挤出了基础设施和服务支出。当偿债成本超过目前收入时，地方政府提供服务的能力受到损害。然而，当地方政府奉行健康的财政政策，减轻债务总额（或用更有效率的债务工具取代无效的债务工具）时，他们可以利用收入进行投资，而无需额外借债。

财政危机会严重损害地方政府的效率。在贯彻地方政府预算时，未能维持财政纪律会导致年内支出的削减和地方政府服务提供的中断。同样，未能调整陷入困境的经常性支出作出调整会导致自由裁量类支出的推迟或终止，可能会降低服务的质量和数量。

社会和经济基础设施的支出不足会为服务提供和财政管理带来消极后果。在短期内，它减少了服务的水平和质量。从长远来看，对地方基础设施的投资不足会削弱地方政府的经济竞争力，影响未来收入。基础设施维护支出不足会缩短基础设施的使用寿命，增加日后的维修成本。当重要基础设施瘫痪时，还会引发应急支出。专栏 3.1 介绍了为基础设施融资的可行选择。

财政纪律不仅有利于政府避免极端财政压力的消极后果，而且对财政结果具有积极影响。在宏观经济层面，财政纪律对发挥财政稳定性职能具有积极作用。在微观经济层面，财政纪律有助于资源的有效分配和使用。在对财政支出限制不足的情况下，预算管理人员可能缺乏动力去暂停非重要活动，或去寻找实现有效目标的途径，从而使其有资金难以进行新的更重要的活动。未能对增量预算增长支出进行有效权衡，会进一步恶化财政纪律。

专栏 3.1　重要基础设施融资

Peterson 和 Freire（2004）认为，下级政府借款可以成为一些基础设施投资融资的一种选择，尤其是当投资的使用寿命较长时（如学校、道路、公共设施）。这些投资强调了地方政府获得信贷的有效途径的需要。有些国家已经开始通过建立市级财政公司发展信贷市场。市评级机构可以协助这些公司，帮助地方政府为基础设施投资借款。

有效的资本市场依赖于地方财政纪律。但他们也通过对地方各级财政的透明度提出要求而促进财政纪律。其他促进资本市场发展的条件包括有效的监管机构，司法强制执行合同，税收分权，促进财政谨慎性的公民规范，熟练的工作人员，适当的会计、披露和报告标准（Peterson 和 Freire 2004:4）。

二、基于地方财政纪律的政府间关系

地方政府是否有能力控制财政平衡取决于其内部决策流程。支出分权的程度日益超过收入分权的程度，这给地方预算造成了压力，除非通过政府间转移支付解决财政不平衡问题。一些制度安排有助于确保财政分权与财政纪律的一致性。

Pisauro（2001），Tanzi（2001）和 Wildasin（1997）确定了地方财政纪律的两个潜在风险来源。由于地方政府是国家的子部分，这种角色造成了地方财政纪律的潜在风险。第一个风险在于如果地方政府有中央政府的隐含保证，确保其在无法履行财政责任时为其提供救助，那么地方政府就不会以谨慎的方式运作（见专栏 3.2）。第二个风险是地方政府看到国家分配、筹集公共收入的机会成本要低于收入的真实社会成本（公共池塘问题）。地方政府支出责任和分配到的税基之间的差距越大，公共池塘的问题就越严重。如果地方收入来源充足，足以使下级政府拥有履行支出任务所需资金，而不必依靠中央政府的支持，那么在地方政府和国家公共资金的机会成本的差距会收窄。但是，只要中央政府存在，道德风险问题就会存在：即使地方政府可以筹集到充足收入，他们可能会尝试将花费在国家公共池塘的成本外部化，即未能筹集到履行财政责任的收入，而依靠中央政府的援助。

Web（2004）界定了类似的搭便车的问题，在理论上影响了本地区的赤字和借贷决定。在国家范围内，中央（或联邦）政府及地方级政府可共享同一种货币、中央银行、国内和国际信贷市场。因此，它们在维持国家总体财政平衡的可持续性、价格稳定、健康的财政体系和良好的国际信贷途径等方面具有共同的利益。但是，一个地方政府的利益可能与该国其他地区的利益不同，促使政府采取有风险的财政行为方式。如果这样做了，那么政府将得到其行为的所有收益，但只承担一部分成本——只要其他政府继续保持其良好的财政行为（Web 2004:3）。

专栏 3.2 硬预算约束、软预算约束和紧急援助

什么时候地方级政府的预算是硬的，什么时候预算是软的？威迪逊（1997）指出财政转移支付改变地方级政府预算约束这一现象并不能成为认为预算约束是软的理由。只要转移支付接受者认识到预算是有约束的，那么预算就应该被认为是硬的。但“当发生一些或有状态下的改变，这些改变引起的结果在‘正常’、‘最初’或‘公开的约束’时是不会发生的”，预算就成为软的了。

当中央政府正式承担地方政府的债务，那援助就是明确的了。一项隐蔽的援助会采用多种形式，包括转移支付的增加，为债务重组协议提供担保或接管地方政府财政事务（如中央政府成立特别授权的独立部门以减少支出、重组债务和促进收入）。援助可以通过财政系统或者银行系统进行。当中央银行介入并援助地方银行时——不论政府是否拥有——一项隐蔽的援助就发生了。援助可能会附加一定条件，也可能没有条件，包括如撤换关键政策制定者等政治条件，可能有偿还的要求，也可能没有偿还的要求。

如果低层级政府规模太大以至于不能允许其崩溃，如果低层级政府提供的公共服务能让其他社会成员获益，那么中央政府更会介入，以防止债务危机的发生。如果中央政府认为这么做会获得政治利益，或者如果不这么做就得承受高额的政治成本时，中央政府也会介入。如果危机的原因能够，至少在某种程度上，查源追溯，那么对高层级政府而言，不提供救助的政治成本是高昂的。在1994年比索贬值后，墨西哥中央政府未对混乱状况提供援助的政治代价是高昂的。地方政府的税收自主权越高，中央政府越容易拒绝提供援助。

地方财政危机对声誉的影响是中央政府作出援助决策的一个因素。如果一个大规模地方政府的债务危机威胁到了其他地方政府或者国家获得高效率信贷来源的途径，那么中央政府就不会置之不理。声誉的影响同样可以用于财政纪律。在南非，在1994年的政治过渡之后，中央政府拒绝为省政府的银行透支承担责任，这为市场提供了一个有效的信号：即大环境改变了，并成为促成后来的省级政府财政纪律的关键。

一些专家主张中央政府对低层级政府进行更多的控制以减少地方层级政府对国家的潜在负面影响。

资料来源：作者。

（一）收入支出分配与政府间转移支付

地方政府财政上是否具有债务清偿能力在于是否能够把支出责任与充足的收入来源相匹配，也在于是否能够确保收入来源与义务相匹配。不同的发展中国家有不同的支出分配。例如在许多非洲国家，中央政府负责教育和健康服务，而地方政府负责动力、水和垃圾处理。支出责任的类型部分取决于收入来源的划分。

Spahn（1997）描述了在分权政府下实现稳定的两种途径。第一条途径，将可预测的收入来源和具有稳定周期的支出责任分配给地方政府。这种分配有助于地方预算计划，并将顺应周期的预算政策留给中央政府。该理论认为地方政府稳定行为将成为嵌入的、周期中性的和稳定的力量。第二种方法，对经济周期敏感的支出责任以及不稳定的税收分配给地方政府。在这种情况下，地方一级需要具备预算灵活性，包括借款权。Shah（1998）指出，周期性敏感的支出和税基通常不分配给地方政府以隔离经济周期的影响，并将稳定职能留给国家政府。Spahn（1997:2）认为，地方政府应该执行分配职能，并应提供诸如卫生和教育等稳定的公共产品和服务。稳定的地方财政收入，如财产税或地方服务费，以及对周期不敏感的政府间转移支付，应当下放给地方政府。

当稳定的财政支出有稳定的收入来源支持时，地方政府对预算灵活性的要求较小。但这样可能触发财政困境。以哥伦比亚为例，其地方级政府预算面临两种限制，导致了地方财政压力。哥伦比亚地方政府在管理支出方面几乎没有自主权。收入分享机制规定了如何使用中央政府转移的资源。市级政府被要求将转移支付的30%用于基础教育，25%用于医疗保健，20%用于供水和5%用于体育教育，其余的20%可用于住房、福利、偿还债务及其他用途。此外，中央政府指定收入特殊用途，并制定了严格的支出授权。地方政府对关键成本因素几乎没有控制。例如，地方级政府有责任支付教师工资，但工资的规模由中央政府确定。地方级政府在管理僵化的预算时所遇到的困难反映在债务数量的增加上（Zabala 2004:283）。

没有清晰确定收入来源的模糊支出责任划分，具有同样有害的后果。在匈牙利，1990年关于自治政府的法律把许多支出责任移交给地方政府，但在共担责任的框架中对责任的划分比较模糊，因此，相应的对结果的问责也比较模糊。无条件转移支付被用于地方政府支出。在1990—1998年，当一般行政支出减少时，对地方政府的转移支付下降得更快，因为中央政府艰难地履行其职责。由于过紧的财政状况与扩大的支出责任及不断增长的地方基础设施投资需求相交错，地方政府的应对策略更有效率，同时会将资本投资减少到替代水平以下（Sood 2004）。

补助制度的设计中应当考虑四个因素：

- 政府间的财政关系应该建立在稳定、透明、客观、普遍、不可谈判的原则之上（Spahn 1997:4）。转移应该建立在透明的财政能力准则上，或者建立在支出需求上，该支出需求不会被中央政府或接受方政府战略行为所影响。
- 地方政府应该有获得充足资源的途径，以满足强制支出需求。Tanzi（2001）认为权力下放的国家，除了澳大利亚、加拿大和极少数的几个国家外，分权国家多半提供的收入来源不足以让地方政府来承担他们的支出责任。因此，这些政府或者不能履行他们的强制支出，或者陷入财政困境。分配给地方的各种形式的财政资源（自有收入、分成收入和补助）应该是充足的，以匹配支出责任。
- 地方政府预算应当具有灵活性以满足地方环境和需求。自有收入的规模应当足以确保灵活性和地方一级的问责能力。
- 强制支出不应过于详细。地方政府在确定产出组合或提供方式方面应当具有自由裁量权。中央政府对关键成本驱动因素的控制，如工资，应同时作出相应的补偿承诺以弥补成本的增加，特别是在地方政府投入缺位的情况下。

一个清晰的、可行的和实质性的框架和规则对一个功能性的政府间转移支付系统至关重要，但不足以确保最佳结果。一种便利各层级政府协调与合作的操作系统是必要的。Pisauro（2001：11）认为应当通过建立预算计划协调框架，将政府间系统的关键目标从对财政政策的关注转移到一般政府。

建立有助于不同层级政府合作的制度性框架的前提是公共账户体系的建立，该公共账户体系包括所有层级政府，并保持支出和收入划分一贯性。该体系应频繁地提供关于计划和实际收入，支出和一般政府借款的信息。对预算执行情况及时而全面的报告，包括从国家政府转移到较低层次的政府资源，有助于提高中央政府监控绩效、尽早发觉财政压力，从而尽快采取补救行动（专栏 3.3）。

专栏 3.3　高质量预算机构的影响

政府财政的缺口并不一定与缺少财政约束相联系。De Mello（quoted in Pisauro 2001：15）估计了 30 个国家中央政府预算平衡中分权指标的影响，其中 17 个属于经济合作与发展组织（经济合作与发展组织）。在经济合作与发展组织国家中，下级政府较少的税收权利（和更高的财政缺口）倾向于改善财政结果。在非经济合作与发展组织国家中，税收自主权并不影响政府赤字，而对转移支付的依赖会恶化赤字状况。De Mello 认为这些结果证明公共池塘问题在非经济合作与发展组织国家更严重。但 Pisauro 指出，真正造成这些差异的可能是预算机构的质量。平均起来，经济合作与发展组织预算机构的质量要高于非经济合作与发展组织。

公共账户制度明确了对不好的财政和预算绩效进行问责。在许多具有高度收入不确定性的发展中国家，中央政府通过延迟或暂停转移支付，将现金短缺转嫁给地方级政府，给提供服务带来灾难性后果。对政府间转移支付信息及时、准确的定期报道有助于抑制这种做法。转移支付中的透明度也有助于遏制地方政府的违规行为。如果地方公众了解转移支付的时间和水平，当局不能以资源短缺为理由推脱责任。在乌干达，对卫生和教育机构的转移支付会被相关机构和全国性报刊报道出来。

单独的信息不能确保政府在财政政策上的协调合作。制定年度预算的流程应该按程序走，从而使地方政府能够合理地计划其预算中通过中央政府转移支付而获得的资源数量和获得的时间，国家预算流程也才能从地方政府的财政计划中获得相关信息。像补贴支出和收入分享的规定一样，管理预算流程的法规也应该透明。

在南非，支出责任和中央政府转移支付的差距，对于省级政府来说是很大的；但对地方政府来说则相对较小。清晰的法律框架、合作的预算机构和良好的透明协议将财政政策的关注点从中央政府转移到一般政府。收入分配的垂直和水平分布在资源配置中的可预测性和应对宏观环境的灵活性之间取得了良好的平衡。例如，尽管省和地方政府之间的转移支付是根据公式分配的（减少任何下级政府尽量扩大其份额的机会），分配资金的多少依赖于财政政策和在各层级政府支出需求的评估。中期框架的应用以及推动政府间资源垂直分配的事前、事后标准的公布，能促进透明度、可预见性和政策协调。将政治和行政领导结合在一起的政府间论坛——例如，财政预算案会议——在整个预算流程中非常积极。最终决策由广泛的全国性内阁会议（为地方级政府提供代表的会议）确定。财务和财政委员会是一个独立的宪法机构，起着重要的咨询作用：它每年向国民议会提供关于收入垂直和水平分配的意见。鉴于议会在公共财政决策中的声音相对微弱，真正的制衡在于委员会的研究和建议向公众公开；在于财政部在预算文件中正式对这些建议应公开答复，这样，增强了预算管理的透明度，地方政府也乐于接受。该系统最初用于协调国家政府和省级政府之间事务，现在包括国家、省和地方政府之间的协调；在提供有利于穷人的服务方面具有重要作用。

总之，分散的预算流程，其政府间财政事务的确定是含糊的，从而导致低劣的地方财政纪律。在分权环境下旨在协调与合作的预算机构和流程对于完善财政纪律是有益的，也是必需的。整个财年的实际转移支付、支出、收入和借款等的良好信息是同样重要的。

（二）地方级政府借款

上述讨论涉及的是收入和支出任务上，地方政府借款可能带来的影响及政府间转移支付制度。即使在预算平衡的条件下，地方政府的运作对宏观经济也具有重要影响（Ter - Minassian 1997）。如果地方政府的支出乘数效应超过了其收入效应，相对于国家政府的稳定效应，地方级政府增加平衡预算的支出会促进总需求。但是如果地方级政府不在硬性约束下运作，或在面临财政压力时有额外获得融资的渠道，那么地方级政府潜在的不稳定就会更大。

规范地方级政府借款的政府间制度安排是如何影响地方财政行为的呢？Web（2004）确定了加强这些财政纪律的几项渠道，并对地方级政府借款条件的分析框架作了两个重要区分。首先，对地方级政府借款的控制可以发生在事前或事后。事前控制主要依赖于中央政府确定的原则、规制和程序。然而事后控制是在地方政府举措不当时产生的约束力。其次，对借款人和贷款人可以实施控制。Web 认为借贷只针对那些接受事前、事后约束和借款人或贷款人。不进行惩罚的事后控制会给予不负责任的借款人和贷款人巨大的克服最初障碍的刺激。仅仅依靠事后惩罚相当于允许大型地方政府累计债务，债务规模巨大以至于国家政府无法实行事后惩罚。

在政府拥有银行和金融机构，金融市场没有完全放开的经济体中，由于市场不能有效发挥其约束作用，事前控制至关重要。在这种条件下，出于保护贷款人利益的考虑，贷款分配决定不能强制执行。尽管存在规则，但仅仅依赖于对借款人的约束，会推动贷款人放贷，推动地方政府借款。对借款人的约束可能包括对风险性贷款的事前高额资本要求，对未偿贷款资本注销的补偿。财政责任法或其他原则、规制和程序鼓励对借款人进行财政约束。通过对平衡表中项目的应用可以形成相应的约束——比如，债券、偿债等资金流指标。表 3.1 列出了控制选项。

表 3.1　　下级政府借款的事前、事后控制

控制	借款人	贷款人
事前控制	1. 债务上限 2. 赤字目标 3. 国际借款的限制 4. 以财政能力标准为基础的下级政府借款规制（中央政府、中央银行或其他机构制定的规制）	1. 中央银行不能直接融资 2. 对国际借款进行限制 3. 中央银行或其他机构制定的规定 4. 财务监管机构 5. 州政府信用评级 6. 不断提高地方政府风险贷款的资本限额
事后控制 （对事前原则执行的监控和结果）	1. 中央银行融资限制 2. 在条件不充分的情况下，不给予救助和不允许借款（来自中央政府或国际社会） 3. 中央政府拒绝接受地方级政府债务 4. 地方级政府得到的转移支付不能用于偿债 5. 公布详细财政结果	1. 对银行的严格监管 2. 由地方级政府债务导致的资本注销的有关规定

资料来源：Web 2004:5。

一个国家实现财政协调不全是财政制度的职能。政策因素影响建立财政控制制度的紧迫性和促进制度有效的可能性。一个明显的因素是地方级政府的宪政自治（见表 3.2）。其他重要的政策因素包括：一个重要政党是否在控制之中；政府是（两党或多党）联合政府还是立法与行政相分离的；政党团结的优势，立法机关高于行政机关的优势。由于宪法、政党制度、时势政治形成了中央集权，这样的国家就不大需要通过特殊制度来协调政府间的财政纪律。

表 3.2 来自不同的政治系统的不同要求

联邦系统	单一系统
1. 地方级政府拥有更大的政策、支出与税收自主权	1. 中央政府更大的权力
2. 在设定预算限制，确定产出流，作出经营决策时，拥有较大的自由裁量权	2. 有限的自有收入来源
3. 在没有资金的强制支出时，有更大的风险	3. 在预算规划方面较少自由裁量权
4. 不能保证集中监控	4. 对预算编制和执行进行更多限制性指导方针
5. 问责性被分散了，常常共同承担责任	5. 集中监控
6. 拒绝救助更加容易	6. 集中问责
7. 为限制地方财政政策而采取的地方问责有了更多机会	7. 中央政府对地方级借款的直接控制
	8. 较高的救助风险
	9. 地方问责制发挥作用的机会较少

资料来源：作者。

对一般政府借款进行控制的有效性取决于现代、全面、规范、透明的预算和会计程序及信息系统。建立财政管理的合作方式也很关键。当地方政府，尤其是大型城市，参与到宏观经济和财政目标的制定时，参与到一般政府财政政策关键参数的设定时，他们有责任实现这些目标（Ter - Minassian 1997：8）。

合作可以带来利益，其很好的一个例子是澳大利亚的贷款委员会。该委员会是一个合作论坛，用于分析在财政政策背景下，州政府和联邦政府的融资需求，以及于分配中期的、有计划的公共借款。这些活动允许在竞争性需求间权衡选择。此外，委员会监测随后的贷款活动，当政府不能配置其承诺的借款时，必须向委员会提供一个正式的解释（Pisauro 2001）。

合作可以促进各级政府之间的对话，有助于地方级政府了解预算决策的宏观经济影响。合作有助于推动公共财政决策，这种方法在广泛遵守财政纪律的地方效果最佳。在缺乏资本市场的国家——财政纪律较差，相应的声誉也不好，这又进一步恶化了财政纪律——中央政府的领导较弱，合作的激励和机会较少（Ter - Minassian 1997）。

巴西地方级政府的借款历史证明了这些原则。1988 年巴西宪法赋予地方级政府，包括圣保罗等大城市，大量自主权和资源。在此后十年，巴西发生三次地方级政府的债务危机，主要是由于较大的州用自己的银行弥补其业务赤字。危机催生了协议，但也加强了地方政府从联邦政府获得救助的预期，因此，其对规范地方级政府借款行为产生了负面影响。该协议重新安排了偿债期限和方式，保证大部分还款负担由继任领导人承担，而不是由那些拖欠债务和重新安排债务的领导人承担，在此前提下，允许债务总额的增长。所以对偿债进行了限制，从而降低了现行借款的未来预期成本。实际上，该协议意味着借款人和贷款人受到的影响都会很小。

在20世纪90年代末，Fernando Cardoso因在担任财政大臣时取得的成就而当选总统。审慎理财的能力突然在政治上有了用武之地。卡多索与包括圣保罗的四个最大的债务州达成一致，政府对借款人和贷款人实施有影响的五项措施。参议院通过制定新框架增加了对地方政府借款的限制，加强了对地方级政府财政活动的宪法控制。这些限制禁止了某些类型的借贷。1997年的重组协议对拖欠债务的地方政府规定了更加苛刻的条件，增加了地方政府实施不稳健财政政策的成本。该协议确定了减少债务和赤字比率的目标、规定了人员支出和投资的上限、自有收入增长和国有企业私有化的目标。它还规定了后果：失去联邦政府的债务担保，联邦政府现有债务的利率惩罚，增加还本付息的最高限额，将地方级政府借款直接从联邦政府转移支付中扣除。

同时，国家货币委员会下令中央银行限制银行对公共部门的贷款总额，并禁止对拖欠债务的州及任何违反参议院债务和赤字上限规定的州给予借款。私有化运动需求重新调整协议，包括国有银行的协议，禁止国有银行提供融资渠道。

最后，在2000年，巴西通过财政责任立法，为州预算、人员与债务管理设定最低标准。这项立法要求：

- 每个政府的年度预算应与政府往年预算和联邦财政规划相一致；
- 所有亏欠联邦政府及其机构的款项，在财政转移支付中扣除；
- 地方级政府争取贷款时应证明其能够遵守财政部的法规；
- 超过参议院限额以上的借款必须全额偿还，没有利息。借款人和贷款人都要受到惩罚。
- 地方政府没有资格自由支配转移支付和获得联邦担保。在偿还全部借款以前，地方政府不得借新债。
- 省长和市长在其任期的最后6个月不得借债。

该法律还规定违反其条款的债务和劳动合同无效——重罚贷款人，使其损失大量金钱（Web 2004：8）。另一项法律规定了对违法官员的刑事处罚。结合起来，这些措施会减少一般政府债务，减少在人事支出和公共养老金方面的调整。

新兴分权国家的地方级政府借款历史表明仅仅依靠市场纪律是不足以鼓励地方财政纪律的。哥伦比亚1991年宪法为地方级政府借款提供了更大自由，大部分采取现金形式，现金由银行垫付。1997年，哥伦比亚实施了交通灯法，创建了以债务和现金比为基础的地方级政府借款评级系统，业务储蓄利息指标。债台高筑的地方政府属于红灯级别，禁止其进一步举债。被评为黄灯级别的地方政府如想借款，必须得到财政部的许可。在实际操作中，贷款方继续为红色级别的政府提供信贷，而一些地方政府常常提供不准确的财务信息以避免被评为黄色或红色级别。由于大部分借款都源于银行，控制地方级政府借款的另一种方式是银行规制。自1999年以来，银行已按要求出台了关于红色级别的地方政府借款的规定，增加其借款成本。对于下级政府限制成本增长的行为，2000年的立法对此作出了限制。此外，法律还规定地方政府在借款前必须取得国际评级机构给予的令人满意的信贷评级。

Petersen和Freire（2004），Ter - Minassian（1997：9），及Ter - Minassian和Craig（1997）指出，如果想要使金融市场能够约束地方政府借款行为，许多条件必须得到满足。这些条件包括自由和开放市场、不能给予地方政府借款特权、政府现行和过去的财务状况的准确信息、不要求中央政府给予援助、在可能违约前借款人有能力对市场信号作出反应。几乎没有国家能够满足这些条件。即使在加拿大，市场规律也是对地方级政府信贷行为的唯一限制。尽管没有复杂的市场，没有救助的历史，没有不断恶化的评级，没有债券成本的增加，省级债务在20世纪90年代仍然不断上升。

Petersen和Freire（2004：4-5）强调了政府与市场和银行之间关系独立的重要性，以及财政纪律公民规范、合同法律执法情况、中央对地方级政府监管的重要性。发展中国家通常不符合这些条件：财政中介机构的规制使配售政府债券价格相对便宜；财政运作和地方政府健康程度的及时信息不能定期获得，而且这些信息可能不准确，不完整；州在财政机构中具有所有权利益关系；有时候还可能建立地方政府的软预算约束历史。在这种情况下，地方财政纪律最好通过规则来实现，或通过中央政府进行更多的监督或控制实现。

加强市场纪律的规则可采取多种形式。有些规则对债务的绝对水平或偿债成本的比例进行限制。有些规则只允许为特定目的而借款——例如，为应对现金流短缺而对基础设施或短期投资进行借款。还有一些规则限制地方级政府借款的信贷类型，禁止国际借款或从州立银行借款。

但是，地方政府善于规避财政纪律，善于拖延减少支出或提高收入的决定，特别是当对透明度的要求不足时。例如，一些政府可能对支出进行重新分类，范围包括现金到资本，从而逃避现行预算平衡的要求。有些可能利用自己的企业借款，或建立预算外实体，这样在债务总额评估中就不会包括这些债务，因此也就不会超过债务上限。有些可能利用不在资产负债表评估中的债务和投资工具。有些在财政年度内可能从自身资本支出中拨款以支付经常性开支超支。有的会向承包商拖欠大量库存，这些拖欠款在现金收付会计制度中将无法显示。

这些做法突出了对地方政府财政业务全面监测的需要。相应地，任何监督的有效性不仅依赖于适当的框架、能力和国家政府的意愿，而且取决于地方一级的预算和问责制度的质量。

三、地方财政纪律制度体系

地方政府可以通过以下几种方式应对财政压力，而无须进行债务融资。第一，他们可以通过增收使用费、增设地方税或变卖土地资产等方式增加财政收入。第二，他们可以通过改善规划、方案和预算能力，通过部署生产力程序或寻找最低成本的方式提供服务，来改善财政运作效率。第三，他们可以在服务提供中鼓励个人和非政府组织的介入。要想成功实施上述战略，地方政府必须具备准确评估收入流和支出需求的能力，具有作出艰难选择的能力，具有控制支出以使支出与决策相协调的能力。地方政府是否具备充足的动机来培养这些能力取决于很多因素。

（一）灵活的自有收入的重要性

上述讨论强调地方层级拥有较高自有收入以承担较高的支出责任，从而能够应对公共池塘问题。关于赤字融资的讨论明确了一个简单的观点：地方政府需要具有一定灵活性的弹性预算和自治收入资源以维护其在信用市场上的信誉。允许地方政府拥有充足自有收入来源的第三个理由是地方居民对地方政府的问责。

当公众通过地方税和使用费等形式承担公共服务成本时，他们将认识到真实的预算约束并管理好自身的需求。而且，公众将很有可能对地方政府的财政谨慎性给予高度评价。与地方自治权相伴的是地方政府对服务提供的问责性，这将为监管提供大量机会（Shah 2004:30）。在对六个发展中国家进行的有关公共组织的研究中，Grindle（Shah 2004:30）发现在那些地方自治与监管同分权匹配的地方，政府“表现良好”。

自有收入能力是实现地方财政纪律的基石，特别是在分权环境下。当没有途径获得自有收入时，地方政府财政压力（满足年复一年的基础设施建设需求）很大，地方政府的选择很少。当在国家法律框架内，地方政府拥有设定地方税率、设定收费事宜及确认其他收入来源等弹性权力时，地方政府应对财政压力的效果最佳。典型的地方政府收入包括：财产税、服务费、收费和许可证、设施租金、投资利息。一些地方政府还有来自地方所有商业企业的收入，但是企业的所有权也有可能会导致债务，当企业倒闭时有可能引发地方政府的财政危机。

（二）有效的税收管理

确定税基、税率和其他收入基础和费率的灵活性通常在地方政府的直接控制之外。然而，收入管理的效率却在地方政府控制之内。税收、使用费和收费的有效征收涉及定期更新应税名单和财产税评估。地方政府可以通过减少或取消免税项目在现有税基上增加税收收入，也可以根据集资能力调整收入计划进而获得大笔收益。专栏3.4提供了3个改善的财政收入的例子。

专栏3.4 有效地方税收改革的实例

在地方税收体系中，对税收计划与执行进行折中可以取得一定收益。在下面的三个案例中，税基产生的收入可能小于通过贯彻理想系统获得的可征收收入。但是，在每个案例中，所筹集收入都与之前的执行情况相比有显著的改善。

印度的海德拉巴，在实施财产税征收方案时与它的实际能力很相符，取得了很大的成功。原则上讲，财产税是较好的地方收入来源，因为其不但稳定，而且可以让地方居民感受到支出与收益之间的直接联系。但是，征收财产税需要频繁更新征税名册和税值评估。二十年来，海德拉巴并未执行这两项工作，城市的征税名册老旧过时，在执行征收税款中也少有成效。后来，该市引进了一套系统，要求物主和业主提交申请、以严格的标准为基础评估自身财产及收入。该套系统对所有合法的物主和业主实施道德规劝，促使其联入网络。几个月后税收便增加了50%。

巴西的维多利亚孔基斯塔有欠债、财政赤字和免付服务费和服务税的文化传统。为了治理地方性偷税，自治市政府开始在企业申报前征收服务税。自治区政府对应税的百余种企业进行预评估并发放账项。企业有权提出反对，但他们必须提供票据证明他们确实被征收了过多的税费。

在肯尼亚，营业许可证是一项主要的地方财政收入源。久而久之，该系统为多种不同类型的许可证所累并为官员寻租提供了机会。企业只有在满足条件的前提下，如有健康证书，才有可能获得许可证。解决方法是简化程序，剥离规制要求，建立单一的、无限制的商业许可证，所有企业必须且容易获得该证。每个市级政府要建立一套标准的税收价目表，但只能根据其经济状况和收入作出选择。这个新系统显著地增加了收入。

资料来源：Mase 和 Devas 2004。

（三）公共财政管理体系的完善

如上所述，财政纪律的地方要素是政府具备准确评估中期财政收入和支出并严格执行预算的能力。执行预算的现代方法包括在使用中期财政和预算框架、发展限制性资源支出计划、以及预算分类和会计制度的现代化、内部管理的完善、绩效措施的使用、提高透明度和建立问责性制度等。在资源有限的条件下，这些方法对于提高地方政府效率来说十分重要。

正如上文所论述的，地方财政纪律在地方政府的财政运作中兼具政治、行政和市场监管的功能。地方一级的财政透明度对于这些约束的有效实施是十分必要的。对地方财政管理结果的系统的、政治性的问责不太可能会公诸于众，除非公民能够时常了解地方政府是如何被管理的。透明性可以防止问题演化为危机。如果准确、及时的信息可以通过强大的公民社会获得，那么地方财政透明度的好处将被提高。公民社会拥有独立的媒体、灵敏的反对集团、良好的科研机构和广受尊敬的时事评论员。

为使地方政府财政透明化，下述做法是必需的：

- 中期财政政策和目标的透明度。当地方政府公布中期收入目标和预期、支出计划和财政需求时，好的方面便会增加。透明度通过提高税收负担的可预测性鼓励投资；通过降低借款成本提高财政可信度，通过制定政府支出计划建立整合框架，增加了地方参与财政规划和目标的机会。
- 与财政总额相关的风险的透明度。关于预算总额中期目标的讨论应该包括对风险的讨论，包括价格风险（例如变卖公用事业的风险）、利率和汇率风险等。
- 用于预测财政收支的假定和模型的透明度。用于预测财政收入和支出的假定条件和模型应该接受更高层次政府和地方利益相关方的监管。
- 综合预算。政府预算和资产负债表结构应该包括所有收入来源、所有支出和所有债务，包括独立机构和其他预算外工具的收入和支出。
- 资产和债务的透明度。所有短期债券和流动负债都应公开透明，包括欠款和或有负债。地方预算表应当包括一份综合的流量表和一份综合的资产负债表。通过公示所有计划和过去财政运作的影响，可以使得地方难以通过预算外回避对主要预算进行干预。
- 预算执行的信息。预算执行的可信性对于地方财政纪律很重要。关于地方政府在满足宏观财政目标进展方面的信息，应该在支出年度内向公众公布。
- 确保财政信息可信度的机构。为了履行透明度的要求，地方政府需要进行科学的预测，拥有良好的预算、债务和资产管理，拥有完善的内部监管、会计和披露系统。除此之外，还需要强有力的外部审计以确保收入和支出信息的完整性。

四、结　论

纵观全球，地方政府承担着日益增加的提供公共产品和服务的责任以及管理公共资金的责任。为了有效履行这些职责，他们必须建立财政纪律——也就是，只有在保证地方财政自身未来的健康状况，并与国家和地方的宏观目标相协调的情况下，才能进行支出。

地方政府必须克服许多影响地方财政健康的外在因素。作为财政和财政实体的一个重要组成部分，地方政府对国家的震动是十分敏感和脆弱的，他们严重依赖于不可预知的来自其他层级政府的财政转移支付，可能在高度刚性的强制支出下运作。然而，地方政府不当的财政行为将严重影响国家的财政和金融状况。

无论国家还是财政管理系统，作出所有影响地方财政平衡决策的机构——包括所有层级的政府和所有的经济部门——在激励机制上必须是兼容的，如果地方政府有能力维持财政纪律并具有发展本地的财政能力。激励措施是否有效往往取决于地方政府的财政事务是否得到有效监管以及承担这些风险的那些人能否为此付出代价。

本章参考文献

Baltaci, M., and S. Yilmaz. 2006. "Keeping an Eye on Subnational Governments: Internal Control and Audit at Local Levels." Stock 37257, World Bank Institute, Washington, DC.

Fjeldstad, O. 2001. "Intergovernmental Fiscal Relations in Developing Countries: A Review of Issues." Working Paper 11/2001, Christian Michelsen Institute, Bergen, Norway.

Mase, K., and N. Devas. March 2004. "Building Municipal Capacity in Finance." *IDD Research News*, March, International Development Department, University of Birmingham, Birmingham, U. K.

Petersen, J., and M. Freire. 2004. "Fiscal Devolution." In *Subnational Capital Markets in Developing Countries*, ed. M. Freire and J. Petersen, 11 – 28. Washington, DC: World Bank and Oxford University Press.

Pisauro, G. 2001. "Intergovernmental Relations and Fiscal Discipline: Between Commons and Soft Budget Constraints." Working Paper 01/65, International Monetary Fund, Washington, DC.

Prud'Homme, R. 1995. "The Dangers of Decentralization." *World Bank Research Observer* 10 (2): 201 – 20.

Schick, Allen. 1999. *A Contemporary Approach to Public Expenditure Management.* Washington,

DC: World Bank Institute.

Shah, Anwar. 1998. "Fiscal Federalism and Macroeconomic Governance." Policy Research Working Paper 2005, World Bank, Washington, DC.

——. 2004. "Fiscal Decentralization in Developing and Transition Economies: Progress, Problems, and Promise." Policy Research Working Paper 3282, World Bank, Washington, DC.

——. 2005. "Fiscal Decentralization and Fiscal Performance." Policy Research Working Paper 3786, World Bank, Washington, DC.

Sood, P. 2004. "Hungary Case Study." In *Subnational Capital Markets in Developing Countries*, ed. M. Freire and J. Petersen, 525 – 44. Washington, DC: World Bank and Oxford University Press.

Spahn, P. B. 1997. "Decentralized Government and Macroeconomic Control." Infrastructure Notes, Urban No. FM – 12, World Bank, Washington, DC. http://www.worldbank.org/html/fpd/urban/publicat/rd – fm12.htm.

Tanzi, V. 1995. "Fiscal Federalism and Decentralization: A Review of Some Efficiency and Macroeconomic Aspects." In *Proceedings of the* 1995 *World Bank Annual Conference on Development Economics*, Washington, DC: World Bank.

——. 2001. "Pitfalls on the Road to Fiscal Decentralization." Carnegie Paper 19, Carnegie Endowment for International Peace, Washington, DC.

Ter – Minassian, Teresa. 1997. "Decentralisation and Macroeconomic Management." Working Paper 97/155, International Monetary Fund, Washington, DC.

Ter – Minassian, Teresa, and Jon Craig. 1997. "Control of Subnational Government Borrowing." In *Fiscal Federalism in Theory and Practice*, ed. Teresa Ter – Minassian, 156 – 72. Washington, DC: International Monetary Fund.

Web, S. 2004. "Fiscal Responsibility for Subnational Discipline: The Latin American Experience." Policy Research Working Paper 3309, World Bank, Washington, DC.

Wildasin, D. E. 1997. "Externalities and Bailouts: Hard and Soft Budget Constraints in Intergovernmental Fiscal Relations." Policy Research Working Paper 1843, World Bank, Washington, DC.

Zabala, R. T. 2004. "Colombia Case Study." In *Subnational Capital Markets in Developing Countries*, ed. M. Freire and J. Petersen, 279 – 98. Washington, DC: World Bank and Oxford University Press.

第四章

州和地方收入管理中的反腐问题

阿玛瑞斯·贝格茨（AMARESH BAGCHI）

“税收的评估和征收流程是容易滋生腐败的领域之一。”

——Galtung（1995）

腐败或滥用公职谋取私利，是一个普遍存在的现象。在所有文明中，在任何时候，公务人员都面临牺牲公众利益来谋取个人私利的诱惑。考提雅是印度国王旃陀罗笈多的顾问，他在 2000 年前就看出这一趋势：“就像鱼在水中移动，不能发现其是否在喝水一样，同样不能知晓受雇于政府的公务员在政府工作时是否在为自己谋财”（Bardhan 1997:1320 – 1346）。

世界各地的政府都面临这一现实问题。总的来说，尽管工业化国家已经将腐败遏制到一定程度，但世界上没有一个国家可以声称其治理腐败取得了圆满成功。在被视为腐败最少的美国，1990—2002 年，联邦检察官查出 10 000 多名政府官员犯有罪行（Glaeser 和 Saks 2004）。这一祸患在发展中国家和转型国家是非常致命的——估计世界银行的主要援助项目中也存在腐败活动。由于认识到了反腐败的紧迫性，亚洲开发银行（ADB）在 2001 年作出为亚洲和太平洋地区的反腐败行动计划提供支持的承诺，这项承诺已被亚行成员国通过。

关于腐败是否在所有情况下都是十足的恶魔这一问题，意见并不一致。有些观点认为，由于腐败可以润滑管理的车轮，因此腐败对于追求私人投资增长的国家来说不一定是坏事。苏哈托的印尼和中国的实例表明腐败可能并不是在所有情况下都会妨碍增长。[①] Arvind Panagariya（2006）指出实践证明，高速增长的发展中国家并不一定要将反腐败政策置于核心位置。他指出通过降低关税和增加私营部门的自由调用权，腐败的空间会减少（Panagariya 2006）。但主流观点认为从长期看有助于腐败不利于增长和福利[②]。因此，遏制腐败的举措是值得欢迎的。

一些观察家认为分权是减少腐败的有效方式，因为分权改进公共部门的绩效，提高公共支出效率，提高公共服务效率，使政府贴近公众进而增进人民的福利，并使政府能够被问责。[③]虽然有怀疑认为分权对增长具有负面影响，造成地方政府的高腐败率，[④]但许多观察家承认分权有助于改善服务效率，通过增加公共官员的问责性堵塞公共开支项目缺口。

关于分权是否减少地方各级政府税收征管的腐败这一问题很少引起关注。大量证据表明税收管理中的腐败是广泛的和蔓延的。[⑤]这一弊病似乎困扰着各级政府，尤其是基层政府，其行政资源相对较差因而更受困扰。

本章探讨了政府，尤其是地方政府税收管理的腐败问题，并提出了相应的反腐措施。它首先考察了世界各地州[⑥]和地方政府的主要收入来源，其收入的意义，及其腐败的范围。本章随后回顾了腐败的相关文献，最后提出了相应的补救措施。

一、地方级政府的税收和收入权利以及腐败的范围

州和地方政府（SNGs）通过税收和非税收入等各种来源获取收入。一般来说，地方一级的税收并不多，主要收入一般在州一级。地方政府主要依靠转移支付。即便如此，地方一级仍然存在相当大的腐败空间。

（一）地方政府的收入来源及其重要性

鉴于规模经济和效率的考虑，国家政府通常对主要收入征税，如关税、个人和企业所得税、社会保障税和特定产品税收。州政府有能力征收消费税——销售税及其现代变体：增值税（VAT）。地方政府往往征收土地和财产税，但征收模式因国家不同而异。

在大多数国家，对收入和利润征税在中央一级。在一些国家（例如，瑞士和尼日利亚），所得税的征收在地方一级。增值税征收通常是在中央一级。正如巴

西、加拿大、美国，征税权力发生交叉，如销售税增值税由多个级别政府征收，地方政府从所得税中获得收入（附加方式）。在印度，税权按照排除原则在中央和州政府征收——即排除了重复征收。只有中央政府可以征收关税/货物税和服务税，州政府有权征收消费税（对货物的销售税/增值税）、土地和建筑物税。州政府也有权力征收其他税：车辆税、酒税、某些类型的印花税、职业税、娱乐税、电力税等等。土地和建筑物税在地方一级征收，但需由州政府批准。

世界各地地方政府征收各种营业税。最常见的形式是公司或企业所得税、货物入市等国内贸易税、总收入税、按商业和位置不同变化的固定或比例税（例如，在一些拉丁美洲国家征收的，帕滕特或固定税）、以及非住宅不动产税(Bird 2003)。在中国，征税权力仅属于中央政府。只有在中央政府设置的限制范围内省级政府才可以调整税率。中国征收的税收包括7项土地和财产税收，即营业税、城市和城镇土地使用税、房产税、城市房地产税、耕地占用税、土地增值税以及契税。所有土地和房产税的收入属于地方政府（Shanda 和 Duoshu 2004）。

非税收入来源主要是贷款利息、费用、接受当地政府提供服务的用户付费，上级政府的罚款和转移。出售或交易国有资产（特别是土地）构成了政府（主要是地方级政府）基金的重要来源，因为州和地方政府通常处理土地事宜。在中国，地方级政府控制的商业企业的利润组成州和地方国库的主要部分。在印度的几个州，彩票是其非税收收入的主要来源。

表4.1列出城市地方机构（ULBs）的几个收入来源。如该表所示，菲律宾城市可以征收9种税，泰国的市级地方机构（ULBs）也有9个税种的征税，其中5种在中央政府征收的税收基础上额外征收。韩国的市级地方机构（ULBs）也有很多税权和非税收入。

表4.1　　城市财政范围

菲律宾		泰国			韩国	
税收	非税收入	税收	附加费	非税收入	税收	非税收入
1. 财产税 2. 商业税 3. 不动产转移税 4. 印刷和出版税 5. 资源开采税 6. 娱乐税 7. 职业税 8. 货运和卡车税 9. 社区税	1. 许可证和执照收费 2. 公共市场、屠宰场、巴士总站等维护的收费和租金	1. 房屋和建筑物税 2. 土地发展税 3. 招牌税 4. 屠宰税	1. 增值税 2. 酒和饮料税 3. 娱乐税 4. 赌博税 5. 消费税	1. 费用、罚款、许可证费 2. 财产收入 3. 社会或公共服务收入 4. 杂项收入	1. 居民税 2. 财产税 3. 汽车税 4. 农场税 5. 屠宰税 6. 烟草消费税 7. 工厂税	1. 租金、使用费和手续费 2. 利息 3. 印花税 4. 上级政府拨款 5. 公用企业运营收入（如水和污水处理、医院、地铁）

资料来源：Mathur 和 Uon Ein Siedel 1996。

在发达国家，州和地方政府（SNGs）征收的重要税收并不相同。州和地方政府（SNGs）征收的税收占一般政府总税收（包括社会保障贡献）的比例由荷兰的3%和英国的4%，到瑞典的32%和瑞士的38%（经济合作与发展组织1999）。

在发展中国家，地方级政府筹集的收入占政府总收入的比重从中国的60%和印度的35%，到印度尼西亚的7%和巴基斯坦的9%（Bird 和 Vaillancourt 1998：19－20）。地方政府占政府总收入的份额相对较小，平均约为12%到13%。表4.2展示了在选定的国家中三级政府筹集收入所占的比重。

虽然很难收集到发展中国家地方财政的准确数据，[⑦]但大多数情况下，地方筹集的收入不到国内生产总值的1%，占政府总收入的比例不到5%。但是，如表4.2所示，在一些国家（蒙古国），地方政府筹集的收入超过地方政府的总收入1/5。地方机构获得的收入总数量（特别是在城市地方机构）其实并不小。

表4.2　在选定国家的三级政府筹集收入份额（1993—1996年）

		在政府总收入中所占比例		
地点	年份	中央政府	州政府	地方政府
玻利维亚	1996	79.36	5.82	14.82
博茨瓦纳	1994	99.42	n. a.	0.58
巴西	1993	72.42	23.27	4.31
危地马拉	1993	96.29	n. a.	3.71
印度	1997	63.80	33.40	2.84[a]
以色列	1994	90.48	n. a.	9.52
肯尼亚	1994	94.03	n. a.	5.97
马来西亚	1996	86.97	9.74	3.29
蒙古	1996	77.29	n. a.	22.71
巴拉圭	1993	92.73	n. a.	2.27
秘鲁	1996	94.67	0.89	4.44
南非	1995	86.04	3.40	10.55
泰国	1996	93.74	n. a.	6.26
美国	1995	58.68	25.45	15.87
非洲和亚洲		84.53	1.64	13.83

资料来源：Ebel 和 Vaillancourt 2001。

注释：n. a. ＝不可获得；a：仅包括市政府的收入，村级筹集的收入并不多。

地方级政府筹集的个人税收的相对份额也因国家而异。例如，在经济合作与发展组织（OECD）的一些成员国，虽然地方级政府筹集的税收大部分来自于收入税和利润税（波兰和瑞典100%，丹麦95%），但州和地方政府（SNGs）通常仅具有制定税率的权力（OECD 1999）。其次是财富和财产税，紧随其后的是消费税。

州政府的主要税收来源是销售税或其现代变体——增值税。在印度，州政府筹集税收的60%来自销售税（即增值税）。在巴西也是一样，州政府筹集的大部分收入来自增值税。

发展中国家地方政府的主要收入来源于财产税，尽管在一些国家（如巴西），其他税收更重要（Nickson 1995）。据20世纪80年代后期的调查，不论区域或位置，市级地方税收中的财产税的平均份额高于40%（Bahl和Linn 1992）。许多城市对机动车辆及娱乐业征税，除少数城市外（如曼谷、雅加达），这些税收收入的贡献是微不足道的。在一些国家，财产转让税构成地方收入来源，在一些城市（包括首尔），其税收构成地方政府总支出的20%。此外，地方政府征收杂项税收，征收起来既困难又成本昂贵，但占地方税收的很大一部分（Bahl和Linn 1992）。

最近的一个研究报告（Bird和Slack 2004）证实，财产税仍然是发展中国家最重要的地方税。征收财产税的体制安排各不相同。在一些拉丁美洲国家（如阿根廷），财产税是一种省级税，而在其他国家（如萨尔瓦多）则是一种中央税。在南非，地方政府筹集的财产税高于省级政府（Bagchi和Chakraborty 2006）。

在印度，2002/2003年度地方政府筹集的税收占州和地方政府总税收收入的4%（Oomen 2006），这表明生产性税收权力几乎没有下放给地方政府。仅有的由这些政府（尤其是ULBs）说了算的重要税收是财产税，尽管货物入市税或货物入境税，构成一些城市（如孟买）地方政府收入的大部分。农村地方机构的税收权力各有不同，但大多限于财产税和一些以土地为基础的税收。

（二）腐败空间

在经济合作与发展组织的许多国家中，州和地方政府（SNGs）的税基（或基准）由中央政府评估，税收管理没有什么问题。就发达国家而言，即使州和地方政府自己征收税收，腐败的发生率也较低。只有增值税提供骗税和逃税的机会，其几乎在所有发达国家征收（但不包括美国），占到税收收入的25%。但是，一般来说，税收管理中的腐败似乎并没有成为发达国家的主要政策问题。

发展中国家情况稍有不同。在印度销售税作为州政府最重要的税收来源充满腐败。这被认为是导致许多州政府未能实现税收全部收益潜力的主要因素之一。最近对印度（卡纳塔克邦政府，3.38段）主要州的研究指出腐败滋生逃税，也是造成州政府销售收入停滞的主要因素。受到逃税收益的诱惑，许多交易商为了避免监察并不介意贿赂税务检查人员。没有受贿者，逃税不可能具有这么大规模。

由于增值税具有促使自愿遵守的内在机制，增值税被认为比较不容易发生逃税和腐败。然而，欺诈和逃税的空间没有完全消除。事实上，增值税通过夸大退款要求和对虚开发票进行税收抵免为逃税提供了新的机会。最近国际货币基金组织调查揭示了增值税是如何产生虚假退款要求的，特别是出口时，通过零出口评级。调查者声称退款流程是增值税的“阿喀琉斯的脚跟”（Harrison and Krelove 2005）。

在地方一级，财产税——地方政府最重要的自有收入来源——提供了大量逃税和腐败的机会。印度，腐败被认为是导致大多数州税收匮乏的原因。税基的评估包括酌情考虑的空间，因此，腐败的机会很大。

腐败被认为是导致拉美财产税收入低效的主要因素之一。在对拉丁地方政府的研究中，Nickson（1995）调查指出，纳税人与税收官员在财产价值评估中相互勾结和明目张胆的欺诈行为在很大程度上导致了财产税的低效率。许多其他因素，如税基的随意修改和中央政令修改的滞后也是因素之一。但是，在列表中的腐败数字很突出。

许多拉丁国家的其他税赋也有可能产生腐败。除非在一些客观衡量指标（如商店、雇员数量的大小）的基础上征收，否则地方营业税也存在同样情况。如城市房地产税、土地税、因涉及评估并因此为腐提供了机会。

因为也需要评估，针对财产转移（通常在州一级，但也到地方政府）征收印花税等，也为腐败提供了机会。但印度一大诈骗案涉及的印花税达数十亿卢比，其产生原因并非价值被低估，而是因为对法律规定的记录财产转移的印花票据的造假。对印花文件欺诈的生产和使用已经成为全国各地的报纸头条。该欺诈的成本在10年间估计高达780 000卢布（Alm，Annez和Modi 2004）。

在南亚国家，货物入市税一直是腐败的重要来源。这种税收在检查站的帮助下执行。这些检查站极易发生腐败。

地方政府，像其他层级政府一样，通常通过向使用者收费来筹集收入，如供水费和供电费。在地方官员的默许下，这些服务可低于正常价格获得。对管理交易收费（如给予一间店铺许可证）、对经营街市收费（如租金）、对公共场所售货亭收费和对街头小贩收费是我们常见的方式。配售摊位和售货亭为腐败提供了空间。

费用和收费管理的腐败范围似乎是有限的。但是，地方政府的成本并不总是很小，特别是在供水和供电方面。在印度，偷窃造成近40%的电力损失，造成电力公司亏损。这些资产一般都是由州政府（州电力委员会）拥有，这些损失被认为是造成印度州政府庞大预算赤字的一个重要因素（Rao和Chakraborty

2006）。这种盗窃行为不仅限于水和电。地方政府（包括州政府）运营的其他公用设施和交通中，有价值的资产被偷窃，而窃得的脏物（利益）常会与一些公用事业的员工来瓜分。

在出售或租赁土地时，政府所属企业获得低价或低于市场估价时，腐败因此而盛行。据报道，在印度，土地诈骗很普遍。在俄罗斯，借出售公共部门企业，大批政治家或黑手党头目大量侵吞资产。

二、收入管理中的腐败：驱动因素和补救措施

收入管理中腐败官员通过允许纳税人或公共服务使用者不支付法律规定的税收和费用而从中获得利润。在税收环节，作案手法很简单：税务督察对潜在纳税人不按法律规定在税务机关登记、不把收入或销售退回归档、不申报真实的收入或营业额或不提供正确评估税务责任所需的必要资料等行为睁一只眼闭一只眼。在非税收收入的情况下，官员纵容公民使用公共设施而不全额付款，因此腐败行为盛行。税收管理中的大多数反腐策略同样适用于非税管理中的反腐斗争。

（一）腐败的驱动因素

近年来，对政府中腐败行为的驱动因素已经进行了深入的经济分析。已形成解释腐败产生的几种理论。一种是基于成本—收益逻辑的经济犯罪理论；另一种来自于委托—代理框架。

经济犯罪理论

所有腐败本质上是“经济计算犯罪”（Klitgaard，Madean-Abaroa 和 Parris 2000：31）。Gary Becker（1968）指出，当收益超过可见成本时，经济犯罪盛行。Allingham 和 Sandmo（1972）将 Becker 的理论扩展到解释所得税逃税。他们指出，如果纳税人所提供贿赂而带来的收益高于因免职及遭受其他惩罚等的合计成本时，那么税收检查人员就会允许纳税人逃税。而纳税人发现只要逃税高于所受惩罚的成本，支付贿赂从而不遵守法律规定是有利可图的。基于以上情况，针对税收管理中腐败的补救措施，在任何一级政府，主要涉及三个策略：通过降低税收水平减少行贿收益；提高惩罚水平增加不履行税收义务的成本；通过改进税收执法效率和加快司法程序来提高察觉违法行为并进行惩罚的可能性。

根据成本——效益逻辑，逃税的收益应减少到最低限度。因此，税费率应定在一个合理的水平。过高的利率和收费常常助长逃税和腐败。

适当或合理的税率取决于可接受性，而这又取决于政府提供公共服务的数量和质量。可接受性，也取决于执行税法的行政能力和社会成员的道德标准。社会成员的道德标准在个人决策中发挥作用。在行政管理薄弱的国家，社会价值观是自由式时，或两者兼而有之，腐败往往具有地域性。在这些国家，税率应当保持在可接受的水平，减少腐败的方法必须找到，否则，即使税率很低，也会发生逃税行为。

为增加逃税的可预期成本，政府必须在三方面同时采取措施。第一，应确定惩罚和处罚的规模，以震慑并不厌恶风险的潜在逃税者。第二，通过更好的管理提高对逃税的察觉概率，这反过来，需要留意落实税法的所有流程。第三，应加快税收纠纷的起诉和裁决。

如果超过一定界限，加强处罚规模可能弄巧成拙。考虑到处罚比例的失衡，执法者通常暂缓有罪判决，如果认为证据上存在微小瑕疵，倾向于以此为宣告被告无罪的理由。在印度，所得税逃税的惩罚在一段时间内极其高昂，罚金是逃税金额的三倍。税收违法者可被检控，如果法院定罪，则会被判入狱。尽管逃税行为比较普遍，但对逃税者处以最高罚金或送往入狱是罕见的（Acharya 和 Associates 1985）。税收遵从似乎只是在 20 世纪 90 年代税率下降以后才有所好转。

发达国家如美国的逃税较少主要是缘于其察觉和惩罚的可能性大。为了遏制逃税，税收管理必须有一个好的信息系统和一个用科学方法抽选案例、有效的审计系统。也必须有有能力的人员来进行审核。

即使有有效的检测机制，逃税者仍可能因为繁重和费时的司法程序而逃脱惩罚。控方有责任证明被告有罪。[8]如果涉及税务争端的各方被要求以书面形式提交其论点，且听证会保持在最低限度，那么司法程序可以简化。由于相对于案件数量法官数量较少，诉讼程度可能会出现拖延现象。即便如此，现代技术，包括电子图书馆，其为法律参考和引用提供了便利，会加快案件的处理。印度的顶点法庭展示了如何通过电脑化和对出勤率和案件处理的严格立法规则，减少未决案件的数量，加快司法决定。印度最高法院的未决案件从 1992 年 1 月的 104 936 件下降至 1996 年 9 月的 26 673 件（Verma 2001）。

委托—代理框架

另一种腐败的分析方法是基于委托—代理理论，作为在某些方面对成本—效益逻辑的补充（Gurgur 和 Shah 2005）。这种做法的实质在很大程度上体现在 Klitgaard 的著名公式中（1988），该公式里公民是委托人，官员是代理人：$C = M + D - A$，其中，C 代表腐败，M 代表垄断，D 代表自由裁量权，A 代表问责。该公式的理由很简单：腐败是国家垄断权力、赋予政府机构的自由裁量权和问责的混合作用的结果。当垄断权力和自由裁量权削减且问责提高的时候，腐败就会减少。

因为税收权力是主权特权，所以大规模减少税收垄断权力可能并不可行。虽然私有化部分征税或筹集收入的职能，有助于抑制垄断。通过简化法律以及引进易于核查税基的措施，政府可以抑制自由裁量权。当政府有效监督税务稽查人员且及时惩罚腐败官员时，问责性增强。克里特格德公式表明，如果治理以规则为基础，给官员尽可能少的自由裁量权，通过内部和外部机制加强问责制，那么腐败是可以控制的。

从本质上讲，委托—代理理论认为腐败主要是信息不对称问题。如果方法是正确的，分权是有效解决措施。在回顾了有关分权是否能够通过缓解代理问题从而减少腐败的文献之后，Shah（2006:485）认为“关于腐败和集权—分权的联系，从代理类型的概念模型中不能得出确切结论。这些模型只是再次确认了腐败的发生依赖于环境，所以不可以被包括在一般模型中”。

（二）其他方法：分权、新公共管理和新制度经济学

新公共管理（NPM）的框架和新制度经济学（NIE）提供了遏制腐败的其他方法。新公共管理（NPM）文献指出公共部门授权、授权环境、运营文化和业务能力的不协调。这些文献指出政府官员会放任地进行寻租活动，受到公民阻止的风险很小。补救的办法是与公职人员签订合约，使他们持续履行合同规定的义务。新公共管理（NPM）框架的批评者认为，将提供者与服务购买者相分离可能会导致寻租行为的增加。

新制度经济学（NIE）的方法更有说服力。它的倡导者认为，当公民没有被赋予权力，或由于过高的交易成本而导致获取信息不完整而难以将犯错误的官员绳之以法时，官员们会搞机会主义行为。通过分权、公民宪章、选举和其他形式的公民参与来赋予公民权利可以促使政府官员向人民负责。

良好的政府治理

根据实证文献，Shah（2006）指出政府治理的质量与腐败程度密切相关。腐败的高发率与管理不善相联系，而腐败的低发生率与良好的政府治理有关。因此，反腐败战略应以反映每个国家制度环境的改革为基础（Shah 2006）。法律规则和赋予公民权利应成为改革的优先事项。在非法治环境下，本地化和分权难以取得成效。

最终，无论是基于犯罪和惩罚理论、委托—代理理论或者新制度经济学（NIE），还是基于新公共管理（NPM），良好的政府治理对于任何反腐战略都是至关重要的。如何争取公职人员在控制腐败中全心全意的合作一直是激烈辩论的

焦点（见 Mookherjee 2004）。

激励税收官员

激励公职人员在筹集税收活动中诚实履行职责的一种有效方法是向其提供足够的、合理的薪金或奖励其优异工作表现。Mookherjee（2004）认为，政府官员是以自我为中心的个体，不会放弃赚钱的机会，除非促使其采取其他行为的激励足够诱人。他指出，社会中逃税现象比较普遍，税收征管为以牺牲公众利益而谋取私利提供了许多机会。

遏制这类腐败的方式之一是将税收征管员的酬劳与其征集的收入联系起来——例如，对税收征管员提供奖金，比如按所征税款和罚款的20%提奖。在没有任何激励的情况下，奖金率为零；如果私有化，奖金率为百分之百。但奖金计划可能只会增加贿赂的金额。[9]只要存在联合盈余（逃税者和腐败官员的联合收益），腐败就会存在。

政府使用的另一种方法是大棒——也就是说，纪律处分（如解雇），在这种情况下，工资构成政策参数。然而，如果腐败被侦破的机率小（百万分之一）薪金，或 Besley 和 McLaren（1993）称之为"效率工资"则必须高。当侦破的可能性高，效率工资可以更低。因此，Mookherjee（2004∶62）的结论是："政府是否应当制定消除腐败的激励性政策取决于税收管理的制度能力和监督、惩处腐败行为的更广泛的社会氛围。"巴西、加纳、墨西哥和秘鲁对税收征管人员进行激励的实践表明，相关体制改革对于激励措施的成功很重要（Chand 和 Moene 1999；Chand，Moene 和 Mookherjee 2003）。当制度能力较弱时，这样的改革贯彻实施起来可能太困难、太昂贵。

税收官员的激励以奖励形式提供，该奖励与额外筹集的收入挂钩。但是，绩效评价并不简单。短期筹集数据可能被操纵。征管员可能会认为增加税收的措施外的其他措施也应给予奖励。此外，奖励应当给群体，而非个人，以避免嫉妒。

Fjelstad 和 Tungodden（2003a）认为，提高筹集收入的奖励计划是短视的。对特定公共部门的奖励或其高于市场的工资可能会引起寻求这些岗位就职的寻租行为。该忧虑在于就像在一些国家报道的情况（如阿塞拜疆），职位销售价格的基础是薪酬的资本价值。

在现有背景下的争论中出现三种相关论点。首先，税务官员（或行使部分监管或执法权的任何官员）的低薪酬水平会诱使这些官员受贿。他们必须被支付远高于维持生存需要的工资。第二，奖励税收征管员其筹集的额外收入的一小部分。这种做法会通过提高贿赂水平，增加逃税成本，从而提高收入水平。因此，政策制定者必须权衡可能的收益与贿赂水平的增长。尽管腐败的税务官员人数会因为奖励计划的结果而减少。奖金收入的影响是难以预料的。第三，除非伴有税收管理体制和机构改革，否则激励计划可能难以见效。体制改革必须加强问责制。

问责

问责制要求单位和机构开展对腐败指控的调查。许多国家为此成立了监管机构或横向问责机构（Schacter 2005）。但由于缺乏政治支持和开展调查的独立性，很难成功地对腐败进行调查（Pope 和 Vogl 2000）。另外，对跟进调查案例的拖拉，破坏了监管机构的有效性。

补救措施

税收管理中的腐败与政府其他活动中的腐败有关键性的不同。挪用公众使用的资金或救济穷人的项目资金或从授予许可证中收取贿赂，并不涉及官员和公民的勾结，但在税收管理中的腐败，存在官员和公民的勾结。如果腐败案件中官员和公民存在冲突，那么相应的解决措施——例如政府治理透明度、在公共机构运行中倾听公民声音——对于官员和公民共谋构成的腐败是远远不够的。当公民专注于集体勾结时[⑩]，更高级政府的干预是必要的。

地方、州和联邦司法管辖区的交叉是在地方打击腐败的另一种方法（Rose-Ackerman 1994）。这一措施已经减少了美国打击非法毒品中警察的腐败行为（Bardhan 1997）。为了遏制税收管理中存在的腐败，新加坡采取了海关人员团队工作的方式。

三、地方级政府的反腐措施

如前所述，与腐败相关性最强的税收是销售税/增值税、财产税、地方营业税、酒消费税和转让税。州和地方税务管理中的反腐战略应该关注税收的不同类型并加强管理。

（一）一般原则

Das-Gupta 和 Mookherjee（1998）描述了确定潜在纳税人身份的税收管理流程，如何正确评估他们的纳税义务，及惩罚、起诉和筹税等后续行动。以下因素所可以促进上述活动：

■ 收集和储存有关税基信息的有效系统、所有潜在的纳税人及其纳税申报表、悬而未决的评估、已付税收或尚待缴纳的税收；

■ 对评估状况的后续检测机制，对应缴税收或到期税收的上诉、起诉、处罚及最终结果；

■ 客观和明确地量化纳税义务，并以这种方式定义税基。

最后一个项目要求简化税法，避免作出豁免及不予计入应税项目的决定，以减少税务官员的自由裁量权。前两个项目需要建立问责制，以明确规定不同级别人员的职能和明确界定政府等级结构的控制链条，也要建立部门间的高效协调渠道。问责制还呼吁建立应对纳税人不满的机制和培训税务人员的体制。

私有化和机械化

可以通过私有化的形式减少政府垄断。但是，由于征税具有主权性特性，因此，不能完全私有化。然而，对税收执行和收入入库的一些职能可以外包，尤其在地方一级。

将地方税收管理的一些领域交给私人，并不会消除腐败。孟买市政公司正式员工举行罢工时，公司不得不任命不熟悉腐败实践的临时工人运营检查站，征收货物入市税，结果筹集的收入翻了两番（Palkhivala 1994：127）。这个经验表明，地方政府应避免需要人工监测的税收，而应当依靠私人机构和采用机械化系统（例如，水和电力公司所用的防偷计量器），以减少或消除人为干扰。

聘请外国机构管理海关，有时被倡导为遏制猖獗的海关官员腐败的一种方式。但在进行一段不愉快的实践后，印度尼西亚放弃这项政策。Sarkar（1989）指出，海关征收的私有化挑起了法国大革命。Sarkar（2006），援引伦敦《卫报》（The Guardian）的文章，描述了在巴基斯坦外包装运前检验时发生的一个巨大骗局。

显然，私有化收入筹集活动为腐败提供了机会。但是，在地方一级，这些活动中的腐败可能会受到限制。因此，只要有可能，税务机关应当探索私有化的范围。

透明度

无论是在国家或地方一级腐败的补救办法在于运作的透明度。土地及财产交易和公共资产的建筑合同有可能将大量资金转交政府高级官员手中。如果政府要获得其应有收益，这种交易必须以招标方式进行，并在媒体公开。投标者必须向公众开放，市民应能获得判断交易是否公平进行的信息。印度议会通过的信息权利法案是通往透明度道路上的里程碑，有助于遏制各级政府腐败。

（二）特殊的反腐措施

在州和地方层级，针对不同税种需要一些具体的补救措施。

对增值税中腐败的抑制

在联邦制国家和像欧盟这样的经济共同体中，州政府或其成员国负责征收增值税。有130多个国家征收这个税种。在西半球，增值税筹集的收入平均约占政府收入的35%——在智利和秘鲁占45%。

虽然从收入的角度看，增值税是有价值的，但其也为逃税进而产生腐败提供了空间。作为乌克兰国内总值的一部分，增值税收入锐减，其原因主要是腐败和大规模地下经济的盛行（Bird 和 Gendron 2006）。尽管欧盟保持税收管理的高标准，一些观察家仍担心，增值税的运作引起了公司和家庭的逃税行为（Nam，Gebauer 和 Parsche 2003）。

除了传统销售税和直接税的逃税手段如企业不登记、利润不归档、少报总收入、滥用多重利率、未能将已实现关税汇给国库，还通过骗取增值税税收抵免（使用虚假发票）、申请返还（将州内销售当作州际销售）及不合格购买，为逃税提供了机会。[11]在欧盟，增值税通过传送带的方法发生大规模逃税行为——虚假销售和通过空壳公司购买货物（Lienemeyer 1997）。为了抑制增值税逃税行为，地方政府需要一个跟踪销售和购买商品的有效系统及有效的审计项目。现代科技应当有助于这两项工作的实现。

州际交易的电子文件既可大大减少恼人的事情，降低贿赂风险也利于销售和购买匹配。在欧盟，增值税信息交换系统，支持社区内的销售零税率。具有联邦结构但没有建立该交换系统的发展中国家，应当考虑州际销售税以使得购买者可以得到回扣。他们还应该考虑对州际销售预缴增值税[12]。韩国试图使销售和购买的匹配达到100%，但其设想似乎难以实现。在委内瑞拉玻利瓦尔共和国，其中增值税逃税估计为税款的50%—60%，推出了预提所得税制度，要求买方必须向国库汇出税收的一部分（Evans 2003）。

税法通常规定一个月或一个季度累计征收的增值税。理想情况下，增值税的审计应包括一年中的几次短间隔检查以及一些更全面的多期多税审计。增值税审计的覆盖率远高于可以接受的所得税审计覆盖率。

为了在州一级促进税收遵从并减少增值税的逃税范围，增值税的税基和程序应在所有州统一。税率也应该是统一的：每个州只有一个税率。

财产税

在地方税收管理中，财产税为腐败提供了肥沃土壤。因为其税基通常由财产的出租价值或资本价值的市场价格决定，估值涉及大量的主观因素以及由此而产生的自由裁量权。许多研究（包括 Bird 和 Slack 2004，德里市政公司 2003）已经证明这种自由裁量权是如何滋生腐败，产生滋扰，导致财产税收停滞，及造成不公平的（由于对相似财产估价不一致等）。

补救措施在于建立一个以单位面积为基础的制度。根据这一制度，土地、建筑物及土地和建筑物混合体的每个单元（如平方米）的收费是固定的。每单元的评估将税收负担直接与土地和建筑物的大小联系起来。每单位费率可以调整，以反映位置、建筑物质量或其他因素。调整因素能够反映市场价值。这些因素来自特定区域财产群体的平均价值，可能无法反映个别财产的特征。中欧和东欧，由于没有房地产市场，市场价值难以确定，一般使用单位面积为基础的制度。智利、中国、德国、肯尼亚和突尼斯也使用这种制度（Bird 和 Slack 2004）。

单位价值评估用于农业土地的评估。在孟加拉国、印度和巴基斯坦等土地收入系统盛行的南亚国家一直以土地生产力和种植作物平均价值为基础。正如以单位面积为基础的制度，这种征税方法被认为有助于遏制腐败。根据以单位面积为基础的制度，财产持有人可以进行自我评估和缴税。

虽然单位面积制度有助于其他税收管理，价值还是应当标准化。中央评估权威机构有助于以透明、定期修订的方式建立标准化价值。任何人宣称其交易中的财产价值低于标准值都可能会受到审查。这可能有助于遏制中央政府征税中的逃税和腐败，如所得税，它会为销售及资产获得流程中价值的正确性提供一个判断基准。

以单位面积为基础的制度也有其局限性。首先，相对于财产的规模，服务的好处通常更贴切地反映到财产的价值上。此外，市场价值具有反映社区服务设施收益的优点，社区服务设施通常是由政府开支和地方政府负担。第二，试图在以单位面积为基础的制度中引入调整因素会造成复杂性。在荷兰，调整因素使制度变得如此复杂以至于最终放弃了该项制度的实行。第三，即使是这种制度，也为腐败提供了机会。在拉丁美洲，由于纳税人与税务人员在自我评估中相互勾结，对财产规模和特点的估值往往总体上存在低估现象（Nickson 1995：47）。正如所有的税收制度一样，以单位面积为基础的制度需要抽样审计、上级官员对下级官员的监督、以及虚假申报的快速惩罚系统。

其他税收

机动车税（MVT）是州和地方政府税收的重要来源。基于所有权或使用情况，或这两者结合，机动车税（MVT）提供的腐败的空间不大。不过，这需要进行审计，更高一级官员对下级官员进行监督，以及对违法人员给予纪律处分。

非税收入

全球化限制了对国际贸易征收资本税、收入税和商品税。因此，政府只能征收非税收入。非税收入的征收空间很大，在新加坡，其收入来源的第三大项就是非税收入（Chia 1998）。利息、股息、利润和国有企业利润通常构成非税收入的重要来源。其他重要来源包括公用设施、矿产和森林产品使用费。

所有这些非税收入为腐败提供了机会。如前所述，补救措施是私有化和机械化。但仍需要监督和检查制度以确保权力不被滥用。机构改革对于减少非税收入管理中的腐败也很重要（Das-Gupta 2004）。

四、结论性意见

在收入管理中打击腐败的策略必须多管齐下。一个方面是良好的政府管理；另一方面是纵向和横向问责制的建立（Schacter 2005）。其他方法包括收集腐败信息的系统和根据信息迅速行动的法律。在这方面，各级政府之间的合作至关重要。同时，政府必须通过设定适当税率减少腐败的收益，一方面制定简单的税收法律，另一方面通过支付给税收执法人体面的薪金提高其腐败成本。最后，信息收集和储存机制、使用费、收费筹集机制及部分税收管理活动的私有化，对遏制腐败会有很大帮助。

一些科学家还指出其他补救措施，这里就不详细讨论了。Henderson 和 Kuncoro（2006）报告说，伊斯兰价值观对于遏制在后苏哈托时代印尼地方政府的腐败很有帮助。Glaeser 和 Saks（2004）报告说，教育在很大程度上解释了美国腐败的低发生率。Swamy 和 others（2001）表明，妇女更多参与选举可以减少腐败现象。

本章注释

①一些实证研究表明，腐败现象很可能会更损害小的发展中国家的投资和增长，而非大的发展中国家。腐败增加了东亚新兴工业化国家的经济增长。尽管是以一种更加模糊和精细的方式，最近的一项研究似乎支持这些结论（Rock 和 Bonnett 2004）。

②关于腐败如何阻碍了增长的简洁的论述见 Mauro（1995）。关于腐败和增长有关问题的而评论见 Bardhan（1997）。

③对于支持这一主张的论证见 Shah（2006）。

④在日本，省政府的官员是中央政府的 3 倍，但腐败案例却是中央政府的 15 倍，被捕官员是中央的 4 倍。“市政当局往往不仅被指责为管理不善，而且被控将大量公共资金倾入私人腰包”（Klitgaard，Madean-Abaroa 和 Parris 2000）。但是，各国证据表明政府财政分权与腐败具有负相关关系（Fishman 和 Gatti 2002）。

⑤几个发展中国家的研究表明，政府的一半或更多税款因为腐败和逃税而流失。见Fjelstad 和 Tungodden（2003a）。

⑥州是指所有二级地方政府，例如省以及区域政府。

⑦“作为一般规则，即使是在统一的国家，地方税收的信息也很难获得，而且很难进行比较。”（Bird 和 Slack 2004：4）。

⑧在所得税中，证明任何收入来源的责任在个人。不过，起诉的责任在政府部门。

⑨Mookherjee（2004）给出了下面的例子：如果逃税的金额是 1 000，和对欺诈的惩罚是 2 000，征税人和纳税人的联合盈余为 3 000。在这个例子中，奖金的 20% 将减少征税人和纳税人之间的联合盈余至 2 400，贿赂的金额会增加 200 到 1 800。

⑩Brosio，Cassone 和 Ricciute（2002）表明，意大利的逃税行为具有区域性。在贫困地区的人民会理性地选择逃避税收。因为全国税收是征收统一，对贫苦地区构成福利负担。

⑪对于逃避增值税方法的详尽讨论，参见 Mukhopadhyay（2005）。

⑫一个州际销售跟踪和保持增值税链条的替代办法是补偿性增值税或 C-VAT（McLure 2000）。没有一个国家采用补偿性增值税。

本章参考文献

Acharya, Shankar N., and associates. 1985. *The Black Economy in India.* Delhi: National Institute for Public Finance and Policy.

Allingham, M., and A. Sandmo. 1972. "Income Tax Evasion: A Theoretical Analysis." *Journal of Public Economics* 1: 323 – 38.

Alm, James, Patricia Annez, and Arbind Modi. 2004. "Stamp Duties in Indian States." Policy Research Working Paper 3413, World Bank, Washington, DC.

Bagchi, Amaresh, and Lekha Chakraborty. 2006. "Fiscal Dcccntralization and Gender Responsive Budgeting in South Africa: Some Observations." National Institute of Public Finance and Policy, New Dehli.

Bahl, Roy, and Johannes Linn. 1992. *Urban Public Finance in Developing Countries.* New York: Oxford University Press.

Bardhan, Pranab. 1997. "Corruption and Development: A Review of Issues." *Journal of Economic Literature* 35: 1320 – 46.

Becker, Gary S. 1968. "Crime and Punishment: An Economic Approach." *Journal of Political Economy* 76 (2): 169 – 217.

Besley, Timothy, and John McLaren. 1993. "Taxes and Bribery—The Role of Wage Incentives." *Economic Journal* 103: 119 – 41.

Bird, Richard. 2003. "A New Look at Local Business Taxes." *Tax Notes International*, May 19.

Bird, Richard, and Pierre-Pascal Gendron. 2006. "Is VAT the Best Way to Impose a General Consumption Tax in Developing Countries?" *IBFD Bulletin* (July): 287 – 96.

Bird, Richard, and Enid Slack. 2004. *International Handbook of Land and Property*

Taxation. London: Edward Elgar.

Bird, Richard, and Francois Vaillancourt, eds. 1998. *Fiscal Decentralization in Developing Countries.* Cambridge, U. K.: Cambridge University Press.

Brosio, Giorgio, Alberto Cassone, and Roberto Ricciute. 2002. "Tax Evasion across Italy: Rational Noncompliance or Inadequate Civic Concern?" *Public Choice* 42: 259 – 73.

Chand, S., and K. O. Moene. 1999. "Controlling Fiscal Corruption." *World Development* 27 (7): 1129 – 40.

Chand, S., K. O. Moene, and D. Mookherjee. 2003. "Fiscal Corruption: A Virtue or a Vice? — Reply." *World Development* 31 (8): 1469 – 72.

Chia, Ngee-Choon. 1998. "The Significance of Motor Vehicle Taxes in the Revenue System." *Asia Pacific Tax Bulletin* (July): 275 – 89.

Das-Gupta, Arindam. 2004. "Non-Tax, Non-Debt Government Revenue: Constituents and Principles." Report, Goa Institute of Management, Goa.

Das-Gupta, Arindam, and Dilip Mookherjee. 1998. *Incentives and Institutional Reform in Tax Enforcement.* New Delhi: Oxford University Press.

Ebel, Robert D., and François Vaillancourt. 2001. "Fiscal Decentralization and Financing Urban Governments: Framing the Problem." In *The Challenge of Urban Government: Policies and Practices*, ed. Mila Freire and Richard Stren, 155 – 70. Washington, DC: World Bank.

Evans, Ronald. 2003. "Focus on Venezuela's VAT Withholding Regime." *VAT Monitor* (March/April), 110 – 14.

Fishman, Raymond, and Roberta Gatti. 2002. "Decentralization and Corruption: Evidence across Countries." *Journal of Public Economies* 83: 325 – 45.

Fjeldstad, O-H, and B. Tungodden. 2003a. "Fiscal Corruption: A Vice or a Virtue?" *World Development* 31 (8): 1459 – 67.

——. 2003b. "Fiscal Corruption: A Vice or a Virtue? Reply." *World Development* 31 (8): 1473 – 75.

Galtung, F. 1995. "Current Strategies for Combating Corruption: A Study of Corruption in Tax Administration." Occasional Working Paper 8:95, Transparency International, Berlin.

Glaeser, Edward L., and Raven E. Saks. 2004. "Corruption in America." Working Paper10821, National Bureau of Economic Research, Cambridge, MA.

Government of Karnataka, Bangalore. 2001. "1st Report of the Tax Reforms Commission 2001." para 3. 38.

Gurgur, Tugrul, and Anwar Shah. 2005. "Localization and Corruption: Panacea or Pandora's Box?" Policy Research Working Paper 3486, World Bank, Washington, DC.

Harrison, Graham, and Rusell Krelove. 2005. "VAT Refunds: A Review of Country Experience." Working Paper WP/05/218, International Monetary Fund, Washington, DC.

Henderson, J. V., and Ari Kuncoro. 2006. "Sick of Local Government Corruption? Vote Islamic." Working Paper 12110, National Bureau of Economic Research, Cambridge, MA.

Klitgaard, Robert. 1988. *Controlling Corruption.* Berkeley: University of California Press.

Klitgaard, R. , R. Madean-Abaroa, and H. L. Parris. 2000. *Corrupt Cities.* Washington, DC: World Bank Institute.

Lienemeyer, Max. 1997. "The New VAT System and Fraud." *VAT Monitor* 8 (6): 270 – 75.

Mathur, O. P. , and Nathaniel von Ein Siedel, eds. 1996. *Increasing the Income of Cities.* New Delhi: Centax Publications.

Mauro, Paolo. 1995. "Corruption and Growth." *Quarterly Journal of Economics* 10 (3): 618 – 713.

McLure, Charles Jr. 2000. "Implementing Subnational VATs on Internal Trade: The Compensating VAT (CVAT)." *International Tax and Public Finance* 7 (6): 723 – 40.

Mookherjee, Dilip. 2004. *The Crisis in Government Accountability: Essays on Governance, Reform, and India's Economic Performance.* New Delhi: Oxford University Press.

Mukhopadhyay, Sukumar. 2005. *Economics of Value Added Tax: Theory and Practice.* New Delhi: Centax Publications.

Municipal Corporation of Delhi. 2003. "Property Tax Reform." Report of the Expert Committee, Government of National Capital Territory, Delhi.

Nam, Chang Woon, Andrea Gebauer, and Rudiger Parsche. 2003. "Is the Completion of the EU Single Market Hindered by VAT Evasion?" Working Paper 974, Centre for Economic Studies and Information, Munich.

Nickson, R. A. 1995. *Local Government in Latin America.* London: Boulder.

OECD (Organisation for Economic Co-operation and Development). 1999. "Taxing Powers of State and Local Governments." Tax Policy Studies 1, OECD, Paris.

Oomen, M. A. 2006. "Fiscal Decentralization to the Sub-State Local Governments." *Economic and Political Weekly* 41(10): 897 – 903.

Palkhivala, Nani A. 1994. *We the Nation: The Lost Decades.* Delhi: UBS Publishers' Distributors Ltd.

Panagariya, Arvind. 2006. "Graft or Not to Graft Growth." *Economic Times*, New Delhi, 20 April.

Pope, Jeremy, and Frank Vogl. 2000. "Making Anticorruption Agencies More Effective." *Finance and Development* (June).

Rao, M. G. , and Pinaki Chakraborty. 2006. "Multilateral Adjustment Lending to States in India: Hastening Fiscal Correction or Softening of the Budget Constraint?" Paper presented at World Institute for Development Economics Research Conference, Helsinki, June, 16 – 17.

Rock, Michael, and Heidi Bonnett. 2004. "The Comparative Politics of Corruption: Accounting for the East Asian Paradox in Empirical Studies of Corruption, Growth, and Investment." *World Development* 32 (6): 999 – 1017.

Rose-Ackerman, Susan. 1978. *Corruption: A Study in Political Economy.* New York: Academic Press.

______. "Reducing Bribery in the Public Sector." In *Corruption and Democracy*, ed. Duc V. Trang,

21 – 28. Budapest: Budapest Institute for Constitutional and Legislative Policy.

Sarkar, S. B. 1989. "French Customs Administration under the French Revolution." *Excise Law Times* 40: A27 – A39.

________. 2006. *Words and Phrases in Customs, Excise and Service Tax Laws.* New Delhi: Centax Publications.

Schacter, Mark. 2005. "A Framework for Evaluating Institutions of Accountability." In *Fiscal Management*, ed. Anwar Shah, 229 – 45. Washington, DC: World Bank.

Shah, Anwar. 2006. "Corruption and Decentralized Public Governance." In *Handbook of Fiscal Federalism*, ed. E. Ahmad and G. Brosio. New York: Edward Elgar.

Shanda, Xu, and Wang Duoshu. 2004. "Land and Property Tax in China." In *International Handbook of Land and Property Taxation*, ed. Richard Bird and Enid Slack, 165 – 74. London: Edward Elgar.

Swamy, Anand, Stephen Knack, Young Lu, and Omar Azfar. 2001. "Gender and Corruption." *Journal of Deveopment Economics* 64: 25 – 55.

Verma, J. S. 2001. "The Judiciary and Judicial Reforms." *In Political Reform: Asserting Civic Soveregnty*, ed. V. A. Pai Panandikar and Subhash Kashyap, 144 – 80. Delhi: Konark Publishers.

第二部分

地方预算

第五章

预算模式：选择和内涵

艾瑞恩·罗宾（IRENE RUBIN）

本章描述了不同的地方预算模式，它们潜在的假设和可能的结果。本章起始于预算范围的确定（包括时间框架和那些包含或排除在预算之外的项目），然后转向预算中法律法规透明度的程度，结束于组织支出的不同方式及各自的优缺点：将部门总计支出拆分成明细支出，或者是对项目进行一次性拨款。本章旨在帮助预算者选择一种模式以应对他们特殊政策问题、法律环境和挑战。尽管主要模式的选择由国家层面作出决策，但是地方官员通常可以用附带方式来补充官方预算，解决地方问题和支出安排，这对于媒体和居民来说是可以理解的。

预算模式强调某些信息，同时也会弱化某些信息，进而决定了人们从预算中获得什么信息。这使我们知道什么分析容易做，从而知道什么问题容易解决。一些预算模式是使用者友好型，不仅选举的官员可以使用，媒体、市民也可以参与，而有些模式是枯燥乏味、令人生畏的。预算文件有可能符合法律的规定，但却既不适合当选的官员，也不适合公众，或者它对于一个组织适用，而对另一个却不适用。预算模式并不必然影响资金支付总量，但它会形成决策框架，影响所做的比较，引导当选官员哪些是重要的政策考虑，哪些是没有明显政策内容的细枝末节。除此之外，某些预算模式告诉利益相关者财政约束、法律、税收和政府间的关系是什么。该模式可以给予公民一种所有权并控制或疏导他们。它可能倡导公开、透明和有责任感的政府，但也有可能指向反面。

预算设计可强调合法事项以及财政控制以防止过度消费；可以引起对效率和效果的注意以提高管理；它可以明确财政裁量权，从而使行政管理者具有责任感，不仅对他们获得的资金，而且对需达到绩效。预算文件对于立法主体或媒体和公众来说是一个主要的责任工具。但是一般来说，预算不可能同时完成所有这些目标。官员必须选择哪一个目标是最重要的，并引导预算达到这个目标，或发展一个混合模式，通过某种方式达到多种目标。

模式的选择不仅依赖于当时什么政策问题是最重要的，还要考虑执行的难度。一经设立，一些预算模式在形成数字及检验其准确性等方面的维护成本较高；某些模式则更容易被歪曲或误解。相比之下，保持单一模式，政策制定者可以尽快熟悉并作逐年的比较，这比繁琐的综合模式更加有利。进一步说，预算办公室可能无法控制在预算模式下作出的决策，比如项目是否跨越行政单位界限，或者会计系统是否具有灵活性。

一、范　　围

关于范围的决策主要有两个内容。其一是收入或支出项目是否应包含在预算之内还是在预算之外。其二是预算覆盖的时间范围，以及预算数字中反映的年度数字。

关于收支的决策，即便它们覆盖的时间范围不同，预算应包含所有的资本项目和经常性支出吗？即便贷款时间可能比经常性预算或资本项目时间更长，预算也应包括借款和贷款偿还吗？即便补助指定了特定用途并在地方政府可控决策之外，预算应包括来自于其他层级政府的补助收入吗？即使有些收入不能用于其他类型的支出，那些像商业化运作的，用于提供公共服务的资金又怎么列示呢？如污水处理或供水，或公立医院收取服务费。对于一次性收入如何处理？比如财产或设备处置收入或以前年度资金账户。对于实物捐赠怎么描述？预算应包含员工信息，比如数量、职位和成本吗？它应该包括主要服务合同吗？

最短的预算时间跨度是一年——下一年或所谓预算年度。预算应包括预测以显示预算年度支出对未来预算的影响吗？比如，说明一项新的资本项目将提高或降低经常性支出，或者当前预算年度借款将影响未来年度借款吗？有时预算或财政办公室作出10年的收支计划用以比较发展趋势，从而预测支出增长过快或收入增长过慢。如果关注长期预算平衡的话，应将此分析包含在预算文件中。

预算通常包括对当前年度收支的预计，使政策制定者能对当前预算与预算提案作比较。由于当年的数字仅仅是估计的，预算者可能还需要用到上年的实际数字。包含几年历史数据的预算将帮助预算者核实是否某些项目的增长超出控制，支出总体上升，或无法使工资与价格上涨保持同步。

总体来说，无论是覆盖范围或是时间跨度，覆盖范围广的预算要比范围窄的要好。包含企业资金、补助收入、贷款和债务偿还、以及合同的预算具有明确意义，把这些项目排除在预算之外，可能会使其从公众视野消失，使管理弱化，回避审查。此外，覆盖范围广泛的预算明确划分各种来源的收入及其支出。范围广泛的预算，尤其是包含预算决策对未来收支趋势影响的预计的预算，可以提高责任度和透明度，有助于维持良好的预算管理。

范围宽泛的预算也有一些缺点。在市级预算中不应包含过多细节，这取决于法律和地方环境。综合预算有时太复杂而难以准备或无法解释。它可能混合了各种不同质量的数据，蕴含着不真实或不合法的市级政府控制，或者将信息隐藏在平实的外表下，因为它们提供了太多的详细说明。

从各种来源的角度考虑综合预算面临的挑战，某些是因为受限制较大，某些是因为时间计划与预算的时间跨度不同（见专栏 5.1），某些来源难以通过金钱控制。例如，自愿劳动力或实物贡献值多少钱？在公私合作中，私人贡献如何来估价，是考虑专家的意见还是经验？在支出方面，减税优惠或税收激励在垃圾收集或道路维护上的支出可能有所不同。把不相称的项目放在一个预算内，并进行加总在技术处理上是困难的，实际上也将产生误导或建议，比如，这些项目是相似的，或者他们在某种意义上是可互换的，或交易可在他们之间进行，或者该市对每个项目具有相同的控制度。

综合预算的另一个缺点是它包括一些市级政府对其不负法律责任的项目或计划。这将使公众认为该市可以控制相关支出。除了增加错误的预期外，当项目或计划管理不善或彻底失败时，这种作法将使城市承担某些法律的、财政的责任。

专栏 5.1　混合支出的处理

假设一个协会购买了一件办公家具并分几年支付。每年在预算中列明该项目，以及当年的支付额，但是并不说明该支出只是部分支出，其他付款还需在下年进行。结果，在任一指定年度，看起来该协会所支付的数额要小于项目的真实成本。如果有人对几年来的预算进行检查，将会产生疑问，是否购买了一件或几件家具，或是否付款被拖延（列在以前年度却直到当前年度才支付）。

该例子中的问题源于将每个预算年度内的经常性支出与成本跨越几年的资本性支出混合了。此案例的解决办法是对资本性项目和经常性项目进行区分。资本性项目将显示整体金额及每年的支出额，包括预算年度。

资料来源：作者。

最后，某些信息难以获取。当市政府与私人部门签订合同时，政府通常只不过是知道他们需在合同中支付多少钱。与政府有正常交易关系的企业是半独立实体，他们自己解决融资问题。

使综合预算的弊端最小化的一个途径是对包罗万象和合并考虑加以区别。即预算可以包含许多种类的收入、项目以及不同阶段的活动，对于决策制定的时间跨度也不同，但是不要将它们合并，不加区别的对待，或者在它们之间加以取舍对待。通常应将资本项目分离出来，因为它们的时间跨度不同，并且它们有时可以通过借款融资。类似地，包含在预算中的特定目的补助和企业性资金也应被隔离开来，因为这些收入不能用于其他政府目的资金使用。辅助分析和补充明细，像债务偿还计划，可包含在附件中用以强调收入来源的相对独立和充足，同时提高现金流入或流出每个预算案的透明度。包含这些分析的预算不仅可以揭示政府服务的范围，也可以揭示服务的财务状况。

债务偿还计划尤其有用，因为它们可以用于评价一个主体的财务状况和债务负担情况，从而评估其未来通过借款融资的能力。如果过度借款已经或有可能出现，那么将偿债计划包含在预算中是个好办法，对于那些不通过借款开展资本项目的城市来说，偿债计划就没有必要了。

人力资本相比于金钱来说是完全不同的资源。人力支出可被合并在预算中或包含在附录中。如果将人力资本包含在预算中，这些信息可列入部门或项目的预算，临时及固定雇员的数量和成本，工作时间，超时工作成本以及福利也要列入其中。有时这些信息显示在预算中过于繁琐，因此包含在附注中，使得主预算文件仅显示人力资本总金额。包含人力明细的列表可通过显示何种职位较多或支出较大来控制“任人唯亲”现象。但同时，它可能会因为过多考虑政治事件而分散注意力。为了避免在每个职位、在职者和工资等之间发生争论，人事概要可能是一个好的选择。

总而言之，预算可以是范围广泛的，并通过区分不同内容来解决不相称或不可比项目的问题。预算包含什么在某种程度上取决于地方问题，比如超员或借款过多等。那些城市不负主要责任或没有财政裁量权的支出就不应包含在内。

以供水服务为例，城市可使用市政部门劳动力直接供水，在这种情况下，服务应包含在预算中；也有可能由收费而不是收税的公共企业进行供水，在这种情况下，服务是否包含在预算中要取决于城市是否对水供应负责，或主要收入是否归属于供水单位（见专栏5.2）。如果城市对供水政策、资金管理或人事没有管理责任，在供水企业与其他城市资金之间没有内部依存或转移，那么供水企业就应排除在城市预算之外。在那种情况下，预算可将读者指向互联网或其他位置以获取企业信息。

许多地方政府大量资金来自于中央政府的转移支付。这些转移支付可能支出在任何方面，也可能被限定特定目的，如经济发展计划等。在市级政府对于支出具有裁量权，同时对支出审计负责的情况下，补助资金应包含在市级预算中。如果补助资金来自于中央或省级政府，在地方使用，但市级政府没有任何配套投入，那它就不应列入城市预算收入中。

专栏 5.2　例子：何时将企业资金包含在预算中

在南非的约翰内斯堡市，市民可以免费使用一定量的水，超过部分需要付费。约翰内斯堡水务公司是一家与市政厅具有正常交易关系的实体。该公司自行安排雇员及管理，但该市是供水公司的独资股东和客户。城市提出要求，追踪绩效，保持客户关系。为了弥补“免费”水的成本，市级政府以补助的形式从一般财政收入中向该单位拨付资金。如果补助存在并且城市可以对需求和绩效进行控制，那么水供应包含在预算当中。实际上，约翰内斯堡水务公司的收入和支出是包含在预算中的，也就是每年补助的金额。

资料来源：http：//www. joburg. org. za.

与责任和自由裁量权的程度相类似，外溢效应或内部相互依存度是判断补助资金是否应包括在预算中的另一个决定性标准。有时中央或者省政府提供资金去执行特定计划，市级政府必须按要求承担任务。如果上级补助资金要求市级自有资金进行额外的配套，那么就暗示着预算应把补助资金及其附带要求包含在内。否则，预算的优先权也就没有任何意义，国家层面选择也会被错误地归因于地方政府。而且，显示上级补助需要地方政府配套多少，有助于市级政府了解无资金支持的强制命令的成本，并有助于抵制它们。如果这种强制命令很重要，补助应被放置在预算中的独立部分，第一列显示政府之间的收入，第二列显示被融资的项目，第三列显示地方政府配套资金或额外支付。另一种类似显示信息的方式是为特定用途补助设立独立的资金，并在预算中设置描述该资金的位置，包括执行指令项目所必需的从一般预算中转移的资金。任何从该项资金中进行的转出也必须记录，用以说明补助资金中有多少被用于一般行政支出。将这些转移资金透明化有利于确定补助资金是按照指定用途被使用的。

多年数据的包容性使决策者和公众都可以理解当前决策的结果。在制定决策时将这些成本透明化可以避免选举官员把不相称的当前支出转嫁给未来的纳税者。多年数据的列示可以使读者认清趋势，尤其是那些与预算平衡相关的要素。短期的包容性同样可以防止为使预算显得更加平衡，而在财政年度内来回改变预算支出。这种包容性有利于财政控制，同样也有利于预算透明。

除了这些理论上的优势之外，现行的综合预算在长期计划方面有些弊端。第一，长期计划，除偿债计划和长期合同之外，一直是不精确的，而且时间越长，就有可能越不精确。将不可靠的数据放置在预算中，并且不将它们与可靠的数据相区别会给读者造成混乱，并降低预算总体的可信度。第二，如果长期分析所揭示的迫切问题发生了转变，实际危机感的缺乏将降低对未来预警的可信度。第三，附加的年度数据不一定有助于形成更有告知性的预算。多年的数据的惯性会掩盖当前决策的判断，而不是使它们更加明确。最后，众所周知，长期计划对基本假设十分敏感，所以它可以显示任何行政管理者希望它显示的东西。

但是如上所述，预测预算提案对于未来支出和平衡的影响，有助于强调对当前支出趋势的认识，而不是未来的影响。这些预测对缩短同意授权的趋势是有用的，而不管收入的增长或借款的合法性，对偿债资金来自哪里也不必过分关注。但是这种形式的财政控制也有可能过犹不及。在紧急情况下，需要支出，即使支付资金的来源不清也必须执行。关注累计负债或预计的财政失调可暂缓、限制不必要的或供应不起的福利支出，也限制了对未来较为危险的投资。这种约束的一个解决办法是注重投资的未来回报及成本，看两者是否相配。此种分析多少可能有些主观，从而不应被并入预算的硬数据，但是它不仅有助于显示预算的基础假设，使其服从审查和讨论，并且要求决策制定者考虑公众投资支出。

包含多年数据信息和良好预测的包容性预算是很难达到的。它需要合理的收入流预计和多年度的精确数字作为规划的基础。此外，它还要求预算没有由于政治原因而导致的激进变化，没有优先权的变化以及紧急事件发生。

收入，尤其是来自中央政府的收入在某些撒哈拉以南的非洲国家是难以预计的。通常在执行过程中，当选官员有时会基于特别原因介入预算决策，而收入不足将会对正常通过的预算产生阻碍。在肯尼亚 2004 财政年度中，中央政府对地方政府的支出十分接近预期值，但是在预算中地方收入被过高估计了，因此中央及地方的合计收入仅为预算收入的 73%（联邦地方政府论坛 2005）。

在任意给定年度如果收入无法预计，规划有可能远离目标而变得毫无用处。目前，在某些国家建议可行性报告只提前一到两年，当前年度、预算年度以及其后的一到两年。南非预算要求地方政府包含预算年度及另外两年预算。

将预算外企业或实体包含在预算中并使其活动透明化或许是令人期待的，但有时并不现实。现实中预算所需必要信息对于市政预算者来说可能无法获得。当水、电等服务根据合同由私人部门提供时，市级政府可能只能获得合同中指定项目的财务信息。市级政府也只把与合同有关的每年成本放置在预算中。但是如果市级政府对合同规定的服务供应负有责任，它就应像掌握本部门运行一样去了解合同的执行。因此，市级政府将考虑在合同条款中加入提供此类信息的要求。信息在何种情形下有用是不难想象的。例如，倘若霍乱流行，由私人部门合同供水的城市将想要知道多少居民在接受服务，花多少钱购买了什么化学药品用于水净化，污水在哪里处理及怎样处理和倾倒，消费在设备改建项目上的金额有多少。

二、合法的结构

预算受法律法规所限制，无论其如何定义，通常包含对平衡的要求。法规将明确预算应提供以前多少年度的数字及多少年的收入和支出。法规还应明确支出应如何分类并阐明报告要求。法律可能规范项目或经费之间的转移。

官员必须决定是否在预算中包含法规没有要求的一般信息，比如对收入来源的解释和收入计划准确性的解释。即他们要决定预算是一个纯粹的列示收入和支出的法律文件，还是同时也是使立法机构、媒体和公众了解相关内容的工具。预算应包含他们决策的解释、优先权流程的解释，或明确法律没有规定的绩效目标么？预算可以包含所有法律所要求的信息，却采用一种不强调那些规则的形式。

国家政府有可能为所有的地方政府指定预算模式，或者给予地方完全的自由去决定自己的模式。如果中央政府指定了模式，那么预算者的首要事项就是服从法律的要求。但是如果关于预算模式地方具有某些裁量权，那么地方官员可以强调与法律相符合，或提供信息来强调预算的其他职能。如果官员们就某些重要问题与国家政府意见不一致，他们有可能选择后一个战略。中央政府可能更重视财政控制、预算平衡和反腐败措施，而地方政府可能更侧重于政府合法性、有效的服务提供及更广泛地构建相应职能。

对于一些国家来说，分权是近期出现的现象。地方政府可能仍需要商讨并建立他们的独立性。仅反映遵从国家或省级指导方针和规定的地方预算或许不经意间传达了一个信息，那就是分权在某个方面来说就是个骗局。如果公众在市级层次参与优先权的确立，却无法看到其努力对预算的影响，形成这种印象尤其具有破坏性。如果地方要在预算中展示某种独立性，它需要对中央政府提供的预算形式进行自我设计，或者单独为地方消费创建自己的预算。

即使市级官员有了相当的自治权，他们也想表现出服从于中央预算法。例如，他们认为显示以减贫或艾滋病防控为目标的资金如何支出是很重要的。他们也认为在预算中表明按照国家或省级命令进行支出是很重要的，因为这些命令优先于地方政府的优先权，从而可能调整了公众需求的方向。

正常来讲某些合法结构的因素在预算中位置显著，例如对预算平衡的要求。预算编制人不仅需要将总收入和总支出进行清晰的比较，而且还需要显示对平衡的合法要求。例如，如果预算可通过使用以前年度结余达到平衡，那么以前年度的预算平衡就需要作为可查询资源在预算中有所显示；如果以前的平衡是不被认可的，他们就不应被包括此次预算在内。如果一项预算可通过借款收入达到合法平衡——在现金模式下——这些收入就应被包含，但如果这种平衡不以现金为基础，借款就应排除在外。如果在法律约束下部门被禁止超预算支出，那么预算就应记录该部门以前年度的资金分配和实际支出。法律服从的这一面同时强调了责任性和财务遵从。

市级可以通过在预算的支出部分列示上级补助资金所支持的项目，来表明他们是按照国家或省级政府的指令使用上级补助的。例如，如果一个城市获得了针对经济发展的补助资金，它可以列示一个经济发展项目，包括上级补助资金及配套用于该项目的其他资金。只要支出金额或等于大于补助金额，该城市的作法就是符合规定的。

坦桑尼亚 Dar es Salaam 的 Ilala 市政厅列示它的全部收入，并将其按照自有资金和中央政府转移支付进行分组。然后，又分别列出了所有自有资金和中央转移支付承担的支出。在中央政府转移支付类下，将艾滋病控制作为一项支出反映。其支出金额与中央政府对该项目的补助金额完全相符，就像预算中列示的一样（Lubuva 2005）。预算明确显示该城市打算把国家对艾滋病控制项目拨付的资金全部用于艾滋病控制。

中央政府可能在预算中建立一个基本可见的资金结构，借此将某些特殊账户的收入区分开来，比如偿债资金、雇员福利或企业收费。这种结构将禁止、限制收入或结余资金从这些账户中转入或转出。如果对法律的遵从是重要事项并需要加以证明，预算编制人可以将预算分为基金和现收现付方式。

如果对法律遵从的展示不是很急迫，预算者可以设计使用者友好型的预算类别。通常来说，收入列示在支出之前。各自还有内部区分，从而对相似者进行归类。例如，预算编制人可对收入按类型进行分类——例如，按收入来源划分，可分为自我来源收入、政府间转移收入和捐赠收入。预算编制人也可按收入的特点进行分类，比如按指定用途的程度。这样，自我来源收入可被分为财产税和投资收入，他们几乎可用于任何需要，而收费性收入仅能用于与收费相关的服务的支出。补助资金可一方面被分为等额补助或一般性支持，另一方面被分为较为狭窄的特定用途支出。

预算编制人可通过市政部门或项目来组织支出。它可以按照城市对每项职能的控制程度进行分类，在这种情况下，市政部门将是一类，而带来自我收入的企业或商业将是另一类。将预算支出与行政单位相联系强调了管理者对支出的责任；将预算支出与项目相联系强调了任务目标和援助计划。

在撒哈拉以南非洲国家，中央政府常常授命通过市民参与预算而将城市计划与预算进行整合。在这些情况下，地方政府应通过项目来组织预算，显示每个项目的预算分配如何设计，以达到一个或另一个城市规划目标。即预算模式应符合对地方优先权的遵从。

显示对法律的遵从通常在技术操作上是简单和直接的。它可以应用财政部或地方财政部门提供的形式，或用报告的形式代替预算。既显示遵从又看起来不仅仅是国家官僚机构的工具是尤其困难的。对于那些市级政府有权决定的项目来说需要更加注意。例如，如果城市有一项没有明确资金用途的经济发展补助，那么预算应该描述候选计划、决策制定流程（包括利益相关者投入）、最终的项目排序。这些细节可能会唤起对预算中补助资金部分的注意，即使它仅展示了一小部分内容。

在预算规定的位置，地方政府可增加形式灵活、更易于解释的预算表格、附录或图示。如上所述，他们可能会根据中央政府的要求提供一份文件，同时向地方官员、利益相关者和媒体提供另一份使用者友好型的预算。那样，地方政府既可以遵从法律要求，也可以服务于民众的需要。

三、投入预算和产出预算

预算文件可以强调投入——即收入、人员和设备——或者产出，像提供服务的程度（或结果，像减少贫困）。预算很少同时同等地强调两者。原因是投入控制侧重于金钱的使用数量和方式，而不是用来做什么，而产出控制强调生产了什么而不是它是怎样生产的。投入控制通常对每类支出给出封顶线，甚至对每项支出给出封顶线。相比较而言，产出控制通过较为灵活的方式使用投入。这些控制可能将设备和人员投入进行内部交换，或者用资本替代操作成本，反之亦然，视其依赖的目标和成本情况而定。投入控制易于操作也易于理解；产出控制难以操作，他们需要认真报告和敏锐分析。

注重投入的预算来源于财政控制，保证预算根据完成任务所需的劳动力、设备、燃料或电力、保险等的多少进行调整。注重产出的预算来源于管理：在总资源给定的情况下，能为多少人提供什么质量的服务？产出的定位不仅集中于项目，还有对达到预算目标程度的评估。

投入模式认为管理者如被给予更多的灵活性，他们将造成资源浪费——他们会雇用过多员工或购置过多的办公设备。产出模式认为管理者将使用现有资源，采取可能的最优方式去达到目标。原因是他们对用预算分配的资源生产或提供承诺的、一定数量和质量的产品或服务负责，而不对明细支出项目负责。

每种模式都使用了不同的计划观念。在投入模式中，管理者要计算需要多少每种类型的资源以完成该预算年度的任务；在产出模式中，管理者要问他们如何能完成目标，如促进公共健康。投入模式通常会恶化，管理者开始每年为每个明细支出增加小量金额而不是再创造一个计划或改变目标。这种模式是趋于静态的，它不需要大量工作，一些浪费也会年复一年地在预算中重现。产出模式，则需要用更多变的资源模式完成日益改变的目标，需要每年更多思虑以及为错误提供更多的改进机会。每年改变劳动力的数量或在资本和劳动力之间权衡是困难的，甚至是不可能的，因为对于雇员的义务和工作是稀缺资源的环境。从而，操作产出模式的可变性是不存在的。

投入模式下潜在的假设是资源稀缺，并且控制投入程度以及他们的分配将提高效率。投入控制通过明细支出进行管理。在明细支出预算中，每个部门或项目的分配被分解成每项主要购置的成本。相比之下，在大项目预算中，项目或部门管理者被给予一个固定总额的预算，通过各种使用途径来完成特定任务。在明细支出预算下，一旦预算年度开始，管理者的裁量权较小；在大项目预算下，管理者有能力去适应不可预知的环境。

支出明细让读者可以去评估成本估价的合理性，并判断资源是否被浪费。例如，如果预算项目显示纸张花费 300 美元，铅笔 200 美元，三台电脑 1 800 美元，两台照相机 600 美元，读者可能会疑惑为何一个部门需要花费 200 美元购铅笔，是否在这个项目上过度消费了？或一个部门为何需要两台照相机。提供这种程度明细的预算的缺点是读者被大量信息淹没，且他们感兴趣的信息却往往没有。

支出明细预算还有另外三个缺点：第一，信息量过于庞大，从而其形成和传播成本较高。第二，将决策集中在小项目上——是否铅笔的数量是适当的，从去年开始该数量是上升的还是下降的——而不是关注该项目是否有效果和效率。第三，也是最重要的一点，他们通常是不可变的。如果管理者高估了所需铅笔的数量，低估了电话和邮票花费，他/她会发现在不承认管理失误和过度支出的情形下将资金从一个项目转移到另一个项目是很困难的。即使是谨慎使用而节约的资金也很难转移到其他预算支出项目上，因为所有的估计（推测起来）都基于用每种确定量的资源完成一定量工作的计划。

产出预算较小地集中于成本控制，更多地重视是否项目具有成本效益。那就是说，他们在乎的不是一个项目的成本是多少，而是市民想从他们投入的资金中得到什么。这是一个好项目吗？如果金钱是稀缺品，那么项目的成本是重要的，因此需要让资金发挥最大的效用。

产出预算在三个方面影响预算模式：第一，它降低了明细支出预算的重要性，甚至是为了汇总资金而削减甚至不作明细支出预算。第二，它强调项目而不是行政单位（比如部门）。预算报告详细描述项目，比如水净化和分配、道路建设和维修、废物管理，而不是去描述一个公共工作部门。照这样划分预算，使每项功能的成本更加清晰——例如，提供每立方米纯净水的成本是多少。

产出预算强调估价。它便于给定数量和质量的成本的分析。这种分析的一个假设是数字在城市之间是可比的，帮助决策者识别哪些城市用给定金额提供更优质的服务，或者用更少量资金提供了相同质量的服务，从而向这些城市学习。

项目预算是产出预算的基础。绩效评估有助于将多年的宽范围的计划整合进年度预算。例如，假设城市计划到2016年将对全部居民提供清洁的自来水。以预算为目的，该城市需考虑每年将有多少户居民加入城市供水系统，以及成本是多少。城市计划将包括资本需求，以防需要更多的水井或更大的净化能力，同时通往未覆盖地区的水管数量也必须清楚。每年预算都要反映该计划的特定进程将花费多少资金，即在预算年度为给定数量的用户提供清洁用水将需要多少资金。年度末，城市将准备绩效报告以说明是否新增用户达到、超出或未达到目标数量及其原因。规划者将使用该解释帮助决定下年的预算分配。如果购置资本的成本超过了预期，城市有可能提高下年的预算金额或降低下年预计扩充的目标数量。如果解释不充分，过量的成本将意味着无效率，过低的预算分配可能会在下一预算年度导致预算不足。

当绩效评估存在时，项目预算很难设定及维持。因为这些评估方法强调责任制，管理者将选择他们容易成功的评估方法，而不是那些与完成城市计划有关的措施。他们甚至会试图伪造或歪曲他们的报告以显示他们实现了目标。当预算资金不足以完成需求时，管理者可能会忽视基本的却无法考核的任务。他们可能会用质量做交易，因为质量难以衡量，而数量容易衡量。不注重对服务质量进行衡量的评估方法对于依靠质量生存的管理人员是一个打击，同时，对于那些需要用质量去计算项目所需资金的预算编制人来说，这种评估方法也令人感到沮丧。

不管怎样，附有与城市计划无关的绩效评估的项目预算仍是有益的。例如，在缺乏长期城市全面规划以整合绩效措施的情况下，每个城市计划不包含的项目可设立自己的衡量办法，可包括效率的增长或者是服务质量的提高。这些措施无需与预算紧密结合就很有用处：项目可设立一个24小时之内对所有市民投诉进行反映的目标，无需关心成本的多少，并将该目标与次年预算联系起来。

除此之外，某些项目缺乏绩效评估并不影响评估方法对计划者的有用性。绩效评估相对容易的部门可应用并报告绩效评估，同时预算仍有意义，好的绩效通过预算激励给予奖励。这种激励将会对其他部门和项目产生影响，从而引导他们采取某种形式的绩效管理方式。

绩效评估对公共责任和透明度，以及政府的合法性都是强有力的工具。如果市民参与城市规划的设计，绩效评估以与计划符合的方式决定预算分配，那么管理者可使用这些措施去显示他们对计划的重视。对于市民来说其结果可能是带来一种拥有和控制感。

总之，投入控制比产出控制更容易执行。尽管前者意在防止过度支出，但是其不可变性会使好的管理陷入困境，并实际上浪费了资源，因为一个支出项目多余的资源可能正是另一项支出所需要的。他们不重视投入和产出的关系，从而对资源是否被有效利用不做评价。作为一个成本控制工具，分项需要被细化，其结果是预算文件对当选官员和民众一样都过于繁杂。

产出控制对于资源的使用更具有可变性，同时强调产出和投入的关系，或者说关注效率，有时也关注效果。但是他们很难设立，很难与全体计划整合，难以维持，也易于被操纵和失误。幸运的是，绩效衡量可逐步地、实验性地整合进预算，而不损害预算基础结构，也不会使当前年度和预算年度难以比较。

典型的投入控制预算将强调分项支出，并可能显示上年数据以使预算增长达到上年水平。任何激进的变化都会立刻显现。其支出的模式与表 5.1 相近。

典型的产出控制预算与表 5.2 更为相近。在表 5.2 中，人力成本、保险、交通费和通讯费等事项被并入每个项目成本中。这些事项可被分别拆分到每个项目中，但是这样会降低预算的灵活性。

以结果为导向的预算以每个项目的完成为目标。有时它也会报告上年的目标以及其完成程度。例如，在欺诈项目中，预算将展示报道案件的数量、调查的数量以及已处置的数量。目标可包括将欺诈案件的报道数量提高 10%，调查数量提高 10%，以及在即将到来的一年将结案率提高 10%。预算也可能提供无法达到这样目标的解释。

表 5.1　　典型的分项预算　　单位：美元

警察部门	上年实际	本年预计	预算年度
人力成本	100 000	110 000	121 000
通讯费	20 000	21 000	10 000
车辆购置	40 000	44 000	40 000
车辆维护	5 000	5 000	5 000
汽油	500	570	600
制服	450	450	450
保险	1 000	1 300	1 400
合计	166 950	182 320	178 450

资料来源：作者。

表 5.2　　**项目和绩效预算**　　单位：美元

项　　目	上年实际	本　　年	预算年度
行政	16 950	17 000	18 500
盗窃发现	40 000	44 000	42 000
犯罪预防	40 000	42 000	40 000
团伙控制	10 000	11 000	11 000
纵火调查	10 000	11 000	10 000
暴力犯罪和药物控制	25 000	32 000	33 000
欺诈控制	25 000	25 220	23 950
合计	166 950	182 220	178 450

资料来源：作者。

四、选择一种预算模式

在决定预算文件的模式时，决策者应牢记三个方面的问题：第一，他们的法定要求是什么以及他们拥有多少自由裁量权？第二，他们运用一种或多种模式想要完成什么？第三，他们通过首选的方式可以获得预算设计所必需的人力、计算能力、历史数据或会计报告吗？即使模式是合法的和令人满意的，但如果政府缺乏操控能力，或大部分收入不可靠，那么它也不可行。即使模式是好的，但是它违反了地方或国家政府的规定，也不能被采用。

在存在腐败问题或者近来出现分权现象的国家，地方层级不胜任或腐败的程度无法评估却令人担忧时，就需要尽可能关注每一块钱的使用。在这些国家，投入控制和明细支出预算对显示每一美元是否专款专用十分有用。明确显示对补助项目的依法遵从可能是有用处的，但是仅靠使用电子表格形式将意味着分权并未实际发生。按明细和目的显示上级补助收入的定制预算，对于每个项目都有支出明细，可能最能满足公共需要。投入预算的优点是相对简单并容易被决策者所理解，虽然该种预算很乏味并难以吸引公众注意。

在腐败被视为严重冒险的国家，预算应尽可能多地包含项目和资源。不包含在预算中的项目和资源通常是无法看见的。这就为任人唯亲、派系任用、过度支付和无故收费创造了诱人的机会。

忙于分权尝试的中央政府可能不会完全相信他们的地方政府。为此，他们会采用额外报告要求以确定地方政府遵从法规、不进行赤字预算或征收超出市民负担能力的税收的用作支出。在这种情况下，强调预算合法框架的模式是可行的，即使在地方政府的印象里仍然是中央政府说了算。如上所述，在中央政府的一个预算文件和地方消费的另一个特定预算之间需要有折衷。

如果政府合法性是一个关键点，同时公民参与和政府主体是至关重要的，那么通过绩效评估将预算和长期城市规划连接起来的模式将是最可取的。这种模式削减了财政控制提高了腐败的风险（因为给予了行政裁量权）。但是它通过确认公共问题流程，如无家可归、无法获得清洁用水及艾滋病等提高了透明度。

如果财政健康被视为最紧要的问题，那么一个既透明又合法的符合预算平衡要求的模式是大家希望的。在这种情况下，无论对识别和比较收支趋势，还是确保地方政府没有为了完成预算平衡发行债券并在预算中隐藏债务，预算的当期范围都很重要。那种显示预算年度及未来两年的数字的模式可以帮助确保支出没有被转移至下年，而收入也没有为了满足短期预算平衡而从下年转到预算年度。在预算中显示借款以及还款计划是至关重要的。长期合同应被包含其中，即使没有具体细节。如果可能，预算还应对快速增长的项目作出成本估计。

本章参考文献

Lubuva, John M. 2005. “Subnational Experiences of Civic Participation in the Policy Making and Budgetary Process：A Case Study of Ilala Municipal Council in Dares Salaam, Tanzania.” Case Study, Africa Social Accountability Action Forum, Municipal Development Partnership for Eastern and Southern Africa, Harare, Zimbabwe. http://www.asaaf.org.zw/casestud1.htm.

Commonwealth Local Government Forum (United Kingdom). 2005. “Local Government System in Kenya.” Commonwealth Local Government Forum. http://www.clgf.org.uk/userfiles/clgf/file/countries/Kenya.pdf.

第六章

地方政府面向公民的绩效预算

沙安文（ANWAR SHAH）沈春丽（CHUNLI SHEN）

热衷于政府对绩效管理责任的研究而在国家级次产生了大量关于绩效预算和相关改革的文献（即将看到的沙和沈的研究）。然而，绩效预算实际上是源于地方政府预算改革的创新。相关文献没有对这些创新和从中应吸取的教训引起足够的重视。

本章对地方政府的绩效预算给出了介绍性的总览，并通过向公民介绍结果导向型责任框架，分析性地推动此项工作开展。地方政府面向公民的绩效预算是一个允许公民向其地方政府要求权利的工具。该工具适应于当前的公共管理改革运动，强调了绩效责任和公民参与。

本章阐述了地方预算改革的动机，介绍绩效预算，将其与分项预算和计划预算进行对比，分析指导绩效预算应用的因素。本章同时展示了绩效预算的实际应用以及从实际中吸取的教训。最后，本章呼吁绩效预算的制度化建设，通过面向公民的绩效预算赋予公民应有的权利。

本章认定绩效预算是在地方层级给公民赋利的重要工具。然而，这个工具应是宽泛的改革方案的一个有机组成部分，进而营造绩效文化。由于缺乏寻求更好的绩效管理和自下而上的目标责任的激励，绩效预算的引入未必会提高绩效责任。

一、地方预算改革的动机

地方公共预算体制具有几项重要职能。这些职能包括按照政府指令设立预算优先权，规划支出以寻求长期发展，对资金投入实行控制从而确保财政秩序，进行经营管理以确保政府运行效率。另一项职能是提高政府绩效对公民的责任。

从传统意义上看，预算体制无法同时、同等地完成所有这些职能。每项职能的相对比重依赖于预算工具和技术，但更重要的是政府的利益敏感度。预算编制者可以通过控制预算方向来解决这些问题，或者采取混合预算以达到多种目标。

传统的分项预算通过投入/资源的购买来确定支出。它根据支出的用途将其划分为经营性支出和资本性支出。经营项支出包括日常运营成本支出，比如工资，退休金，医疗保险，办公经费，印刷费及水电费等。资本性支出包括购买长期使用资产的支出，比如建筑物，机器设备，办公设备，家具以及车辆等。分项预算的一个重要特点是在预算分配流程中明确了支出上限，各预算单位均不能超支。从而，预算对政府的运行实施紧密财政控制。这种模式的好处是相对简单，并且通过对投入的具体规定潜在的控制公共支出。

分项预算方法对公共计划和管理的效率及效果具有一些负面影响，对公共部门机构的结果导向责任来说也是如此。分项预算强调投入，注重花费多少、如何花费而不是花费了什么。分项预算对于资源使用的效率无从判断，因为它并没有把投入和产出联系起来。分项预算根据投入情况进行决策制定而不是根据项目的效率和效果。支出控制通过中央预算办公室和财政部等机构的操作达到微观管理，加强了机构内部的层级间的控制。公共管理者仅有有限的管理灵活性，从而不能为政府行为的业绩负责。

总之，分项预算对于设置优先权，便利规划和保持对投入的财务控制十分有用。但对于管理操作和保持政府对其业绩的负责性用处不大。由于地方层次的决策制定更加接近于人民，分项预算的有限性使其无法被地方（层级消息灵通）的选民所接受。因此，工业国家的地方政府，尤其是丹麦、瑞典、瑞士和美国，在过去的20年里，把地方预算转换为大众支持其项目的工具。他们这些创新促使预算文件不仅详细记录了支出，还提供了地方支出效率和效力的信息（见表6.1）。

表 6.1　　　　不同预算模式的特点

特点	分项预算	计划预算	绩效预算
内容	目标支出（投入/资源）	为了共同目标进行的一组支出行为	为实现特定目标的结果导向链
模式	购买的经常性和资本性投入	以项目定支出	各个目标投入、产出、影响的数字
定位	投入控制	投入控制	注重结果
相关的管理范式	层级控制，缺乏管理裁量权	层级控制，对项目内部活动在分配中具有管理上的灵活性	对投入和项目设计具有管理上的灵活性，但是对提供的服务和产出效果负责

资料来源：作者。

二、绩效预算：基本概念

绩效预算是一个展示预算资金的目的和目标，预算项目成本和为了达到目标进行的相关活动的成本，以及每个项目获得的产出或服务的预算体系。一个综合的绩效管理体系通过投入/中间投入（即生产产出的资源），产出（获得产品或服务的数量和质量），结果（达到项目目标的进步），影响（项目目标），以及覆盖人群（从项目中受益或者受损的人）来衡量整个的结果导向链（见图 6.1）。

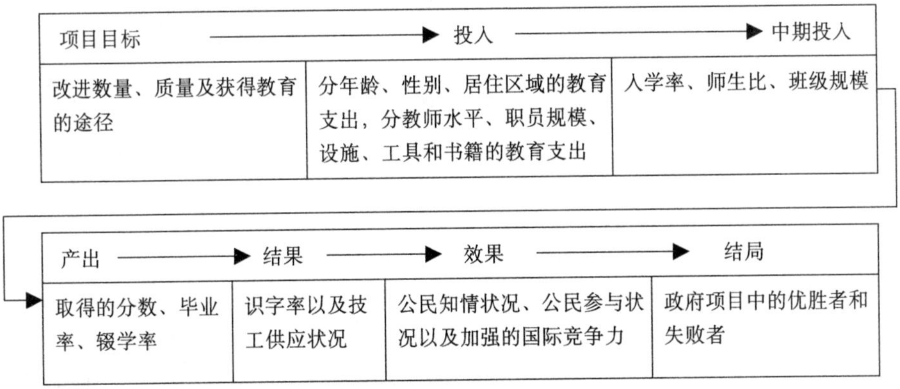

图 6.1　绩效预算结果链

资料来源：Shah 2005：217。

作为导向链提供的信息的副产品，绩效预算可以产生有关政府运行效率和质量的有用指数。这些指数包括质量（对服务的评估，如及时性，易得性，礼貌，准确性），客户满意度（使用者对服务的评级），生产率（工时产出率），效率（每单位产出的成本）。

与传统的分项预算相比，绩效预算可以更灵活地使用财政资金并提高了对结果的负责性。绩效预算把讨论的重点从具体的预算项目转移到特定服务达到目标的绩效，因此也支持了预算的决策制定。绩效预算通过赋予项目或部门经理固定的一次拨款用于各种不同需要，以便在服务提供中达到一致的结果，提高了管理的灵活性。公共管理者喜欢这种提高的管理决策权，但也对他们在服务提供绩效上的结果负有责任。表 6.2、表 6.3 和专栏 6.1 分别显示了分项预算、项目预算和警察部门的绩效预算。

表 6.2　　分项预算　　单位：美元

分　　项	2004 年通过预算	2004/12/31 预计	2005 年预算
月薪及工资	741 000	741 000	1 002 000
人事支出	222 000	197 000	300 000
制服费	7 000	7 000	12 000
办公运行支持	3 000	4 000	5 000
燃油	14 000	14 000	22 000
小工具和设备	2 000	2 000	2 000
专业服务	4 000	5 000	5 000
通讯费	19 000	13 000	25 000
保险	11 000	10 000	11 000
水电费	—	1 000	20 000
清洁、采暖通风与空调等设备维护	25 000	5 000	5 000
杂项	1 000	0	1 000
政府服务调度	38 000	38 000	53 000
设备和家具	9 000	9 000	12 000
电脑硬件和软件	—	1 000	24 000
防毒和禁毒教育	2 000	1 000	2 000
差旅费	1 000	1 000	1 000
培训	8 000	8 000	9 000
警员支出总计	1 107 000	1 057 000	1 511 000

资料来源：从 Duvall 改编，华盛顿，2005。

注：HVAC 表示采暖通风与空调；—表示没有。

表 6.3　项目预算　　单位：美元

项目	2004/2005 财政年度实际	2005/2006 财政年度通过	2005/2006 财政年度修改	2006/2006 财政年度预期	2006/2007 财政年度通过
监护管理	104 700 000	128 156 000	139 790 000	133 769 000	144 025 000
集中操作	12 799 000	15 561 000 000	16 367 000	14 352 000	17 566 000
强制	53 466 000	57 694 000	61 506 000	63 841 000	70 664 000
大楼运行和维护	1 761 000	—	760 000	—	2 040 000
管理服务	17 557 000	19 750 000	20 175 000	18 521 000	13 902 000
各级政府	—	—	—	—	8 619 000
项目支出总计	190 333 000	221 161 000	238 598 000	230 483 000	256 816 000

资料来源：改编自 Maricopa 县，亚利桑那州 2006。

注：—表示没有可用数据。

地方政府主要负责提供核心公共服务，固体废物收集和处置，防火，供水和卫生。这些服务都是高度可见的，也相对容易被评估，这使绩效预算的应用成为可能。绩效预算不仅为更好的政府管理提供内部需要，也让公众获知政府正在做什么以及效果怎样，因此这种预算激发了公众投入。

与分项预算相比，绩效预算对项目应用了一次拨款法而不是具体的支出项目分类。它强调项目目标，这有助于公众知晓项目成本和收益。它依赖于测量、评估和绩效报告，这有助于公众评估政府绩效，影响预算决策，保持政府职责。

专栏 6.1　绩效预算

任务陈述：提供关键警力服务确保安全的社区环境，以保护在 Sunnyvale（桑尼维尔）居住、工作和来访者的生命、财产和其他权益。

项目：警察野战勤务

项目结果陈述：提供警力服务直接对桑尼维尔境内的紧急情况和个人及企业需求进行反应。

绩效目标：

- 紧急事件：对 90% 的此类事件在 4 分 30 秒内反应
- 急迫事件：对 90% 的此类事件在 11 分钟内反应
- 火灾紧急事件：对 90% 的此类事件在 6 分 30 秒内反应
- 特快专递（EMS）紧急事件：对 90% 的此类事件在 7 分钟内反应
- 警察介入的交通事件：10% 的时间是自发的或观察的反应
- 所有的警力事件：10% 的反应是自发的或观察的

行动	2004/2005 年 当前发生的（美元）	2005/2006 年 打算提出的（美元）
行动 481100，481101：对公众反应的巡逻		
产品：大量事件		
成本	7 757 170	8 571 575
产品	45 000	45 000
工时	80 475	80 475
产品成本	172	190
行动 481110：对火灾事件反应的巡逻		
产品：大量事件		
成本	913 834	1 010 397
产品	650	650
工时	9 544	9 544
产品成本	1 406	1 554
行动 481120：对 EMS 事件反应的巡逻		
产品：大量事件		
成本	913 834	1 010 397
产品	750	750
工时	9 544	9 544
产品成本	1 218	1 347
行动 481130，481131，481132：对交通事故反应的巡逻		
产品：大量事件		
成本	1 664 129	1 839 791
产品	7 500	7 500
工时	17 378	17 378
产品成本	222	245
行动 481150：辅助行动		
产品：一工时		
成本	371 842	411 167
产品	3 733	3 733
工时	3 733	3 733
产品成本	100	110
行动 481160：无目的巡逻		
产品：一容量小时		
成本	3 014 636	3 332 610
产品	31 542	31 542

行动	2004/2005 年 当前发生的（美元）	2005/2006 年 打算提出的（美元）
工时	31 542	31 542
产品成本	96	96
4810 服务提供计划总计：警察野战勤务		
成本	14 635 445	16 175 937
工时	152 216	152 216

资料来源：改编自桑尼维尔市，加利福尼亚州（2005）。

简单地将预算的编制从分项改为结果导向的结构不会改变预算的结果，预算的流程或管理者行为。有效的绩效预算体系依赖于绩效衡量，战略规划和绩效管理。战略规划将绩效定义为被衡量；绩效衡量和管理是绩效预算体系的先决条件，需要可信赖的绩效信息和绩效追踪。

（一）绩效预算下的预算流程

绩效衡量在预算周期中起着至关重要的作用。在编制预算中，预算编制者可以将绩效指标包含在预算说明中，用以展示令人期待的绩效水平；个人服务机构可以使用这些指数展示他们过去的成绩，并有助于他们的预算评估和需求。在预算立法中，预算信息有利于预算的决策制定。机构可以使用绩效信息去调整他们的预算需求，立法者可以使用绩效信息来详细说明预期的服务数量和质量。此外，绩效信息有助于居民和政府之间的交流，使居民介入预算的决策制定。在预算执行阶段，管理者可以使用绩效指标来阐明管理目标，追踪这些目标的成效，以发现操作的问题。统一的绩效信息为公共管理者提供了一个标准用以比较不同时间或不同管辖权之间的绩效。在预算评估和审计中，绩效指标与预算筹资的信息一起帮助政策制定者精确计量公共项目的效率和效果。

（二）地方层次绩效预算的公民参与

在缺乏公众参与的情况下，绩效预算容易成为一种内部官僚演习。公民的参与有可能强化政府对公民的责任感，使政府响应好公民的喜好。

选民的支持对于维持绩效预算改革是必要的。公众的参与同时确保了收集、评估和报告的数据的可信度和可靠性。参与设计绩效指标、确定绩效目标以及评估预算能够赋予公民一种主人翁意识。而且，公民参与为持续的绩效预算改革提供了一种环境，但这常常是需要用高成本来维持。如果缺乏公众的支持和协助，管理者和员工将不可能明白结果导向方法的现实价值，也不能做到有效的执行和运用（Perrin 2002：11）。

三、绩效预算改革的考虑

绩效预算改革的实施引发了许多思考。

（一）绩效评估和报告

有效的绩效预算体系高度依赖于可信的绩效评估和报告。因为绩效评估和报告并不直接影响预算分配，对于公共管理者来说他们并不直接引发财政危机，因此对于改革来说是一个合适的切入点。绩效评估和报告系统的构建给政府工作人员提供了一个就项目目标和绩效评估达成一致的机会。一项对佛罗里达州 3 个县的市政当局地方官员的调查显示，93% 的应答者认为他们城市中的绩效报告和管理比绩效预算本身更重要（Wang 1999：543）。

绩效预算体制要求从各种不同角度对公共项目进行评估，比如投入，产出（生产商品和服务的数量及质量），效率（产出的单位成本），服务数量（例如及时性，易得性，礼貌，准确性和满意度），以及结果（完成项目目标的进步）（McGill 2001；Wang 1999）。不同的评估方式用以评估预算执行的不同方面。多种评估方法的使用是由于投入，流程和结果之间较为模糊的关系，这是公共项目的内在特点。换句话来说，与政府项目相关的产出或服务的质量不能仅从产出进行推断。因此，管理者必须监督整个结果导向链以有效管理政府项目。

（二）聚焦产出的绩效管理模式

绩效管理是成功的绩效预算的先决条件。不对结果进行管理的政府也无法对结果进行预算。绩效预算只有成为总的绩效管理战略的一部分才能被普及。

Donald Kettl（2000）对两套绩效管理战略进行区分，一个依赖于市场化的分配，另一个依赖于管理规范和能力。前一个战略，“使管理者来管理”，描述了预算分配和竞争压力，新西兰正在实行。后一种方法，“让管理者管理”，这种方法在澳大利亚和瑞典使用。两种方法都赋予管理者所需的提高绩效的灵活性，但是前者依赖于刺激和竞争，而后者依赖于良好的意志和信任。此外，两种方法对于公务员的奖励不同。如果组织达到了绩效目标市场方式使用绩效为基础的契约对首席执行官进行货币上的奖励。权利授予方式认为公务员更多的是被公共服务的内在奖励所激励，而不是物质利益。

为了引入公共部门从投入控制到产出责任的文化转变，新西兰已通过将私人部门管理和评估方法引入核心政府职能来完成公共部门的转型。该国修订了公务员的任期，将所有的公共职位以一套统一的结果为基础进行合同化。即使央行的管理者也需要与议会签订合同。在该合同期内，该官员的任期与经过限制的每年不超过3%的通货膨胀相联系。该国在分配上赋予项目管理更多权力，在政策框架和预算内的预算分配和项目执行上给予管理者灵活性和自治权。此外，新西兰引入了资本占用费和权责发生制，为每项公共部门活动的资源成本提供了一幅完整的画卷。它将非公共职能商业化和私有化。新西兰引入的公共部门产出责任契约化将该国高度保护和管制的经济转型为开放的和撤销管制的经济，为公共部门瘦身，使之更有效率（Walker 1996）。在地方层级可以看到更显著的成果。例如，新的契约制促成了 Papakura 镇财务状况的好转，消除了债务，降低了税收，提高了公共部门服务供应的质量和数量（沙 2005）。

管理责任必须基于产出而不是结果，因为结果超出管理者的直接控制，难以定义和定量，无法作为成本基础来使用。将结果直接与管理行为和决策联系起来是困难且不切实际的，因为结果与项目行为在时间和空间上都相距遥远。结果难以识别和量化，那是因为衡量它们的时间范围通常跨越项目结束之后的一段时间，总体上不与项目的预算周期同步。计算达到结果的成本要比产出的成本困难得多（Kristensen，Groszyk，Bühler 2002：16）。结果通常不是一个项目的孤立的单一进程的结论，而是许多计划和非计划进程以及其他因素相互作用的结论。因此，让公共管理者对结果负责是不适宜的，也是不切实际的。而像马来西亚和新西兰采用的聚焦产出的方式为责任制提供了更大的潜力。然而，结果也应被监督，只强调定量产出会扭曲机构对于项目的社会影响力的理解。

为了培养产出导向型责任制，政府需放松中央投入控制以提高管理的灵活性。政府可以通过整合各种预算支出为单一的运行成本支出（这其中人员支出是最大成分），以及简化各种不同的中央管理规则来完成这个任务。如果这些规则禁止灵活性，整合预算支出也没有什么意义。瑞典在人力资源管理上为分解中央控制的经验提供了一些有趣的观点。

（三）绩效预算作为决策制定的工具

寻求绩效和资源配置之间的直接联系不是我们想要的，因为绩效信息无法为预算决策提供足够的基础。绩效信息充其量只能作为引领未来发展方向的因素。此外，预算决策包括价值判断。由于过去的绩效信息可为未来的发展重点提供一定基础，政策制定者必须对各种分歧的观点进行考虑来决定未来的最佳行为（Perrin 2002：41）。而且，他们必须考虑其他一些因素—例如，法律或政治原因产生了某些政府项目，它们不会因为糟糕的绩效而被放弃。没有人会强烈建议取消一项缺乏效率的医疗保险体制，除非已经想到了更好的办法。目前正在应用绩效预算的北美地方政府在绩效和未来的预算分配上并未建立直接的联系。

四、实践中的绩效预算

美国地方政府绩效预算的经验证明此种预算在地方政府执行起来相对简单，在赢得公众支持率上有较高的回报。政府可以在有选择的部门或机构逐渐实行，也可在地方政府整体实行。或者，可以采取更加循序渐进的方式，通过建立绩效管理和报告体系，最终逐步发展为绩效预算。

加拿大、丹麦、瑞典和美国的许多地方政府已经采用了绩效预算。这些政府的预算对政府绩效提供了有用的信息（见附件6A和6B中美国州、市和国家等各级次的绩效预算概览）。例如，弗吉尼亚 Fairfax 县的绩效预算对于项目目标，预算分配，产出，服务质量和结果提供了信息（专栏6.2是县警力保障预算的例子，附件6C为绩效预算提供了其他例子）。

五、绩效预算成功执行的决定性条件

有几个基本条件对维持绩效预算改革是十分必要的。

（一）实行改变的动机

参与者对于改革的一致需要对于改革的成功履行至关重要。公务员需要认清他们使用绩效管理和绩效预算的动机。这些动机可能是对服务质量和责任的外部需求，也可能是对效率和效果的内部需求（Wang 1999：539）。公务员也必须界定生产者和消费者绩效导向的信息并为该信息的使用采取合适的激励战略。最后，他们必须了解绩效导向的信息在促进管理提高方面比处理预算事项更有用处。

专栏6.2　绩效预算案例：警察巡逻服务（费县，弗吉尼亚州）

如下表所示，费县将其预算资金简化为警察巡逻服务，并将总体目标和具体目标连接起来。此外，它区分了三种绩效导向指标的真实数字和估计数字，这三个指标是：产出，服务质量和结果。

资金概况					
项目	2004 财年实际	2005 财年采纳的预算计划	2005 财年修订的预算计划	2006 财年公布的预算计划	2006 财年采纳的预算计划
总支出（美元）	93 518 475	84 535 731	86 954 912	94 807 577	94 827 577

目标

目标是通过提供必要的法律强制力和公共安全服务保护公民及财产安全，同时通过服务协助和可见性来促进参与、稳定、和秩序。

具体目标如下：

保持每万人口的恶意攻击案件率为 4.0 或以下。

保持每万人口的盗窃案件率为 17.8 或以下。

确保每百万机动车行驶英里数与酒精相关的交通事故率不高于 32.9。

指标	以前年度			目前估计 2005 财年	未来估计 2006 财年
	2002 财年实际	2003 财年实际	2004 财年估计/实际		
产出					
调查的恶意攻击案件数	357	399	378/392	386	386
调查的盗窃案件数	1 813	1 713	1 675/1 609	1 682	1 682
拘捕酒后驾驶次数	2 536	2 815	2 665/2. 899	2 689	2 689
与酒精相关的撞车事故数	1 079	1 028	1 016/855	999	999
服务质量					
恶意攻击案件结案率（%）	72. 0	63. 2	65. 1/81. 0	65. 1	65. 1
从派遣到现场的平均反应时间（分钟）	5. 9	6. 1	6. 3/6. 9	5. 0	5. 0
盗窃案件结案率（%）	34. 6	32. 6	33. 0/37. 0	37. 0	37. 0
结果					
恶意攻击案件数（每万人）	3. 7	4. 1	4. 0/4. 0	4. 0	4. 0
盗窃案件数（每万人）	18. 9	17. 5	17. 8/17. 6	17. 8	17. 8
与酒精相关的撞车率（每百万行驶英里）	37. 4	34. 9	33. 7/27. 7	32. 9	32. 9

资料来源：改编自 Fairfax 县，弗吉尼亚州（2005）。

（二）立法支持

立法上的有力和持续的政治支持对于绩效预算的启动至关重要。追求与政治环境无关的内在理性和效率标准将会对主动权产生危害。立法者应介入制定绩效目标，发展绩效指标，监督绩效进程，以及评估绩效结果。如果行政和立法机构对改革的需求和目标意见不同的话，绩效预算将不会成功。

执行绩效预算的法律刺激为改革的预期结果增加了砝码。在对美国州政府的调查中，Willoughby 和 Melkers（2000）发现在行政或立法机构预算者认为绩效预算是“有效的”或“非常有效的”15 个州中，仅有 3 个州（堪萨斯、北德科他和犹他）对绩效预算进行行政要求。其他 12 个州通过法律建立了绩效预算。这些州的预算管理者相比于其他三个州的预算管理者来说更加积极地关注绩效预算的效果（Willoughby 和 Melkers 2000：113－15）。

（三）来自公众的支持和契约

除了有限范围内的立法参与，来自行政外部的支持也很必要。绩效预算应对政府利益相关者提供直接利益作为他们获得支持的交换（Wang 2000）。没有一定程度的公众介入，绩效预算有成为内部官僚实验的危险，将与公众认为重要的东西相脱离。再者，在缺乏公众支持和协助的情况下，管理者和官员不可能理解结果导向方法的潜在价值，或有效地执行和使用它（Perrin 2002：11）。

（四）行政能力

管理和预算改革的历史显示新事物的命运通常不依赖于逻辑概念、美好的意图和合理的价值，而是依赖于操作的要点：人们如何解决实际问题以及他们是否可以保持支持改革的动力。命令在董事会范围内执行绩效评估和绩效预算，尽管具有政治上的普遍性，但在行政上却未必是可行的。倡导实行绩效预算的政治领导人和政策企业家必须给予机构时间去获得必要的能力。

相比于强迫所有的项目遵循一项制度，改革更应尊重机构在制度上的区别，像 Perrin（2002）写到的，发展一个适合机构情况和背景的方法。这种方法能提供给机构有用的信息，用以审视他们所做事情的影响，识别这些信息如何在计划和预算中帮助他们。建立行政能力—认识，信息系统，会计标准，最重要的是，资金潜能—与预算中绩效评估的使用高度相关（Wang 2000）。

能力建设的一个方面是发展一个有效，可靠和统一的财政和绩效报告体系。这种体系为绩效预算提供了数据库。它帮助公共管理者了解投入如何转化为产出和结果。

（五）结果管理的文化

绩效预算是广泛的、一揽子改革方案的必需要素。Schick（2003）观察到每一项绩效预算的持久履行都是在公共管理中通过转换实现和加强的。不对结果进行管理的政府也无法对结果进行预算。在缺乏对提高绩效和加强结果责任的刺激的情况下，绩效预算无法继续发展。20世纪90年代在工业化国家和某些发展中国家流行的“结果管理”改革已将注意力从官僚流程和投入控制转化为结果的责任（沙2005）。

六、地方政府面向公民的绩效预算

如果统治文化起源于命令和控制而不是对市民的责任，绩效预算将是昂贵且无效的。面向公民的绩效预算对于以公民为中心的统治是一个起点。在地方层次上，面向公民的绩效预算与机构环境的创造相联系，在该环境下公民可让政府对其绩效负责（安德鲁和沙2005；沙2005）。在一定程度上反映公民需求的有效公共支出与近期的公共管理改革运动密切相关，强调了绩效责任和公众参与。

发展中国家地方政府的预算和财政管理进程是在闭门自封的情形中进行管理的。公民只有通过公开出版的遵循分项支出模式的预算和财政报告来评估政府绩效（安德鲁和沙2005）。绩效预算产生了便于使用的预算文件并通过绩效评估和报告增强了政府透明度，这促进了预算决策的公民参与。面向公民的预算需要制度安排以引入市民对预算批准和预算执行的投入，并支持市民评估绩效和为民伸冤（见表6.4）。

表6.4　将以市民为目标的预算编制过程制度化

阶段	制定预算目标	预算出价和草案的制定，调整及定型成预算草案	政治代表讨论，修改，和批准预算	预算被执行，进行评估调整，执行被监管	事后评估和控制
特定的制度要求	披露制度：相关资源可用性的市民投入	披露制度：市民对服务需求的投入	反思和披露制度：市民参与讨论，将讨论进程透明化，讨论结果和市民批准的进程予以制度化	报告制度：市民参与和项目监控，以及反应机制	响应和修正制度：市民评估和响应机制
一般制度要求	代表制度知情机制				

资料来源：安德鲁和沙2005。

面向公民的预算需要有地方政府的公民参与。有时地方政府由更高层政府指定的官员掌管，并对高层政府负责而不是对地方公民负责。在政治上不代表地方公众的政府在执行财政事务时很难具有地方公众倾向。

那些试图使预算程序符合国民需求的政府必须为公民投入提供正式渠道。这些渠道主要有两大类：正式的，代表权的制度化形式，或者是平行的，参与机制。后一种方法应用世界各地的真实案例体现在正在迅速发展的文献中。

一些专家认为实现面向公民的预算的最适宜的基础不是平行参与结构，反而是正式代表性的地方政府。发展预算中公民导向的最优选择是公民在具有代表性地方政府的政治和行政机构中工作（安德鲁和沙 2005）。为了赋予公民权利，尤其是一些不满意的公民，必须责令地方政府将公众听证预算的权利向所有人公开。在这些听证中，他们必须对过去的表现提出报告。预算建议和绩效报告必须在听证前广泛公开，在所有的地方图书馆和地方政府办公室都可以查询，并且在网上公布。地方议会将被要求提供带有附注的预算，详细列出对公民参与的回应。这种程序将是公民参与政府改革的一个起点。

七、结　　论

对于工业化国家的地方政府来说，绩效预算是拉拢选民和塑造政府威信的重要工具。这些政府已经展现了该工具在沟通、管理和外部责任等方面的有用性。由于地方层级的民主责任和行政自治，该工具的优势已被广泛认知。像许多发展中国家那样，在缺乏有力的自上而下的责任的机构环境和管理灵活性的情况下，绩效预算将变得无效。在发展中国家，蕴含着公民投入制度条款的面向公民的绩效预算能够引发一次文化转变，从命令—控制型政府转变为响应式的、负责的和负有解释义务的政府。

附件6A：美国州级政府绩效预算综述

在20世纪90年代，许多州政府开始了绩效预算改革（Flowers，Kundin 和 Brower 1999:618）。除了3个州之外（阿肯色州、马萨诸塞州和纽约州）都出台了以绩效为基础的预算要求。其余47个州中，31个对绩效预算立法，另外16个通过预算纲要或说明启动了绩效预算（Willoughby 和 Melkers 2000:106）。

许多州政府（包括地方政府）在预算文件中公布了绩效方法（Broom 1995；

Melkers 和 Willoughby 1998；Tigue 和 Strachota 1994；Wang 1999）。对于许多州来说，发展这些方法的动机不一定是改变预算拨款。缅因州 2002 - 2003 年年度预算将它的绩效方法界定为“明确责任，提升服务，沟通机构对资金投资的努力，让市民知晓他们的税款如何被使用”（Willoughby 2004：24）。威斯康星州将绩效信息视为数据“应刺激决策者关注预算项目进行情况，并对结果关注更多”（Willoughby 2004：24）。

通常来说，绩效信息并不应用于成本、项目削减或改变经费层级，至少近期如此。至今为止，大多数的研究显示绩效预算的创立在提高管理水平上要比预算决策上更有效。Hager、Hobson 和 Wilson（2001）发现只有得克萨斯州，从某种程度上讲，密歇根州在预算决策制定中使用绩效预算。得克萨斯州被认为是应用战略规划、绩效预算和绩效追踪来帮助政策制定者理解如何使公共资金被更有效使用的州中的佼佼者。该州的行政分支预算者声称，实行绩效预算 10 年以后（从 1991 年），绩效预算改变了拨款层次（Willoughby 和 Melkers 2000）。

政府绩效项目（GPP），一个学术—新闻合作项目，定期地评估各州的管理质量，于 2005 年完成了一份新的成绩单。该项目给 5 个州在信息上打 A—路易斯安那州、密苏里州、犹他州、弗吉尼亚州和华盛顿州，这是考核的四个项目的一个方面（其他的包括资金、基础建设和人）。17 个州得 B，26 个得 C，2 个得到了 D。专栏 6A. 1 描述了信息类的评级标准，包括绩效预算。5 个获得 A 的州的预算操作简要附后。

专栏 6A. 1　政府绩效项目对信息的评级标准

GPP 描述了对信息的 5 个评级标准：

1. 战略方向：州积极关注政策的战略方向，关注信息采集以支持该政策方向。

2. 绩效预算：州官员对于成本和绩效的关系拥有适当的数据，当他们作出资源配置的决策时使用这些数据。

3. 绩效管理：机构管理者拥有所需的适当信息以作出项目管理决策。

4. 项目评估：州长和机构管理者拥有适当的数据使他们能够评估政策和项目的实际表现。

5. 电子政府：公众具有适宜的途径获取本州信息，州项目和服务的绩效，并能够为州政策制定者提供素材。

资料来源：政府绩效项目 2005。

路易斯安那州

路易斯安那州设立了电子绩效数据库，即路易斯安那绩效责任体系，以协助州机构存储季度绩效报告。数据库是官方绩效信息的存储处，也是公共绩效信息报告的媒介。拥有立法权的财政官员向预算联合立法委员会提供包含每个机构记录实际绩效水平与绩效标准差异的绩效发展报告的数据概要。行政预算办公室，即立法机构，以及其他几个行政机构对项目结果的成本和与特定活动相关的成本进行对比。该州官员对是否在决策制定中经常性地使用绩效措施意见不一致。

密苏里州

州机构通常提供绩效信息。当他们对州长呈递预算申请时，需要对每个预算单位实际及计划绩效进行对比说明。州长的预算包含覆盖许多政策领域的产出信息，以及来自初等和中等教育部、自然资源部、社会服务部等部门的结果信息。州机构和州长在资源配置的预算程序中使用绩效信息。

犹他州

犹他州的机构和预算程序提供绩效措施。这些措施对于立法机构和州长计划和预算办公室有效，却不在州长的行政预算中公布。犹他州立法机构的财政分析向拨款小组委员会提供在预算决策中可使用的适宜的绩效方法。小组委员会使用绩效信息作出精确的削减资金决定，而不是那种一视同仁的削减，因为那样会危害有效项目。立法机关尤其对项目的复查方法感兴趣，并在预算评审中应用它们。

弗吉尼亚州

选举产生的官员、州预算办公室和机构人事部门可以通过各种不同的途径获得成本和绩效数据，包括绩效管理指数；机构效力报告；以及州长、内阁秘书以及机构首脑之间达成的行政协议。绩效数据也来自于“弗吉尼亚结果”——机构和项目层级的绩效措施，他们并不经常与预算需求相联系。当作出资源配置决定时，机构使用绩效和成本信息，但是立法机构很少使用绩效信息用于决策。预算办公室已经把绩效信息与预算进程之间更紧密的联系作为一项目标。

华盛顿州

华盛顿州拥有提供高质量绩效信息的悠久历史。它的 POG（政府优先权）

系统被视为在政府范围内将绩效信息应用于预算的全国范例之一。大多数机构都提供季度绩效报告；很多绩效指数都直接与 POG 结果相关。Gary Locke 州长在 2003—2005 年两年一次的预算中使用 POG 系统进行预算调整。立法机构也致力于 POG 进程。

附件 6B：美国城市和县级绩效预算综述

20 世纪 90 年代，许多城市和县政府开始实行管理和预算改革（Cigler 1995）。在这些政府中，比如州政府，绩效预算作为追踪和评估服务的责任和管理工具，相比于作为提高预算决策的方法更为普遍。地方政府使用绩效数据来提高项目的效率和效果，增强政府透明度，与市民进行沟通，并（在较小程度上）报告预算决策。

将绩效措施整合为预算成果在地方政府中较为鲜见。分项预算仍是占据主导地位的预算方法。在全国范围内对 50 000 以上人口的县的调查中，Wang（2000）证实结合传统预算和某些绩效预算的混合预算是较为普遍的。

一项对 5 个东南部临近州（阿拉巴马州、佐治亚州、北卡罗莱纳州、南卡罗来纳州和田纳西）人口 25 000—75 000 城市的财政主管的调查显示，1996 财政年度收集和报告绩效方法十分普遍，但是城市预算并没有在任何有意义的方面合并绩效数据（Rivenbark 和 Kelly 2000）。大多数城市（57.5%）采用分项预算；其他城市采用混合预算，典型的是分项预算附有绩效信息。70% 的应答者认为推动预算准备中，以前年度支出是“十分重要的”。在这些例子中，部门报告的绩效信息被附加在说明段中用以详细说明，并遵从专业预算机构公布的规范（Rivenbark 和 Kelly 2000：74）。

1996 年，Wang（1999）对佛罗里达州的 Dade，Broward 以及 Palm Beach 等 2 500 人或以上的自治区地方官员进行了调查。所有的 5 个城市都应用了绩效方法，但是没有一个将其应用在资源配置决策中。有些人认为预算决策是政治性的，只有当绩效预算符合政策制定者的政治日程时，绩效信息才有用。一些人表示使用不可靠的绩效信息将导致不公平的预算资源分配（Wang 1999：542）。

附件 6C：绩效评估和预算实例

下面绩效评估和预算的例子改编自美国两个县的预算。

消防局

资金概要

项目	2004 财年实际	2005 财年采纳的预算计划	2005 财年修订的预算计划	2006 财年公布的预算计划	2006 财年采纳的预算计划
总支出（美元）	92 476 311	99 470 567	106 604 836	121 833 152	124 833 152

目的：

目的是为抢救生命，保护 Fairfax 县居民及来访者的财产安全，对紧急和非紧急情况予以响应。

目标如下：

1. 对于紧急医疗服务（EMS），9 分钟内提供现场高级生命救援（ALS）能力，并且第一个响应者在 5 分钟内使用自动外部心脏电除颤器（AED）（国家防火协会响应标准），以使心肺复活率最少达到 17%。

2. 保持危险物质（HazMat）小组 6 分钟内达到现场的紧急响应率达到 65% 以上。

3. 配置灭火物资，从而至少 50% 的情况下，消防分队会在派遣 5 分钟之内到达，90% 的情况会有 14 人在 9 分钟之内达到（国家防火协会响应和安置标准），保持市民火灾死亡人数不高于 5 人，市民因火灾受伤人数不高于 70 人，火灾损失不超过 2 400 万美元。

指标	以前年度			目前估计	未来估计
	2002 财年实际	2003 财年实际	2004 财年估计/实际	2005 财年	2006 财年
产出					
运输病人数	39 211	39 078	39 652/40 949	41 768	42 603
心脏电除颤病人数	176	142	144/134	140	140
EMS 事件数	60 685	60 306	61 192/62 420	62 115	63 358
总响应事件数	89 246	87 621	88 909/91 373	90 250	92 055
灭火事件数	23 579	21 740	22 060/23 128	22 392	22 840
危险物质事件数	613	136	150/126	130	130
危险物质响应小组的其他响应数	3 460	4 577	4 600/4 714	4 800	4 900
效率					
现场生命救援运输电话的平均时间（小时）	1:04:03	1:03:28	1:03/1:02:43	1:03	1:03

续表

指标	以前年度			目前估计 2005 财年	未来估计 2006 财年
	2002 财年 实际	2003 财年 实际	2004 财年 估计/实际		
灭火和 EMS 事件的平均成本（US $）	1 262	1 341	1 465/1 358	1 484	1 560
日均灭火和 EMS 电话的数量	245	240	244/250	247	252
每组危险物质事件数	153	34	38/32	33	33
每个危险物质小组的其他事件响应数	865	1 144	1 150/1 790	1 200	1 225
服务质量					
9 分钟内 ALS 运输单位到达现场的比例（%）	87.08	85.49	85.00/85.27	85.00	85.00
AED5 分钟内响应率（%）	—	—	–/61.6	61.00	61.00
5 分钟内的火灾抑制响应率(%)	53.93	53.64	53.00/51.38	50.00	50.00
9 分钟内 14 人到达的灭火响应率（%）	—	92.75	90.00/94.83	90.00	90.00
危险事件紧急响应的平均时间(分钟)	5:30	5:11	5:11/5:29	6:00	6:00
结果					
心脏停搏病人进入急诊室（%）	16.5	19.6	17.0/20	17.0	17.0
火灾损失（百万美元）	29.9	16.6	20.0/27.0	24.0	24.0
火灾损失占总财产价值的百分比	0.03	0.01	0.02/0.02	0.02	0.02
市民火灾死亡总数	7	5	5/7	5	5
每十万人中市民火灾死亡数	0.70	0.49	0.50/0.68	0.67	0.47
市民火灾受伤总数	84	51	75/64	70	70
每十万人中市民火灾部分数	8.39	5.00	8.00/6.23	6.71	6.62
6 分钟内危险物质紧急响应（%）	66.2	65.4	65.0/65.8	65.0	65.0

资料来源：改编自 Fairfax 县，弗吉尼亚州（2005）。

注：—表示没有可用数据。

Montgomery 县，马里兰州，固体废物服务

项目：

居民的垃圾处理。

任务：

任务是提供可靠的、方便的 curbside 居民的垃圾收集，从而达到高度的客户满意度。

社区结果：

社区结果包括以下几个方面：

1. 环境改善；
2. 生活质量提高；
3. 儿童及成人健康。

项目评估	2002 财年实际	2003 财年实际	2004 财年实际	2005 财年预算	2005 财年实际	2006 财年通过
服务质量						
错过收集的投诉数量	1 686	3 245	2 614	3 135	1 741	3 000
其他原因的客户投诉数量	507	652	485	650	422	600
每千户投诉数量	6.0	7.7	5.7	7.6	4.9	6.9
效率						
每户平均服务成本	60.03	63.02	63.08	62.79	57.73	63.05
收集每吨垃圾的平均成本	68.74	67.75	64.51	73.75	61.87	63.07
工作量/产出						
服务户数	84 788	85 085	85 034	85 192	86 252	86 410
垃圾收集（吨）	74 044	79 153	83 152	72 531	80 472	86 382
请求服务数	23 492	26 529	25 005	24 300	24 414	25 000
咨询电话数	10 118	9 482	8 678	9 650	6 621	10 000
投入						
支出（美元）	5 090 000	5 362 000	5 364 000	5 349 000	4 979 000	5 448 000
工作年数	12.3	11.9	10.7	11.4	11.7	12.9

资料来源：改编自 Montgomery 县管理和预算办公室，马里兰州（2006）。

本章参考文献

Andrews, Matthew, and Anwar Shah. 2005. "Toward Citizen-Centered Local-Level Budgets in Developing Countries." In *Public Expenditure Analysis*, ed. Anwar Shah, 183 – 216. Washington, DC: World Bank.

Broom, Cheryle A. 1995. "Performance-Based Government Models: Building A Track Record." *Public Budgeting and Finance* 15 (4): 3 - 17.

Cigler, Beverly. 1995. "County Governance in the 1990s." *State and Local Government Review* 27: 55 - 70.

City of Duvall, Washington. 2005. "2005 Budget." http://www.cityofduvall.com/appsformspubs/2005_line_item_budget.pdf.

City of Sunnyvale, California. 2005. "Fiscal Year 2005 - 2006 Recommended Budget." http://www.sunnyvale.ca.gov/Departments/Finance/Budget/Recommended/FY0506 + Recommended/home.htm.

Fairfax County, Virginia. 2005. "FY 2006 Adopted Budget: Volume 1." Department of Management and Budget, Fairfax County, VA.

Flowers, Geraldo, Delia Kundin, and Ralph S. Brower. 1999. "How Agency Conditions Facilitate and Constrain Performance-Based Program Systems: A Qualitative Inquiry." *Journal of Public Budgeting, Accounting, and Financial Management* 11 (4): 618 - 48.

Government Performance Project. 2005. "Grading the States 2005." http://www.gpponline.org.

Hager, Greg, Alice Hobson, and Ginny Wilson. 2001. "Performance-Based Budgeting: Concepts and Examples." Research Report 302, Legislative Research Commission, Frankfort, KY.

Howard, Kenneth S. 1973. *Changing State Budgeting.* Lexington, KY: Council of State Governments.

Kettl, Donald. 2000. *The Global Public Management Revolution: A Report on the Transformation of Governance. Washington*, DC: Brookings Institution Press.

Kristensen, Jens Kromann, Walter S. Groszyk, and Bernd Bühler. 2002. "Outcome Focused Management and Budgeting." *OECD Journal of Budgeting* 1 (4): 7 - 34.

Maricopa County, Arizona. 2006. "Fiscal Year 2006 - 2007 Final Budget." Office of Management and Budget. http://www.maricopa.gov/Budget/Budget Document.aspx.

McGill, Ronald. 2001. "Performance Budgeting." *The International Journal of Public Sector Management* 14 (5): 376 - 90.

Melkers, Julia E., and Katherine G. Willoughby. 1998. "The State of the States: Performance-Based Budgeting Requirements in 47 of 50." *Public Administration Review* 58 (1): 66 - 73.

Montgomery County Office of Management and Budget, Maryland. 2006. "Montgomery Measures Up! For the Year 2007." Office of Management and Budget, Montgomery County, Maryland.

Perrin, Burt. 2002. "Implementing the Vision: Addressing Challenges to Results-Focused Management and Budgeting." Organisation for Economic Co-operation and Development conference on Implementation Challenges in Results-Focused Management and Budgeting, Paris, February 11 - 12.

Rivenbark, William C., and Janet M. Kelly. 2000. "Performance Measurement: A Local Government Response." *Journal of Public Budgeting, Accounting, and Financial Management* 12 (1): 74 - 86.

Schick, Allen. 2003. "The Performing State: Reflection on an Idea Whose Time Has Come but Whose Implementation Has Not." *OECD Journal on Budgeting* 3 (2): 71 - 104.

Shah, Anwar. 2005. "On Getting the Giant to Kneel: Approaches to a Change in the Bureaucratic Culture." In *Fiscal Management*, ed. Anwar Shah, 211 - 228. Washington, DC: World Bank.

Shah, Anwar, and Chunli Shen. Forthcoming. "A Primer on Performance Budgeting." In *Budgeting and Budgetary Institutions*, ed. Anwar Shah. Washington, DC: World Bank.

Tigue, Patricia, and Dennis Strachota. 1994. *The Use of Performance Measures in City and County Budgets.* Chicago, IL: Government Finance Officers Association.

Walker, Basil. 1996. "Reforming the Public Sector for Leaner Government and Improved Performance: The New Zealand Experience." *Public Administration and Development* 16: 353 - 76.

Wang, Xiao Hu. 1999. "Conditions to Implement Outcome-Oriented Performance Budgeting: Some Empirical Evidence." *Journal of Public Budgeting, Accounting, and Financial Management* 11 (4): 533 - 552.

——. 2000. "Performance Measurement in Budgeting: A Study of County Governments." *Public Budgeting and Finance* 20 (3): 102 - 118.

Willoughby, Katherine, G. 2004. "Performance Measurement and Budget Balancing: State Government Perspective." *Public Budgeting and Finance* 24 (2): 21 - 39.

Willoughby, Katherine, G., and Julia E. Melkers. 2000. "Implementing PBB: Conflicting Views of Success." *Public Budgeting and Finance* 20 (1): 105 - 120.

第七章

如何读懂地方预算和评定政府绩效

卡洛尔·W. 路易斯（CAROL W. LEWIS）

撒哈拉沙漠以南非洲国家的预算和预算报告反映了地方政权规模和复杂性、职能和责任、职权和自治、组织和政治结构及程序、法律和财务控制、政府间关系和国际协调以及社会环境和其他环境状况。尽管如此，所有的预算都拥有某些核心特征。本章将着重讨论 10 项主要特征：（1）报告单位；（2）财政年度；（3）经常预算和资本预算；（4）法律状况和预算周期；（5）平衡，或盈余/赤字；（6）总体平衡；（7）基金；（8）收入来源，中央分配和地方裁量权；（9）成本和预算份额；（10）公众关心的问题。由于预算模式多变，因此展示这些核心特征的预算范围广阔，既包括大都市中心区域的复杂预算，也包括小城市的较为基本的预算。

预算是具有法律强制性的计划，用货币来表示，在一定的财政周期操作。事实上，预算是将公众意图和政治转变为财政资源的配置。最好的操作是将预算看作政治声明："预算是政府的主要政治文献。它应该具有综合性，包含所有的政府收支，从而可以对不同政治选择的必要选择进行评估"（OECD 2001：4）。非洲联合国经济委员会（UNECA）重要文献解释是：

"预算是政府最重要的政治文献，它用预算术语描述了复杂的发展机遇。国家预算反映了国家政治的基本价值。它概括了一国政治经济状况的政府观点。它是对政府财政、财政和经济目标的声明，并反映了它的社会和经济的优先权。国家预算应将包含政策制定的进程转化为可操作的并具有时间范围的计划（UNECA 2005：2）。”

> 这些观察应用于南非的城市预算：“城市预算是一项压缩了市政当局活动和特权的政治文献…而且，一些规范的和伦理的原则，如公开，透明，公共责任等必须在准备、执行、追踪和控制预算中加以保证”（Kumar 和 Moodley 2003：66）。

大多数地方公共项目和常规的社区服务资金大部分或全部来自预算。消费预算之外的资金或者用预算规定之外的方式进行消费都是非法的。对于许多机构来说，补助金是合法的有效合同；签约人、捐赠者和监督机构详细检查他们的行为，以期望资金按预期应用在项目上。结果是公共部门大部分活动的存亡受这个法则制约：如果它们不包含在预算内，就不能被执行。但是这并不意味着如果项目在预算中存在，它们就能被执行或运作。既有效果又有效率的财务和项目管理需要从预算转移到服务提供。本章的第二部分将探讨预算与绩效的关系。

一、预算解决的问题

仔细阅读预算可回答地方当局的一些重要问题，其运营和与多个利益相关者的关系，包括居民、纳税人、社团组织和监督机构等。南非宪法要求地方政府鼓励公民参与。

在内罗毕，地方当局服务提供行动法案（LASDAP）通过每年预算的准备和实行予以实施。计划有“几个至关重要的成分将决定进程的结果，”包括准备“该计划，使用一个地方居民和在地方当局管辖区域内的利益相关组织共同参与的流程”并且“对可利用的资源实事求是”（Wamwangi 2004：16－17）。[①] 表 7.1 中所列有助于针对核心问题鼓励真实的参与，帮助决策者规划那些棘手的选择。

至少，一项完善的预算文献（表 7.1 中指定的六组问题），显示了预算与经济、社会和政治因素之间的联系。[②] 预算以综合的和可理解的方式反映问题的程度是对其优势和有用性的一种衡量。政府财政官员协会（GFOA 无定期的）采用了一套比表 7.1 更详尽的标准。

表 7.1　　　　　　　　　　　　预算应对的中心价值和问题

价值	焦点	类型	忧虑及问题
经济	投入和法律的遵从	经济或市场	我们必须增加多少支出？
效率	产出和绩效	经济或市场	我们得到了什么？
效果	结果和问题的解决	社会	我们得出的不同是什么？利益相关者满意吗？
公平/公正	法官，法定诉讼程序，代理人	政治	按程序办事吗？是法律吗？程序和结果是公平的吗？
责任	揭露，透明	政治	记录是真实、完整、开放和可获得的吗？决定是可追溯的，公开的，可理解的吗？
响应性	公共参与，公众观点，公共需求	政治	决策制定者注意了吗？决策制定程序公开吗？它允许直接和间接的公众参与吗？

资料来源：Carol W. Lewis 2006，经允许可重印。

二、预算中的价值

作为一个服务计划，一项政治和财政妥协的记录，一项公共目标和政策的宣言，预算对谁公布？公布什么？对于地方当局来说是重要的：

> 在大众论述中，焦点通常集中于操作性问题，比如征税不足，无法支撑的债务负担，以及缺乏财政管理能力。为了寻求理解地方政府面临的财政挑战，询问一些比较广义问题比较重要，也就是：什么是地方政府需要做的？资源应来自哪里？（Appeah 2005∶3）。

预算表达了关于责任、透明度、审查，公平、公正、响应性，公众进入和参与，管理职责和管理的能力。当增加了绩效因素后，预算也可以满足表 7.1 中的其他价值：效率、效果和职责。

通常来说，预算并不对所有的价值做同等要求。作为一项政治文献，预算的重点意在与政治日程相串联。部分原因是权力和利益相关者的介入，部分因为撒哈拉以南非洲国家的分散和民主化趋势，也有部分原因是国际和职业会计与报告标准[③]的影响，责任和透明度等价值在发展进程中很突出。经济合作与发展组织（OECD）在 2001 年报告中指出：

> 透明度——关于政策意图、构想和执行的公开——是一项好的管理的关键因素。预算是政府第一重要的政策文件，简单来说就是在预算中，政策目标被调停和执行。预算透明度被定义为所有财政相关信息被及时、系统地予以完全公开（OECD 2001∶3）。

因此，财政报告应可以公开并无偿获取。[④]

在2005年5月非洲联合城市和地方政府非洲联盟主席Olusegun Obasanjo代表大会（UCLGA）成立时致辞说道：

只有在有效率、正确领导、注重透明度、有责任感、有包容性、公平竞争、社会公正和好的管理的前提下，地方政府才会对可持续发展起关键作用。一个腐败的、运营不良的地方政府对于人民来讲与社会上任何层次的不良政府一样，都是无用的。不好的领导者也无法运行一个好的地方政府体系。因此发动人民、壮大民权社会以及民主和监督机构的发展被视为地方政府体系核心及关键因素（Obasanjo 2005：3）。

以前提到的UNECA问题报告宣布：

政策构想和执行的透明度和公开性对于好的管理来说是一个关键因素。由于政策意图和预算之间的紧密联系，向公民公开预算的需要应予以鼓励，以确保资源管理职能。许多国家将传统的自上而下的预算进程转变为自下而上的进程，而使预算更加透明和可信。目前同等重要的是预算与协商流程的联系，以使受益人的利益在预算结果中体现出来（UNECA 2005：2）。

对责任和透明度的关注明显与民主化日程相联系。例如，Obasanjo说道，“在非洲，地方自我管理的核心价值渗透在地方政府的实际操作中。这些价值包括普遍参与，人权，服务提供，政府响应及对公民的责任以及团结，这些对和平、持续、具有凝聚力和包容性的社会是十分重要的”（Obasanjo 2005：2）。同样地，美国州预算办公室“国家协会专业行为标准”指导其成员确保“政府应被公开、效率、公平、体面地运营，允许公民作出明智的判断以使政府官员负有责任”（NASBO 无日期：174）。

不幸的是，近期一项在36个国家，包括9个撒哈拉以南国家（博茨瓦纳、布基纳法索、加纳、肯尼亚、纳米比亚、尼日利亚、南非、乌干达和赞比亚），对中央政府预算作出的调查显示，在预算责任和透明度上还有很多工作要做。2004年的研究确定在预算的所有四个步骤都缺乏透明度：规划、立法、执行和监督、以及审计阶段（预算优先权中心2004）。即使这样，9个撒哈拉以南非洲国家的案例显示出公民社会和立法机构持续增长的对透明度，使用权和结果的兴趣及需要（Claassens 和 Van Zyl 2005：12）。

已知许多撒哈拉以南非洲国家中央政府的预算透明度和问责制没有达到标准，无疑许多地方政府也无法达到标准。这些政府许多是小的、资源贫乏且对中央或省级政府依赖较高或者其收入依赖于捐赠或借款的政府（例如，肯尼亚，2005）。对于许多地区，这种依赖性转化为对于支出的有限裁量权。既没有专业人士也没有编写多年报告、分析和电子预算文件的技术能力，这些地方当局没有达到透明度和问责制等国际标准（参与、文件材料、执行和验证）。他们的预算不过是对收入和支出计划总量的陈述。即使是最基础的预算文件也只有相对少数的地方当局公布在互联网上，已有预算文件也很难被行政机构之外的人所获得。

其他地方机构—通常是在分散的或分散化体系中具有职能责任的大都会中心城市—通常是倾向建立相对宽泛的权威当局，伴随一些收入来源和比率以及支出的裁量权。某些这样的当局坚持最好的做法并追求更好的方式。他们的预算文件相对来说更容易获得，并通过使用图表和解释性的叙述使其更易于理解；有时候它们提供针对一般读者的报告。

值得注意的是，最优的做法是移动目标：它们根据变化而进行变化，这可能需要先进的技术能力、经济和政治的发展（比如丑闻、分权化和私有化），或者财政压力。结果是，最好的实践“并不意味着建立一个正常的‘标准’”（OECD 2001：3）。它们被更有益地看作是一组促进质量提高和预算改进的目标。

三、如何阅读预算

由于预算是对成本（拨款）和收益（分配）的陈述，它们在核心决策程序中记录了居住设施、协议、以及盈亏等。南非民主学会（IDASA）将预算定义为：

> 世界上没有哪个政府有无限的公共资源供其使用。同时，公共支出却有无限的需要去被满足。预算因此一直需要在不同的支出优先权中作出权衡。它包括对哪项服务，谁的利益最重要作出价值判断。一项政府预算因此不是一个简单的技术报告：它也是一个重要的政治工具（IDASA 2004）。

预算记录了该进程的利益和结果。如果人们无法阅读和理解预算，也就无法有效地参与资源的配置和分配。

四、预算文件概况

预算由一系列文件构成。在 OECD（2001）编录的为数众多的财政和预算报告中，至少有 4 种与职能责任和管理能力有限的地方当局有关：（1）收入和支出概览；（2）收入和支出综合详细的估计；（3）关于预算政策和总体政策的预先预算报告；（4）市民指南或预算摘要。决策者需要对前三项作出全面的决策。

以下讨论将以这些文件为中心。

许多文件，比如详细估计，通常根据机构行业进行分类，相比于程序目标来说，更符合法律和行政目的。（第五章讨论了预算模式。）对2003年OECD和世界银行关于预算操作和程序的调查作出反应的40个国家中，有三分之一以上报告其使用了单一文件作为预算摘要和详细细节，一半以上认为行政部门在一项文件中对立法部门提供了收支的总体摘要，在其他分开的文件中提供了支出的详细估计（OECD和世界银行2003）。

对于责任制和透明度来说，市民的摘要是重要的。这种摘要在OECD和世界银行调查的国家中极不普遍，甚至更少有法律规定。为了强调对比率和关税的解释，Cape城的市民指南在互联网上就可以得到。GFOA（2001：9－10）推荐了一个即时，准确，客观并易于理解的报告以鼓励读者反馈。

预算通常由四个主要部分组成。第一部分是预算信息或预算准备报告。它通常采用叙述式报表和汇总的形式，这种对优先权和主要决策的陈述通常强调变化，尤其是地方税及税率的变化（或者收费）。根据GFOA（undated：2），"信息应描述近年来优先权的重要变化，并解释导致这些变化的因素。"第二部分是预算摘要，它展示了地方当局总体的财政规划，通常用于主要支出分类（根据客体和功能）和主要收入来源比如地方税。第三部分由详细计划组成，支出通过组织机构被分类，收入被详细评审。第四部分是补充文件，为了便于理解预算规划，其充分性和含义的一些材料。

五、主要技术因素

在"预算窗帘或预算窗户"中，IDASA的非洲预算计划宣称"学说预算语言"的技能是"一个做好战斗准备的预算支持者的矛和盾"（IDASA 2003a：1－2）。

（一）报告主体

预算涵盖什么服务或职能呢？预算应用于哪个法定报告主体，是政府还是组织？这个信息对于一个地方当局预算与另一个进行比较，本年度预算与以前年度的比较，以及了解预算的确切使用是十分重要的。

阅读预算要从两个问题开始："地方政府被要求做什么？期望去做什么？"答案集中在法律遵从和管理职责上，但不一定简单。根据约翰内斯堡2006年综合发展计划，"委员会所有的土地既是约翰内斯堡财产公司也是城市公园社区的责任，两者都全部拥有城市的市政实体"（约翰内斯堡2006：25）。在一国内部，不同的地方政府可以有不同的服务责任主体。在肯尼亚，例如，内罗毕政府对其居民进行供水，但是蒙巴萨政府就没有这么做（Habitat 1998：第十章）。

阅读预算上的第三个问题是“我们还需要知道什么?”这个问题最好分成两部分。第一，决策者制定健全决策缺乏什么信息？第二，影响决策的要素哪些没有在预算内体现？主要包括半官方政府或社区组织提供的服务。地方政府责任之外的服务的缺陷也会影响地方政府税基和最终公共机构的公众信心。

（二）财政年度

因为税收和支出的法定机构通常受特定时期或财政年度的限制，所以在正确的预算年度使用预算是关键的。地方政府可使用与中央政府，社区服务提供者，契约伙伴，以及援助机构不同的预算年度。惯例是用“FY”代表财政年度，以及用以识别财政期间结束的年度。

（三）业务预算和资本预算

许多政府和组织使用两种广义形式的预算：业务预算和资本预算。业务预算反映的是财政年度内为了提供服务所消耗的商品或服务，而资本预算反映更长久的，通常是耗资较大且不规则的（“波浪起伏的”）成本项目，比如桥梁和建筑物。打印纸、人员工资、社会保险缴费、顾问的支出等都属于业务预算。一项新设备的建设成本属于资本预算。

有些地区有权为其资本性支出进行借款。在新法律下，约翰内斯堡于2004年将南非的第一个市级债券引入市场，并于2006年进行第四次发行。图7.1显示了2006年的业务预算和资本预算。尽管相对于业务预算来说，资本预算金额较小，但其可通过债务服务（本金和利息的支付）影响业务预算。在表7.2中债务支出显示为一项业务支出。

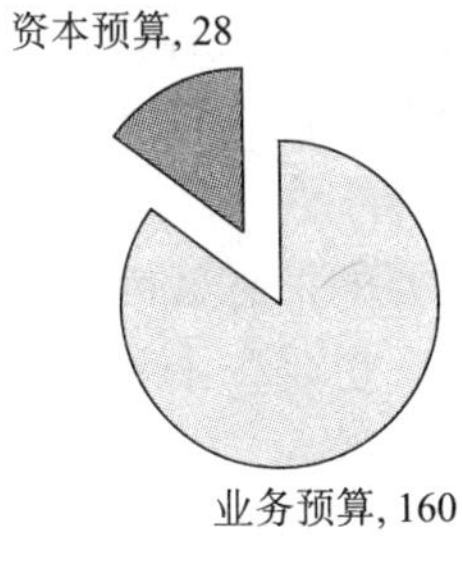

图7.1　约翰内斯堡2005—2006年度财政预算（单位：亿兰特）

资料来源：Johannesburg 2005：138。

表 7.2　　约翰内斯堡预算利息支付，2005—2006 财政年度财政预算　　单位：兰特

明细	实际结果 2003/2004	预算 2004/2005	调整预算 2004/2005	预算 2005/2006	百分比 (%)	预算 2006/2007	预算 2007/2008
贷款利息	546 360 000	586 165 000	586 165 000	611 327 000	4.3	630 384 000	635 390 000

资料来源：摘录自 Johannesburg 2005：141。

（四）法律地位和预算周期

正式预算进程经过一个周期：规划和建议、采纳、执行审计。在规划和建议流程中，框架被建立，但是预算仍不是正式的和具有约束力的。采纳阶段为预算支出和收入的执行提供了法定权力。随着预算周期从一个阶段进入另一个阶段，预算的地位随着数字而变化，因此在正确的文件中使用正确的数字是必要的，这些数字包括被要求的；建议的；采纳的数字；像执行阶段的修改，调整，修订，或估计数字；以及审计的数字或真实的数字。

一个完整的预算程序—从最初构思到审计和综合财政报表的确认—通常需要接近三个日历年度才能完成。因此，估计和建议至少是部分基于最近期的真实数字（从两个预算年度以前）以及调整数字（从前一个财政年度）。预算决策基于前一年的数据，预算数字的变化贯穿了整个周期。典型地，每个预算通过几年才能得到，而在同一财政年度也会有几个不同的预算存在—但是它们处于不同的阶段。

（五）平衡（结余和赤字）

绝大多数地方政府被要求达到预算平衡—即经常性赤字是不允许存在的。平衡的预算是专业预算标准的核心特征。当预算年度内的收入与支出相等时，预算是平衡的；否则就会出现结余或赤字的情况。通常来说，只有法律法规或政策要求财政年度结束时预算为平衡时，地方政府和公共机构被提议的和采纳的预算才是平衡的。明显地，平衡仅与经常性预算相关。通常，法律禁止具有借款资格的地方政府通过发债来弥补经常性赤字。

预算是否平衡是一项极为重要的信息，因为预算平衡是一项财政责任和政治领导的通行的和专业的公认标准，也是一个基本目标和潜在政治问题。赤字在地方政府中也是十分普通的现象：

> 大多数易受财政管理危机侵害的地方政府在面临不稳定收入流时，会受非可控支出的影响。他们大多数会因此实行赤字预算，因为他们没有准备好特殊的措施去征集税收欠款或处理他们服务的不良用户（Mabogunje 2005：12）。

（六）总体平衡

以前年度经常性赤字的结果怎样影响未来预算？答案是地方政府必须通过提高税率，创造其他收入来源，或必须通过转移储备来削减以前积累的财政资产。转移或处置积累之后的总体平衡可在未来预算中使用—这是财政的底线—也许可在未来的财政年度用于平衡预算。

（七）基金

公共预算及其负担的政治体制依赖于对公共资源的适当管理。尽量限制错误，浪费以及对预算计划的公布和体现预算执行的审计或真实结果的财务报告出版的不当管理。另一项控制是将公共资源分割为各项基金。基金是依法建立的，用于特定目的的一套自求平衡的账目。地方预算通常根据其意图和使用需要将中央政府的拨款或转移分割为不同的基金。

预算进程中的资金要确保特殊需要。不同的转移支付和各种基金也要符合特定需要。控制的办法是进行披露。

（八）收入依赖、中央拨款和地方裁量权

中央转移支付和捐赠资金被分置或规定为特殊用途（通过基金和项目需求控制），明显地削弱了地方政府作出预算选择的能力和地方利益相关者对预算的影响。地方当局作出预算选择的能力被称为地方裁量权。依赖于自我收入—表示为地方政府提出的总收入的百分比—是地方裁量权的一种简单形式：［自我来源收入/总收入］=地方裁量权。值得注意的是，某些地方政府（如斯威士兰的某些地区）在利率和收费的提高上可能需要部长授权。

相比于其他地方政府来说，撒哈拉以南地区地方政府的主要特点是自我收入依赖度小，缺乏裁量权。但是撒哈拉以南非洲地区不同地方政府之间的变化是很大的（Appeah 2005：5；Habitat 1998；IDASA 2005；Mabogunje 2005）。像Mabogunje（2005：11）所说的，“在绝大多数非洲国家，来自更高层政府的转移支付或补助是地方政府收入的主要来源，但是它们年年的可变性和不可靠性给单独某年的执行能力带来相当的紧张和压力。”补贴和捐赠的影响也必须加以考虑。像Appeah（2005：5）提到的，“补贴在地方政府的财政结构中起了很重要的作用。补贴和捐赠支持通常用于为主要的基础设施发展和市级政府的能力建设提供资金。”缺乏对自有资源的依赖提高了不稳定性（Habitat 1998），降低了责任度，也伴随着一些腐败现象。

地方收入来源也存在着问题。例如，财产税取决于专家及公正的管理，征收和估价（Bailey 2006：1－2）。非正式财产（那些财产登记体系之外的没有计划

许可的财产）使问题变得复杂。因此，未征收的和过去的收入也需要加以考虑。预算程序中理智的执行者应知道实际征收额占应征税额计算的征收率。

(九) 成本和预算份额

专业标准要求预算显示相关地方政府活动的全部成本（商品和服务条款）。但是这些成本无需对它们相关的部门或项目负责。例如，雇员的养老金或其他福利可能会在一个中心账户上，结果是预算并不反映一个部门或项目的实际总成本（表 7.3 反映了样本雇员的津贴，称为社保缴费）。直接成本是指那些可以明确分配给一项特定服务或单位的成本；例如劳动力、设备和物资等。间接成本不能被直接分配给一项服务或直接相关的工作。对于全部成本计算，间接成本必须进行分配或按比例分摊。

表 7.3　　摘录自南非 Midvaal 预算　　单位：兰特

Midvaal 地方市政当局综合估计							
投票编码	项目	实际审计 2004/2005	修订预算 2006/2008	全年预计	预算 2006/2007	预算 2007/2008	预算 2008/2009
	支出（1）						
	雇员/议员相关成本						
	雇员工资和津贴						
6000 001 02 0001	署理津贴	26 286	110 000	1 119	107 500	65 500	68 448
6000 001 02 0002	基本工资	34 487 271	40 806 854	35 669 296	43 568 363	45 631 876	47 685 310
6000 001 02 0004	住房补贴	834 910	881 328	725 296	865 728	906 707	947 509
6000 001 02 0005	工业理事会征税	13 986	15 420	13 670	15 450	16 177	16 905
6000 001 02 0006	休假薪水	3 691 353	4 217 826	4 207 993	4 598 797	4 819 539	5 036 419
6000 001 02 0007	加班费	3 004 964	3 948 650	3 806 368	3 235 000	3 390 280	3 542 843
6000 001 02 0009	休假补偿	1 114 452	1 120 561	1 045 179	1 075 615	1 127 245	1 177 971
6000 001 02 0010	备用津贴	735 408	661 500	699 861	716 500	750 892	784 682
6000 001 02 0011	电话补贴	21 000	31 800	194 341	397 644	416 731	435 484
6000 001 02 0012	差旅补贴	3 066 092	3 614 164	3 033 935	3 436 164	3 601 100	3 763 149
6000 001 02 0013	UIF	344 842	408 067	366 414	435 685	456 598	477 145
合计：雇员工资和津贴		47 340 564	55 816 170	49 763 472	58 452 446	61 182 645	63 935 864
雇员社保缴费							
6000 001 03 0001	集体保险	262 094	258 529	249 319	272 352	285 425	298 269
6000 001 03 0002	医疗基金	2 953 538	3 720 915	3 093 119	3 686 487	3 863 438	4 037 293
6000 001 03 0003	养老基金	7 236 032	8 505 184	7 232 788	9 107 288	9 544 438	9 973 938
合计：雇员社会保险缴费		10 451 664	12 484 628	10 575 226	13 066 127	13 693 301	14 309 500

续表

Midvaal 地方市政当局综合估计							
投票编码	项目	实际审计 2004/2005	修订预算 2006/2008	全年预计	预算 2006/2007	预算 2007/2008	预算 2008/2009
	议员报酬						
6000 001 04 0001	津贴：理事会成员	1 685 907	2 224 445	1 737 509	2 950 293	3 091 907	3 231 043
6000 001 04 0002	医疗基金：议员	69 597	172 800	55 539	1 319 440	1 382 773	1 444 998
6000 001 04 0004	养老基金：议员	148 121	172 800	131 598	0	0	0
6000 001 04 0005	电话补贴：议员	179 056	155 000	0	169 536	177 674	185 669
合计：议员报酬		2 082 681	2 725 045	1 924 646	4 439 268	4 652 354	4 861 710
总计：雇员/议员相关成本		59 874 910	71 025 843	62 263 343	75 957 842	79 528 300	83 107 073

资料来源：Albert de Klerk，首席财务官，Midvaal 地方市政当局，南非。

不同的服务和项目具有不同的成本结构。成本结构有助于解释支出方式。许多地方政府提供劳动密集型服务。结果是，人员成本如工资和退休金、健康以及其他福利组成了政府运行成本的大部分。

通过项目或部门或个人服务等占总预算的百分比来表示支出类别是预算分析的标准常规。这种所谓的预算份额通过总体预算饼状图的一部分进行表示，在 IDASA 的定量预算分析工具包中是#1 号技术（IDASA 2003b）。其目的是为了了解地方政府的预算优先级。调查这些百分比如何在几个预算年度之间变化显示了预算优先权的变化。所在地特定项目成本的变化或人口统计学上的变化可能会驱动预算发生变化，前提是他们占的预算份额很大。

只有当地方政府具有决策制定权时，预算份额才能代表地方政府的优先权。如果中央政府分配或赠与的资源被指定用途，或者比率和收费要经过中央政府批准，将预算份额作为地方政府优先权的指标就不是十分有用。

（十）关注的焦点

预算将关注的焦点放在某些项目上。其格式和排列方式由中央法律或法规所规定，或由地方政府因地制宜发展而来以强调地方利益。表 7.3 中的预算列出了一系列财政年度的数值，将注意力集中在以前年度百分比的变化上。[⑤]分析将以前预算年度作为决策制定的基础。州预算官员国家联盟（NASBO）将基础预算描述为：

> 基础预算本质上是执行本财政年度……决策……的下个财政年度的成本。该决策往往反映长期惯例和习惯，有时可能看起来是“自动的”。实际上，情况并非如此。它们是支出决策。它们代表了何种信息在后来的决策制定中将被考虑，以及预算决策被精简为何种程度（NASBO 无日期：100）。

有些预算通过融资来源关注支出，在决策制定中将收入结构和限制作为核心关注点。由于同时涉及政治热点问题和决策观点，因此当阅读预算时这些公众关注的问题是重要的标注。

六、分析的限制和效用

预算的一个重要意义是它表现了目前的政治选择和优先权，因此在不同的组织、项目和服务中间，在不同年份之间可以进行比较。[6]预算的一个缺点是它仅仅显示了那些可以用货币单位来计量和显示的要素。因为许多重要项目不能轻易地转化为货币，因而被大多数的预算所忽视。在有准备的计划基础上建立预算（比如内罗毕的 LASDAP 和约翰内斯堡的综合发展计划）提供了对这种问题的一部分解决办法。在计划的基础上编制预算促进了对公共需求和政治需要的响应性，同时也有利于提高管理和职责的重要性。

有些问题是针对特定预算模式的，有些是针对某些地方当局的。一些预算和相关文件（比如成本估计和综合财务审计报告）可能由于无法分配间接成本而导致完全成本法失败。许多预算和财务报告完全无视未完成的法定财政责任（预计负债）的形成，如养老金或其他福利和未付票据。[7]它们也可能忽视地方政府应负责的设施的恶化。总之，许多预算注重投入，有些注重支出，少数注重结果。

尽管有些预算可能注意合法的捆绑债务，但有些可能对其不予重视。一些强调从中央转移支付和拨款中产生的债务，或其他在预算周期开始之前限定用于某些用途的资源。这些资源被称作“不可控制资源”，是被法律、规章或协议所限制的资源。它们缩小了现有的决策制定和裁量权的范围。

广泛采纳专业预算和会计最佳做法（见附件 7A）是这些问题的一部分解决方案。另一部分解决方案是关于操作和组织的常识。例如，预算可能在某一项目支出上显示为下降趋势，但是这种下降并不必然转化为一种项目或服务的削减。也许下降是由于雇员的转移导致了人员支出的下降，这些雇员可能与其他项目联系更加紧密或执行了管理职能而被列入间接成本。根据 NASBO“机构历史的常识通常通过某些可获取的文件如审计报告，项目评估研究，报纸，与知识渊博的专家访谈而获得”（NASBO，无日期：68）。

数字并不能说明关于预算的所有情况。为了避免形成错误结论，健全的预算分析既需要财务专家，也需要项目专家：

每个主要决策点包含着技术、分析、政策、沟通和政治因素的不同混合。取决于单一技术因素的决策很少。相比于表面上的因素而言，绝大多数都具有内在的原因（NASBO，无日期的：99）。

七、评估方法、工具和技巧

阅读预算的意义在于了解和影响资源的归集与分配。但是预算执行流程中这些资源产生什么呢？预算是对公共目标和政策的陈述。但是政策被付诸实践了么？目标达到了么？资源是否被浪费，或者操作是有效的么？结果是什么，即公共资源融资项目的优缺点是什么？诸如此类的评估问题将侧重点放置在责任和结果上。

预算中的最优实践包含评估因素。根据 GFOA（1998），"预算程序由围绕着发展、执行、服务和资产评估等计划评估内容的活动所组成"；被推荐的第四个预算操作原则是"绩效评估和作出判断。"这个原则要通过两步来实现：第一，绩效被管理、测量和评估。第二，认知被反馈用于决策制定和操作。

尽管评估的观念看似简单，但技术健全的方法难以达到并有可能产生争论。毕竟，评估的本质和目的是政治性（预算也一样），因为如果成功，它将改变服务和资源的拨付和分配。根据约翰内斯堡的综合发展计划，"当预算程序内在地作为政治选择的实践时（在相互竞争的需方和权力机构之间分配稀缺资源），绩效信息应是潜在决策的决定性因素之一"（约翰内斯堡 2006：55）。正如 GFOA（1993）解释的："服务质量或'产出'衡量的最终决定需由对目标服务具有特定专门技术的专业人员作出，而不是由会计人员作出。"

八、内部评估的方法

目前常见的但在技术上已经落后的评估方法主要依靠组织以及数据评估专家。可使用的主要工具是成本会计、财务分析和报表以及合规性审计。专栏 7.1 提供了一种强调预算份额以及组织或项目增长的方法。由于利用了现有专家以及需要时间较短，该方法从狭义技术意义上讲是有效率的。但是由于忽视了组织可能发生的外部变化且只关注自有资源，此方法既有可能引发官僚主义，并且对于现代管理的复杂任务以及动态的预算程序都是不适当的。如果将其单独使用，这个内部的官僚评估技术完全是过时的。

专栏 7.1　过时的官僚评估技术

1. 目标：久而久之获得专职工作

在当前和前四年建立数字的权威位置或永久位置（使用专职等同物）。

对选定的同类可比项目和机构进行重复程序。

计算整个管理权和每个选定机构或项目在五年范围内的百分比变化。

将机构或项目与（1）总体变化，（2）同类可比单位相比较。

2. 目标：久而久之获得预算资源

在当前和前四个财政年度显示机构或项目的预算总体。

对选定的同类可比项目和机构进行重复程序。

计算整个管理权和每个选定机构或项目在五年范围内的百分比变化和金额变化。

将你的机构或项目与总体变化和同类可比单位进行比较。

资料来源：Carol W. Lewis 2006. 经许可重印。

（一）财务衡量标准

对名义通货的简单衡量没有任何意义。数额是太少还是太多？决策人如何决定货币数量微不足道或十分重要？是可承受的还是超出能力的？

财务衡量标准通常被用于使预算和财务数据更有意义。通过使预算数据比其他因素或因素体系更加标准化，分析家从相互关系中提取了有意义的因素，通常表示为比率或百分比。专栏 7.2 列示了六种关于预算决策和分析的主要衡量方法。不同的方法体现了不同的关系。由于没有什么措施可以反映问题的全貌或回答决策人的所有问题，目前的方式是不同的预算和财务措施相结合。多种不同的方式及信息来源降低了信息错误和扭曲的可能性，在判断中增强了信心。遗憾的是，多种来源的信息成本很高，操作也更复杂。

专栏 7.2　一般预算衡量方法

预算份额

衡量方法的功能或分类（行为，机构和收入支出）作为总收支的百分比

显示了政府内部的相对优先权（并排除了私人部门行为）；比例的变化显示了政府优先权的变化

忽略了预算全额、规模、增长和经济规模

国内生产总值份额

表示功能或种类占经济活动的百分比

显示社会中的相对优先权

暗示可用于私人或公共部门，但决策者仅有权对他们可获得的资源进行分配；公共预算关注在公共资源中间的选择使用

人均资本

关于居住人口的衡量方法的功能或分类

忽视了通勤人员、旅游者、非正式居民和其他服务需求的影响

不变汇率

对价格变化的控制；允许通货膨胀和通货紧缩

年均数字、百分比变化、增长比率

用历史数据作为参照标准

其他一般衡量方法

税收影响，通常是对自有资源收入的影响

税基，显示了收入提升的能力

财富和收入措施，体现了支付能力

政治偏好，包括合法投票、公民调查以及需求指数

资料来源：摘自 Lewis（2003）。

（二）财务状况

当数据表示为一段时间（最好是不少于 5 年），该趋势就体现了财务状况或财政的持续性。财务状况是指“地方政府提供满足其居民需要的质量和标准的安全、社区财富服务的能力”（佛罗里达 2005：1）。财务状况包括三个方面：（1）财务偿付能力（政府有足够现金以支付超过 30 天到 60 天票据的能力），（2）预算偿付能力（在预算期间内政府有足够收入以满足支出和避免赤字的能力），（3）长期偿付能力（收入和成本的长期平衡，包括已有负债和预计负债）。[⑧]根据 Groves 和 Valente（1994:1 –2），“财务状况是指政府在（1）维持现有服务水平；（2）应对地方和地区经济破裂状况；（3）满足自然增长、下降和变化的需求等方面的能力。”

国际城/乡管理协会（ICMA）制定了财务指数方法（Groves 和 Valente 1994；Nollenberger 2003）；GFOA 仅使用一些主要财务指数（Brown 1993，1996）。尽管被地方公共部门广泛采纳，财务指数方法仍具有一些缺点。第一，它依赖于比率和 5 年趋势，意味着是与地方政府自己的历史进行比较。[⑨]第二，它通常使用人均资本方式（见专栏 7.2 和表 7.4）。第三，结论无法由某一单一指数得出。该方法依赖下面的原则：“没有任何单一财务指数能为单位财务状况下结论”（佛罗

里达 2005:4；也见 Hartford 2001)。表7.4具体解释了佛罗里达州选定的用于分析的13个财务指数；ICMA模式采用了的42个反映财务状况的指标指数。

表7.4　　佛罗里达地方政府的财务指标

指数	警示趋势
1. 无限基金结余+无限制净资产（固定美元）	逐年下降的结果可能暗示地方政府在维持稳定的税收和收入结构或足够的服务标准上有困难。赤字可能显示存在财务紧急状况
2. 无限基金结余/总支出	百分比逐年下降可能意味着非结构预算将给地方政府带来未来预算问题，即使目前基金结余为正数也是如此
3. 现金和投资/当期债务	百分比下降可能表明地方政府在长期操作中过度扩张，或者为达到目前需求而增加现金有困难
4. 现金和投资/总支出或总经营费用/当期债务	
5. 当期债务/总收入或总运营收入	提高表明流动性问题、赤字支出或两者同时存在
6. 长期债务（固定美元）/人口	逐年提升表明地方政府在资源如何配置上流动性降低或支付长期债务的能力降低
7. 收出超出（低于）支出部分/总收入	结余减少或赤字增加表明当期收入无法支付当期支出
8. 运营所得（损失）/总运营收入	所得降低或损失增加表明当期收入无法支付当期开支
9. 政府间收入/总收入或总运营收入	百分比逐年提高表明地方政府对外部收入的依赖性增加风险增大
10. 无限基金结余或无限制净资产/总收入或总运行收入	降低表明地方政府承受财务危机的能力降低或在不借款的情况下进行资本采购的能力降低
11. 总收入（固定美元）/人口	降低表明地方政府用现有的收入来源无法维持现有的服务水平
12. 债务服务/总支出	百分比逐年提高表明地方政府应对经济变化的灵活性下降
13. 总支出（固定美元）/人口	提高表明提供服务的成本超过了地方政府的支付能力（即地方政府在现有水平下或许无法维持服务）

资料来源：摘自佛罗里达州 2005。

九、外部评估的技术和工具

当前实践要求多变且有用的评估技术、工具及方法。“非财务性能数据，包括运行目标等，应被用于具有实用性的支出项目”（OECD 2001:4）。举例说明这种方法，阿拉斯加进度报告按教育、经济、环境、社会和政府进行分类，选取了49种措施。对于教育方面，报告指出：

> 单一指数均无法满足对学生表现的评价。辍学率可以粗略显示高中参与度和完成度。最全面的结论要选取多方因素来判断，如出席率、测验分数、学生继续大学教育百分比等（Osterkamp 2006:4）。

外部评估更加注重组织外部的变化。尽管其中许多因素要追溯到若干年前（例如，绩效预算和目标管理），外部评估方法在当前发展中仍尤为重要，可通过捐赠人、放款人来加速社会变革、基建扩张，也需要考虑责任感、透明度和市民参与度等因素。对选定动机的检查增进了评估与发展之间的联系。[10]

（一）市民参与

市民介入的方法从公开会议到通过委员会、董事会、独立监督组织等参与决策制定，如IDASA的非洲预算项目等。约翰内斯堡建立了一个精细的社区顾问程序作为其绩效管理体系的一部分（Johannesburg:2006）。因特网带来了更多机会。电子政府为寻求市民投入提供了新的工具，还有一个市民自发的展示工具出现在内罗毕：http://bankelele.blogspot.com。

对于肯尼亚的地方政府，“LASDAP程序的管理和评估以及经鉴定的项目的后续执行应是与人分享的，包括地方政府和社区等”（Kenya 2005:30）。“社区……应参与项目的评估。在提高公共基金使用的责任感和透明度方面也有很长的路要走”（Kenya 2005:32）。

市民对政府表现的满意度通常通过公众观点投票，关注群体座谈和专家小组来征求意见。这些工具的使用依赖于健全的设计，认真的执行和对公众观点的有意义的评估（Charter Oak 2000, 2002）。在警示事项中，OECD认为：

> 决策制定中的咨询，甚至是积极的参与并不意味着政府应放弃他们对决策的责任……公开度其本身并不一定意味着管理水平的提高，它也不能覆盖所有其他的公共价值。它应与其他诸如效率、公平、和责任感等价值相平衡（OECD 2005:3）。

（二）绩效评价

评估服务和财务工作表现并作出判断是最好的方式（GFOA 2000；OECD 2001）。[11]绩效衡量指标提供绩效表现的可计量指数：

> 理论上，这些指数应反映组织完成所有任务的进程，以及激励其保持成果的成功或失败。衡量指标也可应用于战术情况，为政府管理者提供一个在

操作层面主要绩效度量标准的“计分卡”（GFOA 2003）。

在传统应用中，绩效评估指标强调效率的价值，提出他们的资源来自于何处的问题。今天，绩效评估方法提供“公共服务的数量、质量、效率和结果的衡量指数，”并产生了“我们用以判断政府运行好坏，或中等的标准”（GASB 无日期）。绩效评估方法可以结合七种方法：投入和成本；活动/进程；产出；结果；效率、质量和客户满意度；解释性以及标准。其中投入、产出和效率的评估是最普遍的。图 7.2 将投入、产出、效率和效果的评估用图形表示出来。

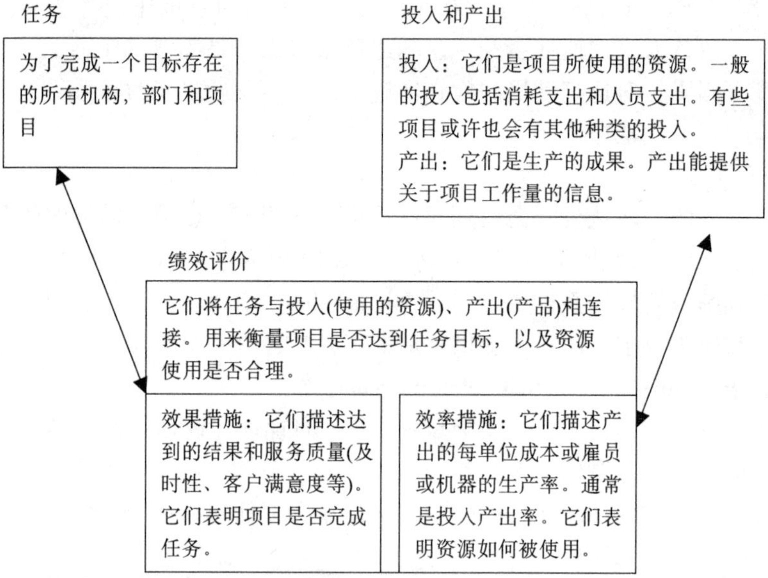

图 7.2　绩效评价

资料来源：Raleigh 无日期：3。

对数量、质量、效率和效果的评估处于绩效管理系统的基本构造块之中。基于主观（如满意标准）或客观数据，评估方法应是可计量的、有效的、实际应用相对便宜的、适用于项目或社区并随时可复制的。尽管许多方法是集中于机构或项目生产什么的产出衡量，但结果或效果衡量也已在服务和基础设施项目中被广泛使用（例如，Ammons，1995：6－8）。方法应综合财务与非财务指标。如 OECD 所述，“非财务表现数据，包括绩效目标，应被用于实用的支出项目中。”

每级政府都应对其职能、任务和战略采用自己的评估方法。专栏 7.3 展示了绩效评估的例子。

专栏 7.3　绩效评估方法举例

这些绩效衡量方法的例子来自于罗利，北卡罗来纳州，警察部门。

投入

每千人口的宣誓职员：宣誓职员的总数除以（总人口除以 1000）。宣誓职员包括所有地区警察和城市及联邦政府拨款供养的宣誓警官。

产出

社区会议和活动：官员参与的社区事件及会议总量。

拘捕：人身拘捕，法庭传票和发生的法庭传唤。

服务需求：罗利官员记录的向紧急通讯中心要求的服务总量。

事件调查：事件报告完成总量。

特殊事件处理：特殊事件处理总量（游行，示威，警戒哨和体育事件）。

官员处理电话档案报告：官员在警署电话处理的无需到场的事件报告总数。

效果

紧急事件平均响应时间：官员从收到服务需求到抵达现场的平均时间长度。

Part I 人身侵犯的清除率：通过拘捕对杀人、强奸、抢劫和攻击案件进行清理或额外清理的百分比。

额外清理案件是指有足够证据指控个人，但是原告拒绝指控的案件。

Part I 财产侵犯的清除率：通过拘捕对入室盗窃、机动车盗窃和盗窃案件进行清理或额外清理的百分比。

额外清理案件是指有足够证据指控个人，但是原告拒绝指控的案件。

被盗财产回复率：被盗财产被修复的百分比。

符合认证标准的合格率：部门应用的适用于执法机构的认证委员会标准的百分比。

效率

每个警员的培训成本：新雇员培训成本除以新的受训雇员人数。成本包括工资和福利，个人装备，供给和物资。

警官人均服务：罗利官员记录的向紧急通讯中心要求的服务总量除以一般巡逻警官人数。

资料来源：Raleigh 无日期：38。

根据 GFOA（2000，2001），实践要求在预算决策中使用绩效衡量方法。根据 GASB（无日期），“绩效衡量方法对于理解政府表现是一项重要工具，但是如果缺乏使用信息的程序，它的价值就有限了。”一项在坦桑尼亚进行的对 OECD 预算项目的评估声明，最终目标是“确定资源被有效使用，战略优先等级被有效执行，绩效预算在相关水平上”（Anderson 及其他人 2000:4）。

为了给决策提供依据，绩效衡量方法应像肯尼亚（2005）和约翰内斯堡（2006）一样，在绩效管理框架内发展。“市政当局的绩效管理系统限定了一个框架用以描述和展示市政循环和绩效的计划、管理、衡量、审查、报告及改进的程序如何处理、组织及管理，包括决定不同角色扮演者的作用”（Ketel 和冯德莫伦 2006）。图 7.3 例举了所举类型的平衡计分卡模型的一般框架。[12]

对于市民投入，环境变化及目标变化，绩效衡量方法必然需要动态的，但这也是十分困难的。许多使用过组织预算绩效衡量方法的人承认“政府的表现从其特点上看是难以评估的，结果是很难作出精确的资源分配”（GFOA 2003）。因为方法和系统都是发展的，这就有可能出现缺点甚至是错误。一个从业者警告道，“不要让追求完美使你与可能无缘”（Pierce 2006:39）。与绩效衡量相关的困难似乎并不能阻止它的流行；在 2006 年 5 月一项美国在线网中公共行政管理和财政（http://www.unpan.org）对绩效衡量办法的调查得到了 7500 多项结果。

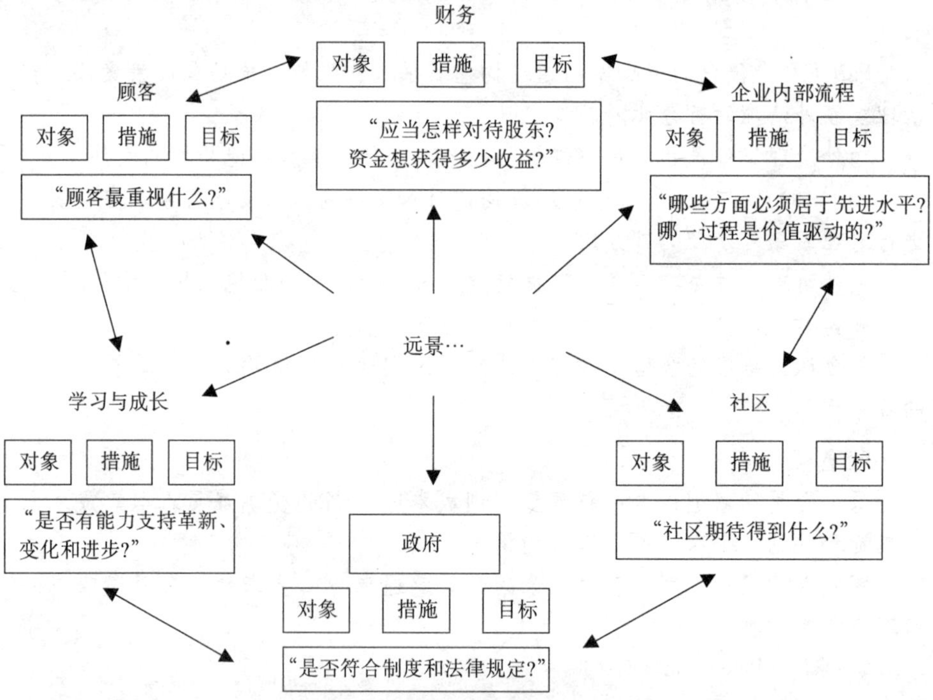

图 7.3 平衡计分卡模型

资料来源：ketel 和 van der Molen 2006。

（三）基准

与同类型组织或项目进行比较并使用其结果来提高绩效被称之为基准（Ammons 1996）。根据英国 IPF 基准：

> 基准测试提供了回答“综合绩效评估”问题的根据：我们如何表现？我们的表现一年比一年好么？我们的表现与同类组织比较如何？我们能从其他组织学到什么？（公共财政学会 2007）。

在评估地方政府财政状况的项目中，佛罗里达州发现：

> 从地方政府单位到相似单位，基准为其提供了一种比较财务指数的方法。发展中的标准包括决定基准组（即将基于多种财务和非财务因素相似地方政府单位组织在一起），并且对于每个基准组，为每个财务指数计算一个基准。计算基准的方法包含使用固定基准价值，通过为基准组采用财务指数计算的平均或中间值，或者使用选自基准组的一组基准价值来完成（佛罗里达 2005∶3）。

这个工具明显依赖于相似或相关组织的合作。潜在使用者必须将其看作是提高的机会而不是威胁。

十、结　　论

预算是动态的，最优做法是在变化的社会中迎接新的挑战（OECD 2005）。因此，撒哈拉沙漠以南非洲国家将最优实践转置和发展需要持续的调整，而不是固定或简单的输入或模仿。尽管预算需要一些技术专家，但其核心是政治。政治是制度、法律和社会的预算框架的一部分。在发展背景下，预算的成功转型需要理解和使用政治及行政体制进行工作的能力。

撒哈拉沙漠以南非洲国家的地方预算面临着复杂的压力，其中最艰难的是资源稀缺。因此，实事求是的评估方法是有难度的。假设在撒哈拉沙漠以南非洲国家提高分权和民主并提高对透明度和责任感的要求，外部的方法，尤其是市民参与技术就应加以考虑。最优预算实践在撒哈拉沙漠以南非洲国家的转置和发展要从经验教训中加以调整。

附件7A：为最优预算实践和革新所选的网络资源

United Cities and Local Governments of Africa on financial and other concerns: http://www. uclga. co. za.

Government Finance Officers Association on best practices in budgeting: http://www. gfoa. org/services/nacslb.

National Association of Budget Officers' training program on budgeting in the United States: http://www. nasbo. or/trainingProgra. php.

OECD's best practices for budget transparency: http://www. olis. oecd. org/olis/2000doc. nsf/87fae4004d4fa67ac125685d005300b3/c12569270062 3b74c1256a4d005c23be/ $ FILE/JT00107731. PDF.

Database on budget practices from the OECD/World Bank survey: http://ocde. dyndns. org .

OECD policy brief on governing for performance: http://www. oecd. org/dataoecd/52/44/33873341. pdf.

Africa Social Accountability Action Forum (ASAAF) on civic participation in subnational budgeting: http://www. asaaf. org. zw/casestud1. htm.

Institute for Democracy in South Africa (IDASA), its Africa Budget Project, and its online newsletter, *Africa Budget Watch*: http://www. idasa. org. za.

Professional association of municipal finance officers: http://www. imfo. co. za.

Overview of accountability from a lender/donor perspective: http://info. worldbank. org/etools/docs/library/92650/assessing/pdf/pefa_pres. pdf.

Samples of city budgets: http://www. joburg. org. za/finance and http://www. capetown. gov. za/budget.

Clearinghouse for performance measurement (www. seagov. org) and systems of performance monitoring and reporting (http://www. seagov. org/sea_gasb_project).

Governmental Accounting Standards Board (1994) on financial and nonfinancial performance reporting ("Service Efforts and Accomplishments Reporting"): http://www. seagov. org/sea_gasb_project/con_stmt_two. shtml.

British performance assessment approach: http://www. audit-commission. gov. uk; http://www. audit-commission. gov. uk/performance; and http://www. local-pi-library. gov. uk/ thelibrary. html.

Checklists for monitoring of local services (inKenya): http://www. localgovernment. go. ke/LASDAP%20Guidelines%20(MLG%20Manual%202). pdf.

Performance management (in Johannesburg): http://www. joburgarchive. co. za/2006/pdfs/2006_idp_draft. pdf.

Integration of budget and performance in U. S. federal government: http://www. whitehouse. gov/omb/memoranda/m02 - 06 _ addendum. html, http://www. whitehouse. gov/results, and http://

www. whitehouse. gov/results/agenda/ scorecard. html.

Assessment initiative by an independent public interest organization in the United States (at 2005 – 06 Alaska Progress Report): http://www. alaska2020. org/reports. htm.

International Monetary Fund principles of fiscal transparency: http://www. imf. org/external/np/fad/trans/code. htm.

International Monetary Fund resources on international standards: http://www. imf. org/external/np/fad/trans/site. htm.

本章注释

①关于计算样本资源的方法见肯尼亚（2005 年：40）。

②关于经济因素对预算的影响见 NASBO（无日期）模块#4。

③见南非国家财政部（2005）2003 年 56 号市政财政管理法案及普遍认可的会计准则的贯彻实施情况。见经济合作与发展组织（2002）关于公共预算和会计改革模型。

④“所有的财政报告中提到的这些最佳做法应予以公开。这包括所有在互联网上免费提供的报告”（经济合作与发展组织 2001 年 9 月）。

⑤开普敦的服务元素的版本是另外一个例子，见 http：//www. capetown. gov. za/budget。

⑥因此，预算应当考虑通货膨胀因素——货币价值随着时间的推移而变化。这一方法见美国劳工统计局，http：//www. bls. gov/cpi/home. htm.

⑦未统计的利率和收费也需要注意。“人们购买力下降的政策收回全部成本体现在众多的非洲城市公用事业未决法案中”（Appeah 2005：7）。

⑧对于一个长期财政计划，强调“财政的可持续性”见 http：//www. toronto. ca/finance/long_term_ fiscal_ plan. htm；对于长期财务规划，见 http：//www. gfoa. org/rcc/services – fas. shtml.

⑨基准解决了这个问题，例如，佛罗里达州（2005：4）。

⑩整本书已经写了评估性能，其中包括 Ammons（1995，1996）and Dilulio，Garvey，and Kettl（1993）。整个网路网站是专门主题，包括：http：//www. unpan. org/globalforums. asp，http：//www. resultsaccountability. com 和 http：//www. seagov. org。

⑪ 另 http：//www. gfoa. org/services/rp/budget/budget – performance – management. pdf 和 GFOA（2000）原则四，编号为 6. 4 的例子。

⑫记分卡涉及在业务层面的性能指标（GFOA 2003）。对于平衡计分卡的操作指南见 Niven 和 Mann 2003。

本章参考文献

Ammons, David N., ed. 1995. *Accounting for Performance: Measurement and Monitoring in Local Government*. Washington, DC: International City/County Management Association.

———. 1996. *Municipal Benchmarks: Assessing Local Performance and Establishing Community*

Standards. Thousand Oaks, CA: Sage.

Anderson, Guy, Suzanne Flynn, Philip Harding, and Stewart Maugham. 2000. "Government Accounting and Interim Budget Development Projects in Tanzania." SIDA Evalution 00/14, OECD, Stockholm. http://www.oecd.org/dataoecd/49/29/35190386.pdf.

Appeah, Bernard J. 2005. "Local Government in Africa and the Challenge of Funding and Financing." Presented at the Founding Congress of the United Cities and Local Governmentsof Africa, Tshwane (Pretoria), South Africa, May 15 – 18. http://www.uclga.co.za/reports.html.

Bailey, Candice. 2006. "Blitz on R4.5bn Rates Debt." Cape Argus, April 5, 1 – 2.

Brown, Ken W. 1993. "The 10-Point Test of Financial Condition: Toward an Easy-to-Use Assessment Tool for Smaller Cities." *Government Finance Review* (December): 21 – 26.

———. 1996. "Trends in Key Ratios Using the GFOA Indicators Databases, 1989 – 1993." *Government Finance Review* (December): 30 – 34.

Center for Budget Priorities. 2004. "Opening Budgets to Public Understanding and Debate: Results from 36 Countries." International Budget Project, Center for Budget Priorities, Washington, DC. http://www.internationalbudget.org/openbudgets/Summary.pdf.

Charter Oak Group. 2000. *Customer Satisfaction Handbook.* Glastonbury, CT: Charter Oak Group. http://www.charteroakgroup.com/pdf/csHandbook2.pdf.

———. 2002. "Quality Community Action Association System: Self-Assessment." Charter Oak Group, Glastonbury, CT. http://www.charteroakgroup.com/pdf/selfassessment_Rev2.1.pdf.

Claassens, Marritt, and Albert van Zyl, eds. 2005. *Budget Transparency and Participation II, Nine African Case Studies.* Cape Town, South Africa: Albert Institute for Democracy in South Africa.

Dilulio, John, Jr., Gerald Garvey, and Donald F. Kettl. 1993. *Improving Government Performance: An Owner's Manual.* Washington, DC: Brookings Institution.

Florida, State of. 2005. "Local Governmental Entity Financial Condition Assessment Procedures." Auditor General. http://sun6.dms.state.fl.us/audgen/pages/pdf_files/ fca%20procedures.pdf.

GASB (Governmental Accounting Standards Board). Undated. "Performance Management for Government." http://72.3.167.245/aboutpmg.

GFOA (Government Finance Officers Association). 1993. "Public Policy Statement on Service Efforts and Accomplishments Reporting." http://www.gfoa.org/services/-policy/gfoapp1.shtml#plact6.

____. 1998, updated 2000. "Best Practices in Public Budgeting." CD – rom.

____. 2000. "Best Practices in Public Budgeting." http://www.gfoa.org/services/nacslb.

____. 2001. *Recommended Practices for State and Local Governments.* Chicago: GFOA.

____. 2003. "Performance Measurement." Management Consulting Services. http://www.gfoa.org/rcc/services-fas.shtml.

____. Undated. "Awards Criteria. Distinguished Budget Presentation Awards Program." Government Finance Officers Association. http://www.gfoa.org/forms/documents/BudgetCriteriaExplanations.pdf.

Groves, Sanford M., and Maureen G. Valente. 1994. *Evaluating Financial Condition*. Washington, DC: International City/County Management Association.

Habitat (United Nations Centre for Human Settlements). 1998. *Financing Cities for Sustainable Development*. Nairobi: Habitat.

Hartford, Connecticut. 2001. "Financial Trends." http://ci.hartford.ct.us/budget/adoptedfy2000-01/Trends/main-trends.htm.

IDASA (Institute for Democracy in South Africa). 2003a. "Budget Blinds or Budget Windows." Africa Budget Project. http://www.idasa.org.za/gbOutputFiles.asp? Write Content = Y&RID =555.

——. 2003b. "Quantitative Budget Analysis." PowerPoint presentation. http://www.idasa.org.za.

——. 2004. "What Is a Government Budget?" http://www.idasa.org.za/index.asp? page = output_details.asp%3FRID%3D680%26oplang%3Den%26PID%3D18%26OTID%3D37.

——. 2005. "Local Government in Budget 2005." Budget Brief 154, IDASA, Cape Town. International Monetary Fund. 2001. Code of Good Practices on Fiscal Transparency. http://www.imf.org/external/np/fad/trans/code.htm.

IPF (Institute of Public Finance). 2007. "CIPFA Benchmarking Clubs 2007, Corporate Services." Brochure. http://www.ipfbenchmarking.net/pdf/Benchmarking%20Brochure%20Nov%2006.pdf.

Johannesburg, South Africa. 2005. "Integrated Development Plan 2005/06." http://www.joburg-archive.co.za/2005/pdfs/IDP-Chapter10.pdf.

——. 2006. "Integrated Development Plan 2006/11." http://www.joburg-archive.co.za/2006/pdfs/2006_idp_draft.pdf.

Kenya, Republic of. 2005. "Guidelines for the Preparation, Implementation and Monitoring of Local Authority Service Delivery Action Plan (LASDAP)." Ministry of Local Government, Nairobi. http://www.localgovernment.go.ke/LASDAP%20Guidelines%20(MLG%20Manual%202).pdf.

Ketel, Belinda, and Karel van der Molen. 2006. "Performance Management in Local Government." Paper presented to the 10th International Winelands Conference, Stellenbosch, South Africa, April 5 - 7.

Kumar, K., and S. Moodley. 2003. "The Theory and Practice of Local Government Budgeting." In *Local Government Financing and Development in Southern Africa*, ed. P. S. Reddy, D. Sing, and S. Moodley, 66 - 85. Cape Town, South Africa: Oxford University Press Southern Africa.

Lewis, Carol W. 2003. "Updating State and Local Financial Indicators." *Municipal Finance Journal* 24 (1): 17 - 35.

Mabogunje, Akin L. 2005. "The State of Local Government in Africa." Paper presented at the UCLGA Founding Congress, Tshwane, South Africa, http://www.uclga.co.za/reports.html.

NASBO (National Association of Budget Officers). Undated. "NASBO Training Curriculum." http://www.nasbo.org.

National Treasury of South Africa. 2005. *Accounting Standards Implementation*. Municipal Management Finance Act Circular 18, June 23. http://www. imfo. co. za/Documents/AccountingStandardsCircular6July2005. pdf.

Niven, Paul R. , and Steven V. Mann. 2003. *Balanced Scorecard Step-by-Step for Government and Nonprofit Agencies*. Hoboken, NJ: Wiley.

Nollenberger, Karl. 2003. *Evaluating Financial Condition: A Handbook for Local Government*, 4th ed. Washington, DC: International City/County Management Association.

Obasanjo, Olusegun. 2005. "Keynote address by His Excellency, President Olusegun Obasanjo GCFR, Chairman, African Union, at the Founding Congress of the United Cities and Local Government of Africa (UCLGA)." Address to the founding Congress of the United Cities and Local Government of Africa, Tshwane (Pretoria), South Africa, May 15 – 18. http://www. uclgafrica. org/Documents/OfficialDocuments/Keynote%20address%20by%20His%20Excellency%20Olusegun%20Obasanjo%20ENG. doc.

OECD (Organisation for Economic Co-operation and Development). 2001. "Best Practices for Budget Transparency." Report JT00107731, OECD, Paris. http://www. olis. oecd. org/olis/2000doc. nsf/87fae4004d4fa67ac125685d005300b3/c125692700623b74c1256a4d005c23be/ $ FILE/JT00107731. PDF.

———. 2002. "Models of Public Budgeting and Accounting Reform." *OECD Journal on Budgeting* 2 (Supplement 1), 3 – 354. http: // www. oecd. org/dataoecd/30/0/33684121. pdf.

———. 2005. "Public Sector Modernisation: The Way Forward." http://www. oecd. org/dataoecd/40/33/35654629. pdf.

OECD and World Bank. 2003. "Results of the Survey on Budget Practices and Procedures." http://ocde. dyndns. org.

Osterkamp, Ken. 2006. "Alaska Progress Report 2005 – 2006." Alaska 20/20, Anchorage. http://www. alaska2020. org/pdfs/2006/APR_2005-06. pdf.

Performance Measurement for Government. Undated. "Clearinghouse for performance measurement sponsored by the Governmental Accounting Standards Board." http://www. seagov. org.

Pierce, Karla. 2006. "Nine Habits of Effective Data-Driven Performance Management." *Government Finance Review* 22 (3): 36 – 40.

Raleigh, North Carolina. Undated. "Performance Indicators, Fiscal Year 2005 – 2006." http://www. raleighnc. gov/publications/Administrative_Services/Budget/2005-2006_Performance_Indicators. pdf.

Sabela, T. R. 2003. "Local Government Financing in Swaziland." In *Local Government Financing and Development in Southern Africa*, ed. P. S. Reddy, D. Sing, and S. Moodley, 273 – 83. Cape Town, South Africa: Oxford University Press Southern Africa.

UNECA (United Nations Economic Commission for Africa), Committee on Human Development and Civil Society. 2005. "Participation and Partnerships for Improving Development and Governance in Africa." Issues paper E/ECA/CHDCS. 3/2, Addis Ababa, Ethiopia. http://www. uneca. org/chdcs/chdcs3/Issues_Paper. pdf.

Wamwangi, Kinuthia. 2004. "Sub-National Experience of Civic Participation in Policymaking and Budgetary Processes: The Nairobi Case Study." Africa Social Accountability Action Forum, Harare, Zimbabwe. http://www. asaaf. org. zw/casestud1. htm.

第八章

地方预算程序

丹尼尔·R. 穆林斯（DANIEL R. MULLINS）

存在于国家预算体系内的地方预算系统、程序和构架，反映了文化、能力、国家治理以及制度的历史传统和多样性。因此，没有任何一个单一的地方政府预算是最好的。也就是说，所有有效的地方预算系统都必须包含一定的因素，而这些因素必须能够提高公共支出管理的三个主要目标：政府财政纪律/开支控制，优先/战略资料配置，运行（管理）效率/有效性（Schiavo – Campo 和 Tommasi 1999：第一章）。

包括系统和程序的有效处方强调：

■ 角色和职责的定义以及决策制定的透明度；信息的有效性；预算流程的开放程度以及确保预算的完整性。

■ 所有收入和支出相结合的全面性，以及所有预算交易的全面计算。

■ 建立政策和优先权的程序和方法，包括一个外向性的财政框架，注重服务的产出和结果，以及一个能够把组织单位和目的与支出联系起来的分类系统。

■ 建立在既有优先权基础之上的支出计划，消费与服务水平相联系，允许在使用资源投入方面存在灵活性。

■ 由服务水平、产出和对投入使用的相关裁量权所支持的管理效率。

■ 由于全面了解而增强的责任和控制；优化；系统的预算和支出检查，执行控制，运行后报告和审计（Mikesell 和 Mullins 2001∶564）。

每一个相互作用的要素都支持其他要素的完成。

在一个发展的环境中，这些在地方层级中显示出来的重要作用是整个预算系统的基础。根据席克（2004∶84－85）观点，他们包括：

■ 建立一个可持续超过中期甚至更长时间的财政框架；
■ 基于政府优先和项目效率的基础上为项目配置资源；
■ 有效地进行政府运作和分配公共服务；
■ 确保预算反映公民偏好；
■ 确保支出单位对他们的行为负责。

在定义地方预算流程的基本要素时，国家和地方预算顾问委员会强调的是与需求和优先权的评估相关的决策，旨在实现目标的项目计划和管理战略，建立和采纳一个始终一致和实际可行的预算流程以及作出调整、监控和表现评估机制（见专栏 8.1）（国家和地方预算顾问委员会 1998）。这所指的是制定有意义的政策和管理上的选择的能力。

专栏 8.1　预算流程的十二个要素

根据国家和地方预算顾问委员会的规定，预算流程“包括一系列活动，涵盖有关提供服务和资本性资产的计划的形成、实现和评价过程。”预算流程包括一个与“组织目标”相关联的“长远观点”，着眼于“成效和结果”，涉及与联系利益相关者，也为管理者和员工提供激励。

预算流程的十二个要素可以归为四类。

流程应该建立宏观的目标从而指导政府做决策：

■ 获取社会需求，优先权，挑战和机遇。
■ 为政府服务、资本资产和管理鉴别机遇和挑战。
■ 建立和传播宏观目标。

该流程应该通过建立一些方法去实现其目标：

■ 采纳经济政策。
■ 建立项目化的，可控的资本政策和计划。
■ 建立与政策和计划相一致的项目和服务。
■ 建立管理战略。

该流程应该建立一个与实现目标的方法相一致的预算：

■ 为准备和采纳一个预算而建立一个流程。
■ 建立和评估经济选择。

■ 为采纳一个预算作出必要的决定。

该流程应评估表现和作出调整：

■ 监控、判断和评估表现。

■ 作出必要的调整。

资料来源：国家和地方预算顾问委员会 1998:3，5。

本章着眼于建立地方预算流程的更为广泛的环境。从形成这一流程及其结果的最重要的问题这一视角来考虑这个流程：地方权力的等级和分配，在一个多层次政府间的架构内，地方预算的重要性，协调和合作机制，计划和优先权的设定，参与流程以及责任和赞同程度。

一、政府间关系框架

一个国家的政府间架构为地方自治和权威搭建了舞台，因此也界定了地方预算体现功能的一些特性。这种政府间结构在定义地方预算程序及其重要性时，或许是唯一一个最有影响力的因素。

（一）自治范围

没有财政支出和财政税收权力和资金自由支配权的地方管辖权，其高效率预算的能力几乎可以肯定地受到了阻碍。因此，集权和分权的范围在地方预算流程中，是一个重要前提因素。地方分权是指有意义的选择和为满足地方人口的需要而调整地方公共领域政策和服务供给的能力，同时也包括对有效的、高效率的，局部责任的公共部门的激励。同时，必须建立一些机制可以有效地连接国家和地方的计划和预算流程。这种协调就是地方预算的限定性因素。

地方分权的形式是重要的。多数专家认为有三种形式：政治分权，行政分权和财政分权（Gurger 和 Shah 2000；Rondinelli 1999；Tanzi 1995；von Braun 和 Grote 2000）。政治分权通常需要合乎宪法规定或者依照法令的改革，多元化政党的发展，立法机构的加强，地方政治单位的创立，以及有效的公共利益集团的激励（Rondinelli 1999:2）。它强调的是透明度，政策制定，财政支出计划，管理的高效率和责任。行政分权是对处于不同层级间的政府的公共服务进行重新分配权力和责任。分治制，一个地方分权的较弱形式，把行政管理责任转移到地区、行政区、外地办事处的下级单位，或者转移到中央行政部门监管下的地方行政管理部门。委托将功能和决策转移给向中央政府负责但又不受其控制的半自治组织。

权力下放通常将决策、财政和管理权力转移到有着选举产生的执行和立法机关并且拥有独立财务权的地方单位。这或许对于地方资源的配置有着积极的作用，但是较少的民主程序将有可能限制其透明度和责任性。

有效且有意义的政治分权和行政权下放需要足够的收入和支出权。没有这些权力，地方决策（包括地方预算）是没有意义的。财政分权要求地方管辖当局有对重要收入手段的自行决定权进行管辖（在一个设计合适的政府间财政框架内）。这种权力——伴随着在预算支出方面的优先化和决策，以及使用要素投入和项目运行——提供了有意义的地方决定权。有效的地方预算高度地依赖于有效的政府间系统，并且它的规定与地方分权缠结在一起。

地方预算的起点差别相当大。在非洲，地方选择（地方预算的意义和地方预算流程）最好的是南非和乌干达，其次是肯尼亚和加纳。这些国家联结重要的政治分权和财政分权。中非共和国、乍得、尼日尔和塞拉利昂的地方选择则很少（见表8.1）。

表8.1　　**非洲地方分权图**

国家名称	政治分权	管理分权	财政分权	综合分权
南非	3.33	3.00	4.00	3.30
乌干达	3.33	3.00	3.50	3.15
肯尼亚	3.00	2.33	3.00	2.75
加纳	3.00	2.33	2.50	2.60
尼日利亚	2.67	2.67	4.00	2.60
卢旺达	2.67	2.67	4.00	2.60
纳米比亚	3.33	1.67	1.50	2.50
塞内加尔	3.00	1.33	2.50	2.50
埃塞俄比亚	3.00	2.00	1.50	2.40
坦桑尼亚	2.33	2.67	3.00	2.30
津巴布韦	1.33	2.60	3.00	2.30
科特迪瓦	3.00	1.33	3.50	2.20
马达加斯加岛	2.67	2.00	1.50	2.20
赞比亚	2.67	1.67	1.50	1.90
马里	2.33	1.67	1.50	1.75
几内亚	1.67	1.67	2.00	1.75
厄立特里亚	0.33	2.00	1.50	1.67

续表

国家名称	政治分权	管理分权	财政分权	综合分权
马拉维	2.00	1.00	2.00	1.60
布基纳法索	1.67	2.00	1.50	1.60
莫桑比克	1.33	1.67	1.50	1.60
刚果共和国	0.33	1.33	2.50	1.40
布隆迪	0.33	1.00	2.50	1.30
安哥拉	0.33	1.67	1.00	1.30
喀麦隆	0.67	1.00	2.00	1.20
刚果民主共和国	0.33	1.33	2.50	1.20
贝宁	0.33	1.67	1.00	1.20
中非共和国	0.67	1.00	1.00	1.00
尼日尔	0.33	1.00	1.00	1.00
塞拉利昂	0.67	1.00	1.00	0.90
乍得	0.33	1.00	1.00	0.80

资料来源：Ndegwa 2002。

注：所有分数在0—4区间，0代表最低等级的地方分权，4代表最高等级的地方分权。分数在Ndegwa（2002）提供的图示基础上判断得来。综合地方分权的分数是一个综合分数，它建立在对政治、行政和财政分权打分的各种变量的平均数的基础上，同时包括了附加的政府间系统的向上和向下的责任和稳定性指标。

乌干达和南非转移的民主权力与其他非洲国家转移的民主权力之间的差距是相当大的。权力和地方司法的自治在不同非洲国家内差别也是非常大的。例如，在斯威士兰，地方当局主要都是由中央控制，但是市议会相对来说是自治的。市议会在管理和运作系统之上有着自由裁量权，并且有权发展能力，而镇议会的自治权力就少多了。中央部门完全控制地方镇委员会的运作（Gamedze 2001）。

莫桑比克的例子说明了发生在地方管理中的演变在非洲范围内广泛存在。该国中央政府任命和委派地方自治区域的领导和管理者。1994年，议会为建立拥有更大自治权的市政区域制订一个框架，并且开始推行一个地方政府改革项目。1997年同意授予地方当局立法权，1998年第一次市政选举在33个自治区内举行（Antonio 2001）。市政当局在提高税收和管理财政事务方面享有更大的自治权，被要求制订与5年期市政计划相一致的财政计划，能够征税（由中央政府征收），能够设立收费。市政管理机构包括一个市政议会（从一个党派候选人名单中选举产生），一个选举产生的市政委员会主席或者市长（市政行政长官）和一个市政委员会（一个由市长领导的行政机构，并且包括了由市长提名任命的镇政务委员，其中50%必须从选举产生的市政议会中产生）。这些对于有实际意义的地方预算都是必要的。

莫桑比克一直以来遵循一个"渐进主义原则"，在给予一个地区以自治权力之前提升地区能力建设。这种方法说明了公民团体在提高"管理效率、公共资金责任和税收产生"方面是有作用的，并且利益相关者和民间团体需要公民教育来维系（Antonio 2001：15）。它还说明各机构相应角色在政府不同层级上的划分的必要性，加强自治区立法权力的必要性，改善技术条件和资格建设的重要性，公共资金使用的透明度的必要性，以及自治区投资项目预算和资金的重要性。

（二）限制权在非洲的含义

地方自治发展合作组织（MDP）在回顾南部和东部非洲地方权力后指出，当地在履行其职责的时候通常都遇到过相同的困难。在这些困难中，突出表现为对中央政府拨款的依赖，因为地方政府没有足够的地方税来源和权力，又缺乏管理能力和自治权而不能有效预算和计划（Mosha 和 Mabaila 2003）。不充分的融资体系在欠发达国家是普遍现象，而且制约了资源基础，不能够提供正确的分权层级。

地方自治发展合作组织发现对于地方政府而言，例如在博茨瓦纳，主要的困难包括立法层级和政治自治不够，没有足够的自有财源和落后的财政管理，以及在社会服务提供和基础设施建设方面能力的局限性。在博茨瓦纳的哈博罗内，根据自治发展合作组织的调查，市议会提供年度预算预测，但是因为中央政府资源转移和授权支出的不确定性，而导致其不能实施合适的预算和计划进程。由于缺少地方立法和管理自治，使得有意义的长期计划和优先权设定变得不可能了。人员和能力问题也加剧了这些问题的出现。"议会的人员由一个中央代理部门来雇佣……而且议会仅仅分得了有限的权力"（Mosha 和 Mabaila 2003：2）。地方自治发展合作组织建议市议会应在计划、预算和资金管理上被给予更大的自治权。而且自治发展合作组织还建议财务分权、人事聘用结构的改革和地方政府法定权力的修订应该加快。

津巴布韦的农村地区委员会面临着相似的挑战。该国的五年（1996—2001）农村地区委员会能力建设项目发现57个农村地区经历的最典型的问题是人力和财政资源的短缺。该项目旨在提高计划性、财政管理、税收产生、社团参与、社会和经济的基础结构、公共透明度和责任度，以及公私合作。[②]一个对该项目的评估发现了"突出的进步……在战略计划、监控和评估系统、员工重组和劳工关系，以及委员会及预算重构等领域"（Musekiwa 2002：12－13）。它推断：能力支持有助于高效的表现，地方当局应履行通过合法授权和提供资源去实施项目，通过能力建设“提高地方民主管理”和“下放责任”；同时给地方机构赋权需要有来自于中央部门成熟完善的指导；能力建设可以刺激地方分权；项目和管辖权间的协调一致是至关重要的（Musekiwa 2002：12－13）。这个评估还强调了地方自治的重要性。

这些问题和建议反映了那些在欠发达和传统环境下的发现，突出强调了政府内部管理范围对地方政府的重要性。20世纪90年代的改革已经建立了地方司法权，对立法、税收和预算赋予有效的地方分权。然而，现实上地方自治的水平是有很大差异的。比如，在纳米比亚，各个自治区在财政上是自治的，镇议会是部分自治的，村是完全依赖于中央政府。博茨瓦纳地方当局预算上在经常性和发展支出和分配两方面都依赖于中央政府。透明度是一个主要的障碍，加强纵向责任是以牺牲对市民的横向责任为代价。地方能力建设对于参与式预算是十分必要的（Wamwangi 和 Kundishora 2003）。

（三）复杂性和政府内部管理的重构

政府间转移在发达国家和发展中国家中显得很规范。10年前经济合作和发展组织注意到地方司法权正变得越来越重要，而且中央政府正努力“抑制一些总体上对支出和收入的控制”（OECD 1997：15）。在经济合作和发展组织国家的经历强调了在提高地区自治和中央政府指导之间，在地方机构的差异性、复杂性和一定程度的一致性之间，以及对地方期望的更大的回应能力和在提供服务中保持节约和效率之间建立一个适当平衡的种种压力。发展中国家也面临同样的压力。在经济合作和发展组织国家中，这些压力需要：

■ 调整财政和管理控制，使其不再是详细的、自上而下的要求，而是面向受到广泛认同的组织结构和依据过去经济发展情形分析，结果导向的手段。

■ 发展在文化上和管理上适当的协调和磋商机制，使其服务于为基于目标的管理而建立的一套全面的和连贯的方法。

■ 提高责任流程，将对财政结果负责的管理责任和对公共负责的政治责任联系在一起，而且这一流程必须与市民参与这种转移相一致（OECD 1997：70）。

特有的经济、文件、政治和能力问题决定了什么是可能的和什么是期望的。不幸的是，最初要提高地方资源配置的作用常常不能履行他们的诺言，尤其是在一些发展中地区。那些阻碍成功的主要因素是一套不足以胜任的监控和推进地方分权的机构框架，中央政府互相冲突的政治和官僚动机，有限的地方管理和技术能力，地方政府对全体选民所负责任的不胜任（Smoke 2000）。这些问题在渗透地方预算的进程中。

（四）多层级机构和参与者的协调

有效的地方预算需要中央和地方政府将地方司法权发展成为有效的管理机构。更高水平的司法权对于为了提高地方工作透明度和提高地方官员对地方选民责任感而建立的一些流程和标准是至关重要的（Smoke 2000）。“管理不同的、片断式的和内部相互依赖的多层级系统需要新的技术”（OECD 1997：15）。对监察和评估地方分权系统，测定课税努力，跟踪地方预算，评估财务取舍，建立和管理转换系统，调整地方借贷，建立财务信息系统，以及建立审计程序等方面，中央政府必须实施分析研究。此外，他们还必须建立人事和环境制度，建立公共服务人员资格，建立最低服务标准，解决政府内争论机制和制裁措施（World Bank 2000）。巴西、哥伦比亚和肯尼亚的改革视中央和省的职能便捷化为地区能力建设的一个主要因素（Smoke 2000）。

因为有效的地方预算要包括财政权力下放和部门责任，一批范围广泛的政府部门和行政官员暗中包括了进来（见附件 8A 对南非完善的处理政府内部关系的方法的描述）。因此，地方预算流程的重要因素可能需要地方政府计划部或者财政部的协调一致，并且通常应该包括一些部门以确保政策在不同层次的政府间融洽一致。非政府组织、公民团体和私人组织也应该有效地被包括进来。形成协调一致的重要因素在于分清楚每一层级政府的角色；衡量地区税收和支出权力以及适当的财政支出结构；管理能力，民主和参与机构和社会标准，正确的预算程序和流程以及确保各级政府间合作的机构（Norris，Martinez – Vazquez 和 Norregaard 2000；Shah 1998）。

二、地方预算周期

任何一个政府预算程序都必须有一个周期：准备和规划、批准、执行、审计和评估（见图 8.1 和附件 8B 中对爱沙尼亚地方预算程序的描述）。准备阶段通常被突出地视为一个行政角色，它包括计划（有些时候指筹划）和为每年预算制定的从一个中期财政框架到一个中期支出框架的联系计划，优先权和资源和花费包的建立，对部门提交预算的指导，对预算需求的管理检查。批准阶段是一个法定的必经阶段，而且主要发生在预算提交给立法机构或者议会审议时。这个阶段由预算覆盖范围和需求说明书所限定，由批准权限和在预算调整中立法的自行决定权所限定，而且是由立法行动的时间表所限定。执行阶段包括了担保保险，确保对立法政策的执行能力的一些机制，分配，行政裁量和年中调整流程，国库管理和财政控制。审计和评估阶段是一个核实的阶段，包括执行报告，独立的账户核实，财政和运行报告和公开信息。这些必须的要素在不同层次的政府内是相同的，但是它们的实现却是大不相同的。像我们前面提到的，政府内的、机构的、政策的和城市背景的多样性是非常显著的，并且他们的多样性，不是技术系统的多样性，在发展中国家的背景下，是整个预算流程中最至关重要的要素之一。

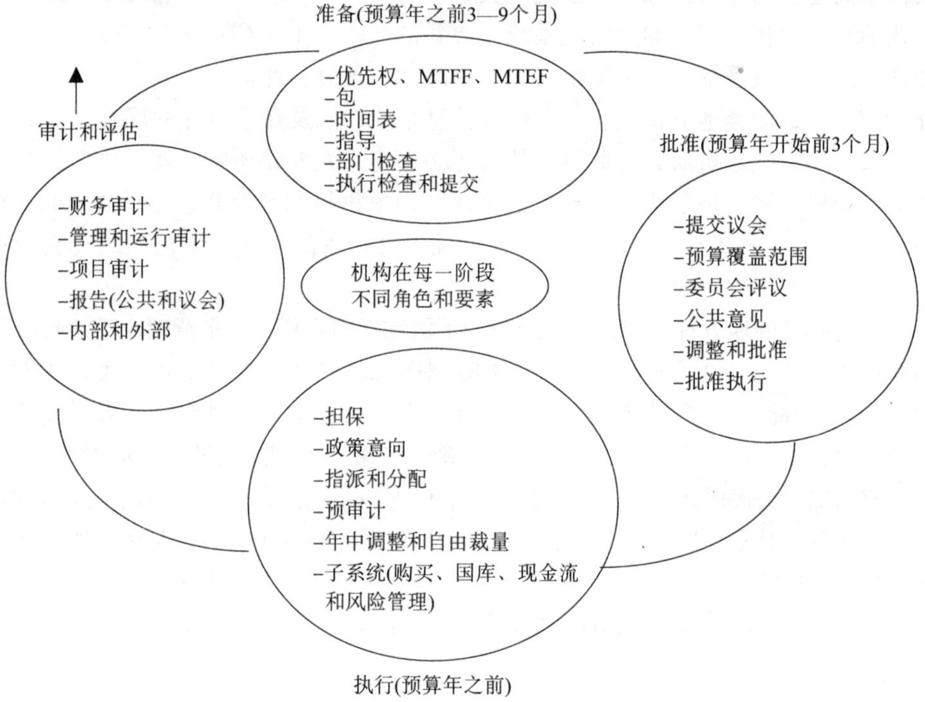

图 8.1　预算周期和机构角色

资料来源：作者。

注：MTEF 指中期支出框架；MTFF 指中期财政框架。

预算周期必须由一个预算日程表所支持，这个日程表指定了预算周期的每一要素所在的阶段（见附件 8B）。一个完全的日程表考虑了为每一步骤的实现而通过立法性和管理性建立起来的时间表。它区分了参与者和机构在每一步骤的角色和责任，以及实现每一步骤需要的信息和程序。好的实践经验建议在预算流程中的公开性，把它作为改进结果的一种手段。

（一）流程和环境

程序问题渗透在一个预算周期的各个要素中。而这种程序与预算规划和批准阶段的规则、流程、投入和参与者时间表等相关联（见专栏 8.3）。在这两个阶段中，预算选择形成并且在官方政府预算中确定下来。[③]有效的预算要求对优先权和目标有一个初始的鉴别。对优先权和目标有效的鉴别需要从地方政府大量的投资人中选择正确的投入——鉴别由一个对社会状况、机遇和挑战进行现实可行的评价后得知。根据州和地方预算国家顾问委员会（NACSLB），一个好的预算程序应该“包含一个长期远景，建立与组织大目标之间的联系，预算决定注重结果和输出，包括和提供与投资人之间有效的沟通和交流，为政府管理和员工提供鼓励”（NACSLB 1998）。预算规划和批准阶段的程序和流程必须要加强这些要素。

（二）平衡的机构权力

预算程序可以根据在预算规划和批准中的相对优势，或者各机构参与者之间的平衡进行分类。一些程序显示了极强的行政执行和管理优势；另一些程序则有着立法性优势。在预算的建立和采纳流程中可以进行一些好的讨论来平衡不同层级的行政影响和立法性影响（见专栏 8.2）。

1. 行政和执行主导

行政和执行主导的系统体现出了两方面特点：一是执行预算开发和检查的闭合程序，二是在进一步的政务会优先权设置、检查或者预算倡议方面的有限选择权。在这样的系统内，执行者（市长或者主要管理人员）对立法咨询以外的规划负责。完成后的预算提案被送到立法机构（或者议会）去考虑。有可能根据功能划分，这些提案报告了总收入和支出合计。它们既不详细列出支出计划，也不提供部门或者组织单位的资源流动国家。它们不提供分析性报告。立法机构没有能力自己实施对提议的检查，而且通常在没有公共听证的情况被要求把预算作为一个整体来考虑，而且它对文件修改的能力是十分有限的。在一些情况下，立法机构仅仅是被赋予同意或者否决预算的权力。在另一些情况下，立法机构只能建议同意或者否决预算。政府内部的结构对于地方预算检查而言，会更进一步地限制地方管理和立法的自由裁量权。

专栏 8.2　财政纪律：预算制度和程序

等级制和中央集权的程序提高了执行机构和财政机构的权力，促进了财政纪律，而且能够加强计划和执行之间的联系。立法影响强调的是民主管理、检查和控制、同僚关系，但是削弱了纪律要求。开放原则采用的是一个更加平等的支出分配制度（或者有可能很少斩获），这是以可能延误或者花费加大为代价的。封闭原则限制了花费特权，而且当它们提供支出上限或者税收底线或者限制修正案时，它们对执行权力更有利。

在考虑特殊支出提案之前就总收入和总支出进行表决被认为会提高纪律性。然而，政治执行者们常常反对预算的透明性从而遮掩困难的选择。他们通过使用乐观的税收和支出（费用）描述、预算外账户和多年预算来提供财务假象，这些都会拖延那些困难的选择。

要求平账的法律规定可能加速对财政震动的反应，而且能够提高财政纪律，但其也有可能最终与透明性相违背。等级制的流程可能会提高纪律性，但是减少了民主参与。根据 Dethier（2000a），当一个政府面临多年的财政紧缩时，等级制的程序常常是更愿意选择的。

多年计划可以通过计划的存在来促进预算扩张合法化。预算讨论集中于当前行为和增强支出限制的核实性预测。

资料来源：作者。

2. 立法主导

在立法主导的系统里，管理部门直接把预算评估转移给议会或者它的委员会。如果执行预算准备好了，一个平行的立法预算也同样建立了。那么立法机关有权通过执行投入建立立法预算或者用它自己的预算取代执行预算。在预算的计划和规划中，立法机关扮演着重要的角色，立法院由辅助人员负责帮助建立它直接的预算。立法主导的系统存在于管理权力和立法权力并没有清晰地被分开的环境里。具有立法权角色的社区会议代表一个系统（镇会议）。在立法主导的程序中，立法机关对建立花费请求有着无限权力，并且它的权力凌驾于部门授权的预算总计和预算细目之上。

3. 平衡流程

平衡流程避免了执行部门和立法部门占据过多的优势。在这种流程中，立法机关和执行机关在预算的建立中互相合作（有时候合并在执行和立法预算委员会），把预算规划和立法核准合并在一起。有时候，一方或者另一方对预算周期内的特殊任务有着一些更大的权力，而且每一方都有独立的调查和检查权力。当执行机关规划预算时，它提供了详细的评估和分析支持，允许立法机构评价优先权和为项目和管理单位划分支出。这种系统能够使立法机关从执行机关的被告知地位中获益，而且能够使执行机关负责任。在平衡系统中，市政委员会有修订权力，这些权力常常限制在为了提高财政责任而确定的范围内。在一些系统中，只要没有超过总和预算上限，它们会赋予政务会在各种职责、项目和行动中再次调配花费的权力。另外一些系统可能会要求政务会在总花费增加及总收入减少与相应的收入增加和花费减少之间做冲销。

4. 地方治理状况和权力比较层级

立法权力的比较层级、管理和执行权力常常是经济环境的一个功能，也是地方政府享有的独立裁量权和自治权的层级。管理和执行占优势的结构通常存在于中央政府保持着对地方政府运行和管理的控制权的地区。按照惯例，这些结构都会产生相对保守的地方财务结果。然后，中央控制会严重限制地方提供的服务的创造性和高效性，所以一个混合层级的支出所提供的地方福利水平可能要比通过一个存在较少控制的结构所能提供的地方福利水平更低。立法权力与地方自治联系在一起，而且对财政纪律来说，经常被视为是一种风险。它还与公共参与程度和潜在的提高地方稀缺资源满足地方需要的目标相联系。平衡程序更偏重于让他们的能力在预算领域内，为需求、优先权和操作模式带来更好的表现。他们让立法和执行参与者对其他不受限制的权力起到一个有益的牵制作用。执行机关和立法机关相关的权力不但依靠地方政府的权限，也要依靠地方经济和社会状况、地方管理的总体环境和总体的政治状况。

（三）预算准备和规划

管理结构对于协调地方政府预算的准备和批准是必要的。要素的范围包括了识别、设立预算的基本需求，附带时间表的具体步骤，到预算规划、投入需求、各种利益相关者和公民社会参与程序。

1. 政策指导和展望

高效的预算开发需要建立支出优先权。这个程序开始于计划或者计划之前的阶段，而且常常由执行的参与者控制支配。信息流既是自上而下，也是自下而上的。在更为理想的系统中，政策指导在为预算的开发而建立期望和参数的流程中是一个自上而下的程序。这些期望和参数以指令的方式由执行机构传递给各机构和支出部门。这些指令指的是财政框架、资源和成本预测和假定、预算包，以及大概的政策优先权。

从执行驱动系统中狭隘的参与性到参与式系统中利益相关者和议会更广泛的介入，这个框架的建立也是多种多样的。一些框架采用了委员会制，这个委员会包括了执行部门和议会的领导权。相对封闭的系统被认为是提高了财务的约束性。相对开放的系统被认为是能够区别和表达团体的需求和利益。这些程序所反映出来的一系列兴趣和观点决定了哪个程序具有代表性及其程度。

计划阶段为支出单位的预算需求建立了一些参数，而且在建立一个合理的、现实的和负责任的地方政策日程和可执行的预算计划中，影响了整个程序的效率。这个阶段对非政府参与者的直接参与是格外封闭的。更广泛的参与常常是在那些目标设定程序和团体优先权设定程序中实现的，尽管为预算的开发提供投入，但是这些参与和预算开发程序是分开的。

基本的自下而上流动发生在计划阶段，它是通过广大部门和支出单位的政策和支出优先权以及期望税收结果的估计的呈递来实现的。管理参与者对政策倡导和指令的观点可以通过项目的优先权获知。自下而上、自上而下和平行（参与型）信息流对于建立一个高效的框架是非常重要的。特定的（自上而下的）预算指令是从它的计划阶段、具体部门、处室和随后的花费单位（自下而上）的呈递而建立起来的。

2. 指令和支出标准

对支出单位提出支出请求的指令来自于政策指导。这些指令不应该过细，否则就会限制这个程序从对项目和单位管理者的评价中获益的能力。这些管理者在建立支出计划流程中需要一定的灵活性，而建立支出计划是为了他们在追求项目目标时尽可能有效地安排那些稀缺资源。

预算指令需要辨识出项目优先权、财务环境（限制、缩减、预算压缩期望、对需要的临界限制和约束）、对支出倡导的执行接受能力（强弱如否）、费用增长（重要的投入）的假设、人事配备的期望以及预算需求所需要的信息等。此外，指令还应当明确支出呈递所采用的形式，对连续的和新的支出倡导所需要的正当理由的种类，以及呈递时间表。时间表应该区分详细的呈报日期、呈报将被检查的日期、管理听证会和上诉将会发生的日期。为了完整的预算发展周期，这个时间表还应该把呈报、检查、修改和上诉阶段放在时间表的文本里。在一个理想的结构内，为了部门和处室的呈报，将会建立初步的支出包，呈报应与总的预算包保持一致。

3. 审查和编制

对部门预算需求的检查应该在标准程式、技术和管理三个层面上。一个基于目标的相对价值的检查应该比为实现目标的方法而进行的检查更重要。技术检查确保了需求数值和评估的准确性，而且也确保了需求数值和评估与先前在对投入成本、历史支出和支出包方面的指示和假设保持一致。管理检查确保了管理者在为指导管理的和标准程式的运行而提出的方法中遵守了管理机制、系统程序、流程和指导方针。标准程式检查确保了支出提案与政策指导和政策优先权保持一致。

这种检查的所有层面对于高效的预算制定都至关重要。任何错误都必须加以纠正。提案中的资源投入必须经过仔细检查。必须要确保有可接受的管理实践。计划性行为必须按规定与部门内以及部门间所建立的总支出包相适应。

检查应当是多层次的。预算需求的建立应该从低层级的支出单位和管理者开始进行，而且详细的内部检查要求应该在每一个管理层级上执行。对这种检查的指导方针应该是在每一层面上对公共部门预算的竞争需求中，确保经济、效率、有效资源配置和适当的资源需求回报。在执行阶段（在一个执行预算开发程序中）的最终的检查，或者在委员会阶段（在一个执行和立法混合程序中）的最终的检查，应当注重支出优先权和管理运行的权衡。在这个检查阶段最为普遍的情况就是对每一个连续层级的需求进行严格的预算削减。这些削减只有在知情的方式下才能进行，假设支出需求产生于一个适当的计划性的环境中，而且这个支出需求对于成本和期望结果有必要的信息支持的话。有效的检查能够在支出单位和项目目标间权衡相关成本和结果。检查还应该是递归的，可以在每一个程序阶段，给机会上诉或者重新确定需求（在早期检查回馈的基础之上）。最终的检查结果形成了在可行的预算提案内对所有支出需求的汇编。

（四）立法检查和批准

在代议制系统中，一个被选举产生的立法机构（市政议会）愿意或者被期望去支配预算的批准阶段。为了使批准阶段与规划阶段相区别，这个机构必须有权力把那些授予机构和执行机构分开。为了使批准有意义，议会必须有权力能够实质性地改变呈报给它的预算。这种权力是多种多样的。如前面所提到的，有一些议会有很小的修改权力，而且一般都必须对呈递的文件进行投票。另外一些议会有权力能够用一个立法建立的预算替换一个已经呈递的预算。

即使在一些重要的合法权力的例子中，实际的权力是由呈报审议的预算的特性、以及为立法机关考虑和修改而设定的程序这些因素来决定的（比如开放的或者封闭的修订规则和给立法机关考虑的时间）。信息内容有限的预算，无法对有意义的立法政策提供很大的作用。封闭的修订规则，往往愿意支持从特别预算委员会移交或者上报来的预算，反之开放的修改规则希望支持参与性，并潜在的减少财务约束。

越长的考虑时间就意味着越多的修改。结果也会受到在立法机构内的这种具有代表性的结构的限制。州议员席位与市级选区席位对于财政限制有着不同的含义。市级选区代表提供了所代表观点的更大的潜在多样性，但是要摆脱财政纪律，它可能面临更大的压力。

委员会裁决权在预算审批中也是一个重要的要素。地方议会几乎没有能力去培养专门技能，而且预算考虑的模式也从由一个全体委员会商讨审议到把预算的各个要素分成不同部分，以区分立法委员会而不同。立法性财务纪律可能会通过委员会专门化而得到加强。

1. 预算覆盖范围

在立法检查和批准阶段，一个至关重要的因素是预算信息的质量。知情检查是信息增强器。如果预算有意反映市政府的优先权和政策，那就必须要提供最完整的信息。预算必须包括所有市级收入和支出；所有的特别基金或预算外账户；所有的专用收入和基金；所有收费；所有经营支出；所有资本支出；所有借贷、拨款和或有债务。分类必须使资源投放能够与实际可用资源的估计相比较，而且必须使规划资源投放能够与有责任的支出单位和优先权、目标和计划性的活动相比较。

2. 检查

议会必须有权收集信息和要求行政官员对所提预算的所有要素的价值提供证据。议会需要一个独立的信息分析方式。对立法机构在预算检查中，适当的人事帮助是至关重要的，还有时间表，它能够保证足够的时间来对政策和计划性选择进行考虑，但是又不会太长导致最终只能提供过时的评估。检查应当是开放的，而且应当包括来自于公民社会的投入，以及对于提案预算的社区公共听证。

3. 审批范围

立法权力必须是有意义的。议会审议应该包括对总收入和支出的考虑，以及在计划性和组织性单位层级上的支出。立法机关应当有权修改呈报的预算。在最开放的系统中，这种权力应当是没有限制的。但是，经济环境和对平稳控制的要求经常导致了对立法权的约束。权力通常受限于总收入和支出包，而且当议会参与了总收入和支出包的制定，这些权力会成为适当的，而且为了财务纪律，这些权力常常被认为是必要的。在更大的立法裁量的环境中，在考虑对已呈报的预算进行修改之前，需要立法建立的一个总收入和支出框架。

立法裁量是否限制了支出混合是至关重要的。没有这种裁量权，执行部门不能对支出政策或者计划性的目标满意度，向议会负责。如果来自于公开的评论和代表系统的投入能够有效地被传递到地方政策中，那么就需要有意义的通过立法控制支出结果的机制。

（五）执行和评估

预算的执行通常被认为是管理和技术方面的而不是政策制订上的。从执行阶段反映总计划和项目的执行情况来看，这种观点或许是正确的。然而，有效地执行需要管理的自主权，自主权能够允许政策在执行流程中被改变。在执行机构和立法机构中相应的权力需要一个平衡，在预算执行中也需要适当的手段来支持或者限制管理的自主权（Forrester 和 Mullins 1992）。这种平衡需要对拨款的法定状态、必要的立法控制细节水平和实施机制有所了解。构架从法律控制经济支出条文（从个人服务到合同服务的提供）到将总拨款合在一起做更广泛的用途。中间状态包括对项目和花费单位的法律授权，并且在对为实现批准的目标而必需的各种实际投入有管理自主权。过于严格的立法控制束缚管理而且会导致实施流程中的低效率。过于松散的立法控制会损害依法建立的政策的一致性。

常常会建立一些法规允许在执行流程中重新调整一部分资金，这样高效的管理自主权就会得以实现。甚至对预算中的细节，实际的拨款法规常常很宽泛，完全可以让需要的调动在经济支出条文之间得以实现。在相同的功能中项目间的资源转移也会得到允许，但是不同的功能间的调整通常是受到限制的。必须要建立机制来实现在预算的执行中官方（合法地或者立法地）的修改，流程必须保证在拨款修订被授权允许后资源才能使用，流程需求也必须要建立。年中预算调整程序应适当被关闭。

强硬而全面的审计和评估需求，对于确保执行预算与立法政策的协调一致以及指导避免渎职，是必要的。通过为检查财政的遵守和执行提供适当的信息，内部的和外部的审计应当支持预算周期内其他所有的要素。审计报告必须及时（最初的报告应当在财政年度的后三个月内全部完成），而且必须对政府和公众开放。立法机构必须有独立权以确保行政执行已批准的支出计划的诚实性和资源的正确的财务管理。没有这种结果的核实，计划的立法性批准就没有什么实际意义了。

专栏 8.3　贯穿预算周期的程序问题

在美国，国家和地方预算顾问委员会（NACSLB）给出的建议着重针对优先权设置和利益相关者和团体参与预算建立的最佳实用性。这些行为驱使了所有后来的预算行为，而且他们渗透在预算周期的准备、采纳、执行和评估阶段。对于国家和地方预算顾问委员会来说，预算的建立强调程序。至关重要的步骤包括：

- 建立一个预算日程表；
- 建立预算指导方针和说明；
- 为协调预算准备和检查而建立一些机制；
- 为预算检查、讨论、修改和采纳建立一些流程；
- 为利益相关者的投入明确机遇。

国家和地方预算顾问委员会强调的是利益相关者参与的程序和他们在这些重要步骤中的合作[a]。它强调随着更广泛的团体的参与，提高预算结果的期望。它所面临的挑战是参与预算建立的有效通道。这种挑战存在于预算环境之中，而且在所有预算程序中是一个至关重要的因素。

a. 利益相关者投入的合作与国家和地方预算顾问委员会的建议相一致的例子见 Calia，Guajardo 和 Metzger（2000）。

资料来源：作者。

三、整合重点、计划和预算

地方资源配置需要协调，以保证地方权力的运作方式与国家目标不相冲突。协调机制包括规章、财务刺激和等级责任结构。监管的模式是多种多样的。在一些 OECD 国家里，监管责任在政府各级中共有。在其他国家里，权力是被集中在一起的。趋势是朝向一个中间位置“就像分权国家试图通过建立国家标准减少重复和监管费用，集权国家转向权力均分管理并且责任从中央政府往下转移”（OECD 1997:48）。

（一）国家利益的代表

计划和优先权协调的基础是信息交换和对不同层级政府的权限和合法利益的理解。划分政府内部权力的两个基本模式是法律传统和管理文化（OECD 1997:48）。每一个模式都依靠在地方层级上代表国家政策和优先权来维护在地方权力运用中实现国家目标。

两个主要的划分政府间权力模式中（分散管理和地方行政长官制度）至少有一个存在于所有的国家中。所有的 OECD 国家（单一制和联邦制）使用分散管理，而且大多数都拥有地方行政长官体系。前者是通过中央政府部门在地方层级上分散的配置来代表中央政策。这些驻地办事处在责任、地方作用和自主权方面十分不同，但是却在不断增长。单一制国家在地方层级上没有中央代表（比如英国和新西兰），所以他们非常依赖于中央部门的法律地位。

在地方行政长官体系中，一个中央政府的官员代表负责在地方层级上传达政府的利益。这个代表有两个主要的责任：监管地方政府和在不同层级政府间扮演中间人角色。以首先被欧洲大陆单一制国家所采用的拿破仑模式为例，既使在为争取更大的地方自治权的运动中，地方行政长官体系也得以保留。然而，在许多国家，地方行政的长官体系仅仅在共担责任领域起作用，而丧失了其强制力。不管怎样，这个长官系统在各级政府间起着沟通渠道的作用。

（二）协调、协商和协作

通过协商和协作来实现协调在已进化的政府架构中已经取代了指挥。对于分散管理和完善系统而言，意图是通过协商，进行纵向协调，这必须还要有纵向和横向的协作。越复杂的政府间责任的分配，协调的作用就变得越为重要和困难。传统的纵向指挥机制是不够的。回应性和相关性需要一个地方的观点，但是协调仍然是十分必要的，比如在划分国家政策目标方面，在对个别项目和层级的分配达成一致（如果没有共识）方面，在沟通和从地方经验和向目标的进步中吸取经验方面。协调和协商非常有助于鉴别和消除重叠、重复和项目活动之间的竞争。[④]

然而，协商能够减慢决策，而且为那些为自我利益考虑的团体提供相对更多的介入机会。并不是所有的模式都能够高度协作。协商范围从联合到对抗，通过正式和非正式机制进行辩论，能够被社会规范所影响。联合的方法寻求共识和合作；对抗的方法偏重于果断的决策，包括合法程序，而且与政府间调节中日益增加的复杂程度不协调。

协调和协商的形式是多种多样的，而且不是互相排斥的。一些是不正式的，另一些则使用架构体系或者流程方法；一些是强制的，另一些则是非限定性的；一些是使用协商作为政策制定的主要模式（OECD 1997）。协商必须是有限度的，尤其是在与经济政策、公民权力、国内和国际贸易、公民迁移、公民居住权等领域。“在任何国家利益受到伤害的时候，中央政府应当保留自己的权力去取消地方行动”（Goodpaster 和 Ray 2000:2）。

（三）计划和预算中的强制与合作

一个计划框架对于分类联合是有用的，尤其是相对地方预算程序和自主权。政府间协调常常“需要一个更高一级的政府对地方（州或地方）政府施以强制的程序上或实质性的要求，既作为财政帮助的条件又作为行政直接命令”（May 1998:4）。这种协调能够使一个强制或者联合的形式和条件承担相应的角色从而跨越政策建立、执行和创新中的层级（见表 8.2）。

强制框架视地方司法权为监管部门，负责遵照标准和程序以及实施上级政府的指示。监控地方的顺从性通常注重执行的行动、计划和程序。如果背离了角色、程序、指示或者政策命令，那么地方就会受到制裁，从而保证了地方顺从性的实现。

联合模式目的是为了刺激地方利益、支持和能力从而有助于实现更高的政策目标。地方政府的目标被承诺，同时地方管辖权作为管理受托人行使追求共同目标的职责。监测集中在实际完成情况和地方完成委派任务的能力建设上。鼓励地方创新。

（四）限制、困境和效力条件

每一种协调方式都会遭遇它自身的限制和困境。强制性体制会挫伤和牺牲地方在追求州始发的创新中的积极性。对程序遵从的强制可能超过了实际遵从，因为紧身衣似的地方管辖权会采用千篇一律的方法。强制模式需要持续的监控，而且如果监控或者执行部门变得自满起来，或者如果地方自身倾向顺从的秉性发生改变的话，这种顺从性就会受到破坏。

合作体制试图投资于地方创新。但是，如果地方政府不愿意听从政策和程序规定，而且如果狭隘的利益左右了程序的话，这种试图培育地方广泛政治目标所有权的做法将会扩大程序和政策顺从之间的分歧。缺少制裁会在激励顺从时导致很多困难。更高层级的政府反而必须依赖激励。强制模式会更好的确保流程的一致性，但是合作模式，当地方和更高政策利益和激励相符合一致的时候，会产生更大的实质性的顺从。如果政策利益和优先权在各层级之间产生分歧的时候，合作系统可能降低（May 1998）。

表 8.2　　政府间强制与合作的政策设计

政策特征的比较		
特征	强制政策设计	合作政策设计
低层级政府的角色（州、地区和地方）	监督管理机构：执行由更高级政府制定的规则或者规定	监督管理受托人：建立和运用与更高层级目标相一致的规则
强调政府间的授权	规定监督管理行为和程序；划定监督管理行为和条件，以及需要的程序或计划	规定程序和目标；划定计划内容、考虑因素以及执行目标
低层级政府的控制	监控流程的一致性；强制执行和制裁没有按期限完成的、没有遵守规定的程序、没有执行规定指令的工作	监控实质上的一致性和更多有限监控流程上的一致性；评估结果和进度的监控系统
政府间实施的假设	一致性是一个潜在的问题；需要政策应用的统一性	一致性不是一个问题；需要地方政府在政策建立中的自由裁量
政策创新的来源	更高层级的政府	更低层级的政府
强调执行力	引导遵守政策规定和管制标准；建立量化的承诺作为一个主要的引导一致性的方法	建立下级实现政策目标的能力；提高承诺标准作为一个主要的引导一致性的方法

资料来源：May 1998。

当存在不同的政策立场而且当个别地方利益相关者没有在决策中足够的投入时，任何一个利益相关的决策制定程序的潜在获得要更大。在强制决策模式和合作决策模式这两个模式中，开放、参与性程序是重要的。在合作模式中，参与会使得政策相对更符合地方的需求。如果参与广泛了，那么它能够限制获取，但它也能够产生磨擦。在强制模式中，参与能够刺激团体组织对政策目标的支持，而且能够增加地方官员对更高层级的政策目标的奉献。

强制决策模式对应合作决策模式时，其综合效率取决于很多因素。合作的方式需要有共同的政策目标。“当在政策目标或者实现它的可行性方法上出现了根本的不一致，那么政府间合作的合作性质就注定会失败”（May 1998：15）。如果在不损害现实政策目标的情况下定义政策或者方法的时候不那么精确，合作的方法可能会更加有效。如果要使一个合作模式真正有意义，必须给予地方管理部门真正的责任。权力的下放可能会妨碍强制模式的实现。强制方法“需要一个更高层级的权力部门对低层级政府的服从度进行监控和具有强制力”（May 1998：15）。强制模式需要执行部门能够强有力并且有能力促进地方政府行为。当存在地方政策承诺，结果至少竞争得过强制机制的结果，而且经过较长时期，这种承诺可能会增强（May 和 Burby 1996）。

（五）国家预算和地方预算之间的联系

各级政府间的有效协调是至关重要的。国家预算和地方预算之间的联系在中央集权的系统内是最强的，在这个系统中地方单位作用好比是中央政府的管理分支。中央部门建立优先权，而且地方预算通常由中央批准。在分权的系统中，国家和地方预算形式上可能不会那么协调（比如像美国）或者这些预算可能被整合到一个框架里面（比如像德国）。在美国，国家政府利用财政刺激来诱导州和地区遵守国家政策，而且国家宪法和法律法规多少会限制地方单位预算的权限。缺少直接预算协调机制。

德国 1969 年针对预算原则的法律为在各级政府间协调预算程序和建立统一的预算原则设立了一个框架。总则为财政年度、总预计、综合、花费权力、效率和成本效益设立了总要求。具体规定建立了预算准备方式、核算结构、预算科目、审计、执行和汇报、特殊资金的角色。法规要求了多年财政计划和各层级政府间预算信息的交换（Spahn 2001）。

该法律的前提是意识到国家政策目标需要对中央和中央下属政府的预算进行有效和规范化的监督，转而这些预算也需要相关国家账户种类的统一预算分类。收入和支出全部被计入在总收入、总成本（而不是净值），而且易受国家的合并。特殊和预算外资金受到严格控制。年度预算必须反映在一个由所有三级政府和一个财政计划委员会合作建立的中期财政计划中。

四、参与式计划和预算：问题、模式和注意事项

在计划和预算的决策中常常主张更高层次的参与。然而，参与必须是广泛的，而且受到正确地组织（见附件8C中对乌干达参与性预算的描述）。结果依赖于共同意向的范围、表达这些意向的制度框架、政治参与者和机构处理投入和解决磨擦的能力。一个先进的政治环境不能单独确保参与的结果的优势。甚至一个复杂的参与机制虽然能够排除社会中社会性和经济性不先进的大部分，但却会通过增加磨擦产生不当的效果，从而妨碍决策（Campbell和Marshall 2000）。

Campbell和Marshall（2000）指出公共的参与会是利已型的，或者是共同关注型的。他们把利已的参与划归为工具性的参与，可以说他们是基于个人的权力去追求他或者她自己的利益；消费者政治，它强调消费者去追求自由选择和表达喜好的权力；政治存在性，它表达了被排除在决策程序之外的群体的权力。他们指出共同关注型的参与有两种形式：共同参与，它强调个体为集体福利作出贡献的强制性，以及民主商议，它强调处理和建立制度从而促进公开对话、共享解决方案和新知识形式。

地方参与程序可能仍旧不包括：不当的限制带来的结果的较小改变，保持支配性动机，导致决策中磨擦的增加和不稳定性（Campbell和Marshall 2000）。基于权力的动机可能会破坏促进协商的制度建设，而且能够减少地方民主进程而导致"纷扰和喧嚣"。不正确的参与结构能够使现存的权力组织相对地免受挑战，而且能够减少弱势团体的声音。参与必须被管理成一种对民主决策的投入，而不是一种代替品。

参与兼有正式制度和非正式的社会资本要素的功能。社会资本包括了信任、规范和网络，"他们在社会中培育了相互的利益合作"（de Mello 2000）。社会资本就像一个公民社会协调机制，促进了管理、绩效和责任，而且它的建立是希望提高管理成果。社会资本与社会状况、教育成就、宗教和收入分配有关。它还与管理结构有关。地方决策的特征（相对承诺政府、民主制度的建设以及在政府和公务员中的信任）是提高社会资本形成和强化（或者被强化）其积极效应的催化剂。地方权力积极地影响了公民合作、公民联盟和社会资本形成。参与不仅影响地方的选择，也会被地方的选择所影响。负责的和参与型的政府是建立民间团体的工具（Crook和Manor 2000）。民间团体的组织机构能够提高政府的效力，而且有着正确组织结构的参与型预算程序能够使民间团体以一个有秩序和注目的方式实现它的影响力。

然而，有着不正确的组织结构的地方决策程序能够将资源“从贫乏、贫困和无力转化为富有、充满和占优势”（Parker 2001:1）。

（一）介入的制度化

因为参与预算非常有效，因此仅协商是不够的；“出席和代表”需要被用于“将某些社会团体常规的决策介入进行制度化”（ECA 2004:11）。这种出席和代表可能需要限额“为社会排斥的群体或者……为一个广泛不同的邻近联盟构架介入市政计划和预算辩论”（ECA 2004:11）。

从澳大利亚开始，40 个国家采用了两性平衡的预算程序。根据非洲经济委员会（ECA）的定义，这些程序“是一个创新工具，它能够使民间社会掌握公共花费从而使国际和国家为提高性别平等作出贡献”（ECA 2004:12）。这个委员会指出“性别预算的倡议（在巴西轩格里港）是一个市政参与型预算的更广泛的程序的一部分，包括（非政府组织）、代表、议会成员、社团领导和市民”（ECA 2004:12）。这个广泛的程序包括一个大会去检查前一年度的预算，而且包括选举产生的代表，他们负责识别花费优先权。与民间团体、邻近组织和那些一般权力被剥夺的社会团体（比如穷人）的协商需要三个月的时间，在这三个月内要建立一个问题报表，包括了交通、健康、教育和卫生在第二次大会上进行考虑，在第二次大会也会对优先权部分进行区别和评价。结果一直是预算所倡导的对广大不同地区人民的需求敏感，而且对地方需要负更多的责任。

玻利维亚在参与性方面先行了一步。1994 年大众参与法（后于 1997 年更名为组织法）赋予了基于社区的组织参与社区计划流程和建立市政五年计划的权力。更根本的是，它要求建立由社会组织领导组成的治安委员会，去监控市政议会对资源的分配。这些委员会检查中央政府调转的使用情况（包括采购计划），这些都必须得到委员会的批准才能够发布。以不正常和诈骗为例，委员会能够请求国家政府冻结向市政府的支出（ECA 2004:35）。根据非洲经济委员会，玻利维亚的参与型预算表现在：

> 市民能够真正地在决策流程中产生影响，能够左右为他们提供的服务。这些影响使得市民得以参与到一定程度，团体能够促进介入和代表转变为对政策制定和提供服务组织方面产生的实质性影响。责任机制和市民的意愿和喜好合并在一起，这是有可能发生的。例如，通过让市民参与地方层级上的财政审计，或者使客户满意度测评与对公务员新的绩效指标相结合，或者甚至提供给市民在未提供服务的事件中提出诉讼的正式权力（ECA 2004:13）。

（二）有限自治权环境的介入和形成参与

一项对于斯威士兰的姆巴巴纳市和曼奇尼市的计划的研究说明了甚至在有限自

治环境中的介入的潜在的重要性。由于无力的管理、过时的设备和不善的财务系统和程序，在这两个市政当局提供的服务瘫痪了。因而，这两个城市集中了一个战略规划团队，他们是由各层级和各部门的员工组织，由城市管理办公室领导。由利益相关者代表组成研讨会形成战略，解决社团问题（Gamedze 2001：15）。

在卢旺达，市民的参与是传统的集会活动的根本，它与丰收相关联。地区社团发展委员会（CDCs）指导发展，而且是分散的地方计划和预算的基础，直接参与到地区层级上的中期支出框架内。它的目标是一个程序，在这个程序内，地区层级的计划（通过中央层级部门的过滤）是通过“社会映射、季节性、偏好值和程序技术”而建立起来的（Kanyankole 和 Nzabakwiza 2005：33）。一个中央信息中心建立“信息包”去追综社团提出的问题（Kanyankole 和 Nzabakwiza 2005：33）。基层委员会、部门委员会和地区社团发展委员会表达地方意见。行政区是为了地方的实施和监管而设立的管理单元。尽管国家部委建立了国家政策，但是管理的细节是地方的职责。授予地方人民权力提高了广泛的市民的参与性。地区社团发展委员会和地区会计人员对预算建立的准备和为基层、部门和地区提供的财政项目负责。地区社团发展委员会还负责培训和协调利益相关者的行为，而且对执行委员会负责，执行委员会对地区委员会负责。执行委员会还要向中央政府报告工作。

五、问责、控制和评价

地方管理责任至少发生在两个层级上：机构之间的责任—例如在代理部门和执行与立法机构之间，在政府层级之间—和公共（然而是有限定的）和管理机构之间的责任。有效的地方政府受到来自市民、市场和上级司法机关对结果的监管，而且也对市民、市场和上级司法机关负责（Peterson 1997）。责任需要已建立的任务和目标以及公开的服务质量评价方法。

评价和责任应该是“嵌入在公共部门组织文化之中……通过建立机构评价资格”（Shah 1998：17）。评价资格对市民的参与和纵向地检查十分重要，而且需要一个评价方法论和独立的更高层级的介入。

表现应该与预算相联系。责任和相应提供的服务需要地方的创新和采纳。同时，控制功能，如审计和检查，必须得到加强以保证“范围内的自由性和负责任”（Peterson 1997：19）。

（一）地方自由裁量权内的平衡

问责是设计的一种功能。对资源的控制需要地方官员对结果负责任。当在地方管理系统中没有足够的资源管理权力，财政的依赖性促使了中央的控制和约束，限制了地方的自治和地方的能力（Gooptu 和其他人 2000）。

因为许多地方的服务有超越了当地界限的含义，地方官员必须对中央和地区以及地方机构负责。这样的责任在地方自由裁量权方面需要有限制。中央规定、最低服务标准和有条件的转让限制了地方的预算选择，而且常常被用于提升更广泛的国家目标。在向更大的地方控制权转换的结构中，部门常常阻止向地方所辖区域转移服务供给的权力，而且试图通过管理规定保留事实上的政策和交付控制。部门管理规定不应当替代中央直接的责任。

按地方和非地方选举产生的官员和指派官员，将地方服务方面的权力分开，阻碍了地方的责任。当非地方官员对影响地方服务供给的决定负责任的时候，市民有可能会很难支持这官员应负的责任（Edmiston 2000）。真正的地方责任需要地方能力和自由裁量权以及政治系统，以使地方官员对结果负责。作为一个责任机制，地方官员的选举要优于中央集权的、等级的管理控制（见专栏 8.4）。

（二）中央控制的范围和基础

报告和操控系统用来衡量公共目标的实现，和保持对公共部门总花销的控制。根据 OECD，对责任和责任系统的重新设计是“当代政府内部管理”的关键（OECD 1997:54）。两个管理的基本模式是基于绩效的控制和更传统的管理—或基于制度的控制。后者是基于制度监督机制，强调合法性、规则性和地方行为的适当性。

专栏 8.4　非洲地方政府的责任

非洲经济委员会（2004）发现“大多数非洲国家一直试图通过维护中央政府对地方政府的等级控制来解决地方政府责任的问题”。控制机制包括“视察、地方政府决策的批准程序、中央对地方政府人事的配置，和在极端的情况下，使用权暂停和解散地方政府议会”。内部责任机制包括预算控制和内部审计。

委员会指出中央政府经常乱用他们对地方政府的控制权力。报告指出立法控制被滥用，而且“当他们不受适当的中央或者市民责任机制的管制时，不足以确保正确的管理”。更多直接发言权式责任系统的尝试已经取得了不同程度的成功。根据委员会的报告，“看起来，包括选举、政党、民间社会和媒体的机制比公共听证或者观点调查，是更为有效的问责方式”。

资料来源：ECA 2004:36 –38，得到允许可重印。

管理控制的模式，或者纵向监控，它的范围从建立财政稳定性和货币价值（英国）的独立地方审计委员会到长官式监护模式（比利时和西班牙）。长官式监控越来越被注重结果所取代。此外，在政府间结构中，各层级任务的模糊不清已经导致了较少的监控等级模式。这些模式中，一些相当不正规，而且使用联合财政作为纵向协调的工具（比如在加拿大、丹麦、瑞典、瑞士和美国）。

基于绩效的控制越来越被广泛使用，反映了从财政控制和细节管理中脱离的变化方向。他们着重于程序、输出和结果。政府间总拨款正在取代特定的拨款来保证更多的政府间就最低标准和指导方针进行协商，但是必须的信息和监控是严格的。

基于绩效的控制常常以基准和协商为基础，但是需要清晰的责任线来达到高效。必须要区分“被选举产生的官员的公共责任和那些分层级对结果负责任的管理者的公共责任”（OECD 1997:66）。管理绩效的责任在政府间关系中显得十分突出。

地方预算权力有监控资源使用的含义。在澳大利亚和美国，州建立他们自己的审计要求，而且有他们自己的审计人员。在法国，地区审计厅检查地方财政并向国家审计院报告。

（三）市民参与和民间团体

市民的参与和责任正在得到加强（世界银行 2000）。登记市民的不满、撤消被选举的官员，为第三方提供重要想法和评价、司法独立和一个自由的新闻界是催化剂。市民参与需要强有力的地方机构、一个“少等级”的社会、政治稳定和政治自由（Shah 1998:21）。一个有意义的地方预算程序需要这些条件，而且它自己也能够促使这些条件的形成（见专栏 8.5）。

公共责任是关键。Kingsley（1996:421－22）确立（除了自由选举地方领导人）需要保持公共官员对绩效的责任要素：所有部门成果的“绩效评价”、绩效和财政管理的“独立和目标审计”、“绩效合约”、“政府内分散的责任”——能够给低层级官员在决定如何实现目标时的独立裁量权、通过操作计划和绩效报告的发布实现“用户定位和获取”、“一个具有竞争力的服务提供模式”（合约和利用非政府组织）。他认为最重要的要素是“一个强有力的民间团体”（Kingsley 1996:421－22）。

专栏 8.5　民间团体政府间预算跟踪中的地位：乌干达

以下是一个摘录，是由世界银行所做的一个未公开的案例分析，在这个案例中作者描述了在政府间预算跟踪中，乌干达民间团体的角色。

在 1998 年，乌干达政府建立了贫穷诉讼基金（PAF），作为一个机制来瞄准、保护和监控由 HIPC 为贫穷项目发起和捐赠的基金，这个贫穷项目包括水、健康、教育、公路和农业。贫穷诉讼基金被整合到预算之内，作为财政转移支付给地方政府，从此提高了地方人民监控它的使用的重要性。通过提取5%的基金进行监控活动，政府连同民间团体监控贫穷诉讼基金的支出效果。监控行为由乌干达债务网（UDN）进行协调，由研究人员和社区成员组成的队伍，通过乌干达12个地区的贫穷诉讼基金监控委员会（PAFMCs）按季度接受实地调查。

贫穷诉讼基金监控委员会是自愿民间团体组织参与贫穷诉讼基金的监控、反腐败运动、支持责任和透明度。委员会是多样化的团体，包括妇女、青年、残疾人、宗教领袖和老年人。为了使监控更具有参与性，乌干达债务网引入了基于社区的监控和评价系统（CBMES）方法。通过基于社区的监控和评价系统，委员会参与到了对政府项目的不间断的监控和评估之中。

在基于社区的监控和评价系统试用初期，2002年11月和12月，在多伦多由预算社区监控者组织了一次会议，向地方领导和社区成员展示了他们的发现。在穆兰德健康系统中，对穷人的管理、采购和控制系统都引起了广泛的关注。在不到一年的时间内，这个健康系统中，40个床垫中的31个丢失了，购买的8个自行车中也丢了7个。监控者发现所购买的健康物品都没有证据；他们不能确定药品和其他器具的花费是多少。地方官员……表达了改变当前情况的意愿。主要管理官员质询了健康中心当局，丢失的物品不到一个月就返还回来了。

国内各利益相关者，包括政府的需要证明了乌干达债务网的贫穷诉讼基金监控模式的成功。这种创新还每月跟踪中央政府向地方政府发布的支出，而且使得这些支出与中央银行发布的数据保持一致。季度进展报告呈现在多利益相关者会议中。在相当短的时期内，这种创新帮助在给地方政府提供资金的时候鉴别问题，提高给贫穷保护项目的资金，而且把支出转向了优先权部门。

而且，财政部、计划部和经济发展部已经向民间团体协商会开放了他们的预算咨询小组，建立了一个进入点，使得民间团体得以加入提前为政策制定者和技术专家预留的讨论之中。这显示了一个额外的机会去监控政府那些应当承担义务的行为。除此之外，通过制作预算信息使得民间团体更多的介入，乌干达债务网通过促进民间团体和政府官员间的合作，通过让团体更有效地游说使资源引入先前忽略的领域，加强了亲贫预算行动。

资料来源：Campos 和 Krafchik 2005：8－9，经允许可重印。

(四) 责任和响应能力

上面的责任（通过规定）和下面的责任（通过选举）之间适当的平衡是至关重要的。相对较大的地方责任（与中央相比）不应当被当作是给予的。有证据建议，民主制度、法律规则和官僚文化在提高责任和减少腐败方面，比中央集权管理和非集权化管理的水平更重要（Gurgur 和 Shah 2000）。

存在责任缺失是因为政治俘获或者官僚腐败（Bardhan 和 Mookherjee 2000）。[5]假定地方政府更容易被俘获。无论是否是这种情况，都依赖于选举人的意识程度、特殊利益的团结、地区的多样性、选举系统和它的广泛性（Bardhan 和 Mookherjee 2002）。地方官员被希望比非地方官员更准确地理解当地人民的喜好（Azfar 和 others 2002）。当民主责任机制缺乏的时候，基于这些理解的行为可能成为一个不同的方式。

地方政治责任会受到欠发达的地方民主的破坏（见专栏 8.6）。意味着促进责任的替代和补充包括了参与性预算。“标准竞争”，也就是在一个所辖区域公共官员的绩效被用于评价另一个所辖区域公共官员的绩效，是另外一个保持地方官员对结果负责任的潜在的工具（Bardhan 2002：12－13）。

支持正式和非正式制度是必要的。决策的透明性是至关重要的。“为市民呼吁、退出的制度和机制，市民参与的规范和网络”（Shah 1998：15）能够在决策中为市民的参与和透明度消除障碍。去达到“直接参与需要市民对市政预算和服务成本有清楚的信息，而且需要市民参与到实际的预算选择之中”（Peterson 1997：20）。确定社区组织和市民的角色的正式结构也十分重要。

六、服务的效率和效用

1994 年世界发展报告：基础设施的发展指出了大量的通过扩大地方自由裁量权和权力来提高提供服务的例子。根据这份报告，一份对 42 个发展中国家的回顾发现“如果公路维修是分散式管理的，积压待办的事情很少，而且路况更好”（World Bank 1994：75）。报告指出“在集权化管理中，人均水生产成本比全部分散化管理系统中的高出 4 倍。当分散化管理与中央协调结合起来时，其值是最低的（World Bank 1994：75）。

专栏 8.6 肯尼亚的预算程序和责任

以下内容摘自英国国际发展部的一份报告。

地方政府内最理想化的代议民主模式建议，通过定期的、自由的和竞争性的选举，市民表达他们的需求和优先权。他们选举出来的然后制定规划的那些议员，通过正规的政策和预算程序，作出关键决定和优先权支出选择，由官员（政策中立者）向他们提出建议并且实施那些决定。

现实情况通常相当复杂。尽管有时肯尼亚的地方选举会定期举行，而且常常是自由和公平的，但是问题是高度集中的，候选人很少提供清楚的声明或者选择。还有事实就是选举仅五年举行一次，这就意味着在计划和预算得不到充足细节的情况下，地方的需求、优先权和选择通过这种选举得不到确定。

同时，议员们常常不胜任制定规划或者作出关键选择，但却倾向于干涉一个特别的基础，这种情况常常发现在实施阶段。结果，在官员和议员之间产生了不信任，官员们推进议程，双方互相指责对方的既得利益和失职。实际上，很多决策是不正规的，而经正规批准的预算常常因为缺乏财政资源而得不到遵守。

横向责任——在官员和选举产生的议员之间

在决策和实际使用资源方面通常缺少透明度；

在大多数地方当局中，官员和议员之间存在着很深的不信任，一方总指责另一方失职；

议员抱怨没有得到信息，抱怨议会决议没有得到执行，抱怨官员没有负责任，等等预算实施方面的问题；

议员还指责官员遮遮掩掩、妨碍和腐败，而且抱怨腐败官员只是简单地被部里调到不同的职位；

官员常常认为议员没有良好的教育，而且不能理解政策抉择或者不能读懂预算（尽管官员看起来很少努力让议员参与战略决策）；

官员指责议员只对他们的直接利益（许可、腐败值得原谅、员工委任）感兴趣，而且指责他们没有依照适当程序办理；

一些地方当局官员认为地方当局服务供给计划的执行过程也须议员承担责任。

纵向向下的责任——议会和选举产生的议员对市民的责任

没有把议会的工作向市民汇报的传统；

缺乏透明度，遮遮掩掩的传统，预算不为公共获知，不制作账目，从不介意审计（直到现在），一个市民评论到“议会的运作像一个赌场”；

尽管所有议会会议向公众开放，但主要的决议常常还是在私下的会议里作出的；

几乎所有地方当局直到目前也不作账目，更不必说审计；

尽管一些地方当局在他们的宣传板上发布一些信息，但是这常常不是一个正规的，能够被轻易理解的形式，很少的人能够意识到它；

媒体在建立地方责任方面扮演了一个十分重要的角色，尽管肯尼亚的很多媒体报道缺少正确的调查，地方电台通过对市长或者官员与市民间讨论的现场直播潜在地为地方当局提供机会，但是这有待于真正获得成功（就像在乌干达一样）；

法庭是潜在的另一个责任机制，尽管他们容易被富裕的人利用（比如商业组织抗议税率），而且法庭不能够提供一个令人满意的解决复杂问题的方法。

纵向向上的责任——议会对中央政府的责任

考虑到向下责任的弱点，向上责任是决定性的；但是实际上它也是有弱点的，主要是因为地方政府部的不胜利造成的：在预算批准中严重的延误；批准不切实际的预算；以及那些看起来被视为寻租机会的检查。当地方当局触犯法律规定或者官员或议员存在腐败行为时，部门看起来不愿意或者没有能力采取果断行为。

资料来源：Devas 2002：8－9. 经允许可重印。

除了缺乏技术知识以外，地方服务供给的失败常常是“面对地方人事和他们的政治领导的时候，约束和不正当动机”的结果（Dillinger 1994）。在匈牙利和斯洛伐克，服务供给的有效性（定义为提高效率、确保责任和鼓励参与）被发现依赖于一些因素，这些因素包括“加强责任和受信责任的管理机制”和“确保代理部门提供的服务是以最低成本取得可接受的质量的激励机制”（Dethieer 2000b：1）。信息在中央和地方政府间的不对称需要遵从应该通过监控和报告或者通过调整双方行为形成效用最大化的激励机制形成。关键是要建立一个框架（比如，财政管理和财会）和需求报告，而且要监控执行的顺从度（直接地和通过公共机制）。还需要资金的正确管理和职能，而且资金的正确管理和职能需要（预算文件和程序的以及每年财政说明的）透明度和（像地方司法的审计等标准的）强制执行。

（一）能力和参与

拉丁美洲国家的经历说明加强市政能力需要有专业的职员、良好的市民反馈机制、较高的地方公共职员产出期望值以及稳定的劳动力（Peterson 1997）。市民参与、公共和市场问责能力以及促进适当的激励的自有和政府间财政手段也非常重要。

对菲律宾的研究（Azfar 和其他人 2000）和对乌干达的研究（Kahkonen 和 Lanyi 2001）显示出了一些影响服务供给的负面因素。第一，地方官员没有权力调整服务水平。第二，地方腐败使资金和其他资源流失，破坏了效率。第三，通过市民的参与追求责任受到信息散播不足的阻碍。第四，对提高公共服务的激励疲软无力，因为司法部门有限的流动性。第五，地方政府能力（人事、物资和设备）不足。最后，具有重要的跨司法影响的服务受到了协调困难的阻碍。

市民参与被认为是一个影响服务供给的关键因素。对 121 个农村供水项目的检查发现，那些市民参与项目选择和设计的项目更容易使供水保持在一个好的状况下（世界银行 1994:76）。影响参与的三个关键要素直接包括了受益人、建立早期项目共识，和获得受益人非现金或者现金捐助。巴西的阿雷格里港的参与性市政预算模式被认为是对教育、环境卫生和税收动员产生的积极结果作出了贡献，而且提高了较贫困地区资源的配置（Bardhan 2002）。

（二）政论捕获和供养穷人

为穷人提供帮助的偏见可能存在于地方管理结构之中。这种偏见导致了“贫穷的选举人的低层级的政治意识和被特殊利益群体操控的游说团体，他们不成比例地代表非穷人的利益”（Bardhan 和 Mookherjee 2000:5）。一旦有地方自由裁量的话，向那些最需要帮助的人提供服务的目标就有可能会降低：

> 分散化提供模式的主要问题是地方政府受地方上层人士的压力而将供给转向他们的倾向。这反映了地方层级上公平选举程序中的弱点，穷人低水平的政治意识，以及富裕群体要建立特殊利益集团来为政党捐助选举资金的倾向。这种反贫穷的偏见，以及自此以后目标的缺失……在高贫穷比例的地区越来越严重（von Braun 和 Grote 2000:35）。

Von Braun 和 Grote（2000:8）指出“那些……掌握权力的……没有动机考虑参与制度的发展”。

政治分散化（通过民间团体的介入）常常使穷人受益，而且比管理分散化或者财务分散化做得更多。然而，地方支出权力的最小值似乎是减少贫困的先决条件。但是如果制度和管理能力和地方穷人政治权力不够的话，支出分散化会伤害重要社会服务的供给（像教育和健康）。[⑥]

代表在决定政策结果的分配中十分重要。印度在地方层级的领导位置上委任的妇女代表与已经提高的妇女公共参与程度联系在了一起，也与已经提高的为农村妇女的需求所做的基础建设投资联系在了一起（Chattopadhyay 和 Duflo 2001；见 Bardhan 2002）。Foster 和 Rosenzweig（2001）发现财务分散化和民主化提高了无土地家庭的政治代表性（见 Bardhan 2002）。

改变后的论理结构也被期望与增长的经济结果和经济成长相联系。但尽管经济增长了，因为政治捕获和腐败，穷人还是常常被排斥。为了减轻地方捕获的影响，减少贫困的相关部门应当分担地方和中央的职责，而且需要相应的机制确保足够的参与和目标（Dethier 2000a：12）。

七、结　　论

地方政府预算流程的许多实质和重要的部分依赖于政府间结构，在这种政府间结构中程序得以实施。有意义的地方程序需要地方自由裁量权和地方当局编列和管理地方资源以实现地方需求和目标。同时，在各级政府间有效的沟通和协调模式是必须的。多级机构和参与者导致了复杂性和多样的能力，而这些能力是为了有意义的地方预算的选择。

在非洲国家，过度约束地方权力十分广泛，但是近年来的趋势是更加分享权力，地方更大的自由裁量权和能力。政府间合作系统发展不完全但是有进展。等级/强制机制和合作/协作机制间的平衡（纵向和横向）还没有广泛地实现。尽管如此，目标和影响地方预算程序的要素本质上在其他层面上都是一样的。程序应当包括建立以下要素的机制：需求、目标和指导决策的目标和预算开发；适当的和有效的项目和管理职责；与可用资源、实现目标的管理和项目方式相一致的花费计划；和评估绩效和确保财政健全的反馈机制。有效系统被期望能够促进财务纪律和支出控制、战略资源配置、操作（管理）效率，和地方需要责任。

程序和环境条件是地方预算周期的重要元素。平衡的机构权力和利益相关者的适当代表是重要因素。财政纪律必须确保响应地方人民需求。有效的预算规划需要在对地方资源可用性进行现实评估的环境中，协商性地方政策导向的系统合作。同样地，行政和管理主动性和灵活性应当在项目选择中培育。有效的立法检查需要有意义法律依据和相关信息的可利用，通过这些信息实行政策选择和监督。独立的机构能力等，这些提交有足够细节的支出计划以保证运行单位负责任，最终支出分配的独立决定权都是必要的。保证与批准的预算相一致的执行机制是至关重要的，就像在管理灵活性和立法控制之间保持平衡。评价和报告必须足够强有力，以确保项目实施和财政健全的责任，而且报告必须公开。时间表和技术细节是十分重要的，但是正确的机构关系、能力、角色和利益相关人的参与对有效的结果也都至关重要。

参与程序为提高计划和预算提供了重要的潜力。然而，为了实现有效性，参与必须有广泛的基础。参与程序常常只给地方居民的小团体提供介入机会，将导致地方上层社会居民通过把资源引离需要的人们的方式实现控制。促进开放、共同的参与机制对保护参与程序的好处是十分重要的。足够的社会资本是一个至关重要的因素。它与有意义的地方资源分配和参与是相互促进的关系。有效的参与应当在预算计划、建立和批准程序中，通过诸如社会团体讨论会和预算听证会之类的渠道进行制度化。政府可能需要建立程序去保证某些人的利益，这些人否则将被社会排斥。

注重那些确保机构间的、各层级政府间的以及管理机构和公共机制之间的责任的机制，是至关重要的。基于规则的和基于绩效的机制都十分需要。参与程序在这种独立自由权中是十分重要的步骤。然而，对结果负责（采取措施前）需要特殊考虑。责任可能通过开放的报告、有意义的处罚、适当的组织文化、项目设计和规划、法律制度和民主制度来进行培育。责任需要衡量以减少政治俘获和官僚腐败。独立评估机制和开放的信息和愿望机制都是必须的。

正确的程序要素的建立是有效的地方预算（和管理）的一项重要的，也是最复杂的方面。它需要各层级政府间和机构人员、民间团体和普通地方居民间的协调。这种协调需要那些官方和非官方，包括相对独立的机构和人员，在参与此程序中所扮演的独立角色和功能必须要有坚持不懈的表现。它还需要机构的和文化的建立和经验。程序和参与者间协调可能是在形成有效的和负责任的地方预算和管理系统中，唯一最有影响力的因素。

附件 8A：南非的政府间的经验模式

南非在非洲国家政府间关系中，有着最富经验和正式的方法。宪法特别指出了在管理中政府间合作的重要性，而且建立了“独立和相关的”国家的、省的和地方级政府的相互依赖（PAIR Institute of South Africa 2002∶3）。它需要“政府领域内通过培育友好的关系，相互合作，相互信认和诚实信用；互相帮助和支持；就共同利益的事件，互相通知和协商；互相协作行动和立法；坚持议定程序；而且避免相互诉讼”（南非共和国宪法 1996：第 13 章）。

需要国会建立机构和体系来促进政府间关系，解决争端，确保未能解决的争端通过已建立的机制由法庭解决。宪法为每一级政府建立了组织和权力，允许高阶层把权力委托给低阶层，在共同分享权力的阶层中规定较高阶层的立法至高无上性。然而，所有的阶层，包括市政议会，在禁止事件中是立法独立的。

政府间关系被限定了制度的、政治的和财政的相互作用的安排。财务关系需要来自财政财务委员会的建议，有了这些建议，国会被要求进行咨询（连同省和地方政府）建立政府间关系的政务参数。省和地方政府的部门还指导和规范“联合政府和政府间关系”（PAIR Institute of South Africa 2002:10）。

规定需要地方政府鼓励参与和社区及社区组织在市政预算决定中的磋商。地方政府必须建立市政行政区委员会来促使公众对市政管理的参与。这些委员会协助民主选举产生的行政区代表向市议会反映公众利益。他们的任务包括对市政预算准备和服务供给的投入；实施和检查绩效管理系统；绩效监控；信息传播；综合发展计划（IDP）的准备、实施和检查（DPLG 2000a）。综合发展计划程序还是“协调各阶层之间在细微领域的服务供给的联合管理”（PAIR Institute of South Africa 2002:10）。市政府担任一个主要角色：

> 当与这种新的政府间发展计划精神相一致时，地方政府是政府的主要/前锋计划助手，省应该支持和监控这种行为，而且国家政府应该建立正规的框架和标准，这些发展中的行为在这种框架和标准内得以进行。总体而言，每一个阶层实现它的特殊任务，这三个阶层的行为应该为旨在实现它们的关键发展目标而进行的联合的政府间努力而配合协调（DPLG 2000b:8）。

整体发展计划是一个战略计划，将短期和中期目标相结合。它用以指导地方政府预算、服务供给和管理，而且它取代了所有其他的市政计划。省帮助建立计划，监管计划内容和地方相关需要和要求行为的绩效，确保地区和国家优先权在计划建立和实施中得以反映。正式计划建立和批准程序确保了各阶层间的协调，而且力求确保政策和预算在各阶层间的一致性（见表8A.1）。

在南非，如果省不能够实现执行责任。国家政府将会介入，介入着重于区域间的一致性、规范、标准和国家政策。1997年政府间财务关系法案指导政府间财务关系。它提供了一个协商程序规范了预算，而且它建立了预算委员会和预算研讨会。整体发展计划是协调的主要工具；总团体的任何部分的花费都是“在市政整体计划框架内可跟踪的”（PAIR Institute of South Africa 2002:13）。1998年税收法案Division还建立了一个跨阶层监控花费和资源配置的系统。这种集中和合作提高了政策的一致性，同时在有广泛优先权的地区，限制了地方自由裁量权。

附件8B：爱沙尼亚的地方预算程序

Ainsoo等人（2002）提供了一个关于爱沙尼亚地方预算程序的详细的描述。那些描述的重点如下：

(一) 地方政府结构

爱沙尼亚的市政当局是由一个议员委员会掌控，拥有独立的预算和税收权力。宪法禁止中央政府强加为实现补充目的的无资金指令；有这些功能且有足够补贴的代理机构规模引起强烈的争论。宪法还为市政当局合作联盟提供了权力。无论规模大小和能力不同，通用的制度支配着所有的市政当局。市政当局能够以市政区划的形式建立次层级，这些市政区划能够代理实现市政当局的功能。

表 8A.1　南非的整体发展计划

一个整体发展计划的利益		省的角色	
利益相关者	利益	责任	描述
市政议会	提供清晰和负责任的领导和发展方向； 与利益相关者和社区建立合作关系； 保持发展资源和外部支持的权力； 对市政官员绩效监控。	指导	指导市政整体发展计划程序和需要根据（1）需要解决的最重要的问题；（2）省的战略、政策、项目和可利用资源；（3）合法需求；（4）对协调市政和省的发展和部门计划的需求。
议员	提供给议员一个可以与他们的选民沟通的机制； 通过制定知情决策使议员能够有效地代表他们的选民； 使议员能够衡量他们自己的表现。	协调	协调（1）省的整体发展和省内部门计划、预算和实施程序；（2）市政当局内的市政整体发展计划、预算和实施程序；（3）省的和市政的部门计划、预算和实施程序。
市政官员	在市政管理范围内指导经济单位计划； 为市政官员提供与议员们沟通的机制； 使官员为市政当局的愿景奉献； 使官员成为决策程序的一部分。	支持	支持市政当局（1）整体发展计划；（2）部门计划；（3）在省内整合市政行动和其他政府领域的行动。
社区和其他利益相关者	给他们机会告知市政议会发展需求； 给他们机会决定市政当局的发展方向； 给他们提供一个与他们的议员和管理机构进行沟通的机制； 给他们提供一个把议员和市政当局的绩效作为一个整体来进行评估的机制。	监控	监控所有需要和渴望的行为发生或者已发生在需要的模式内，以及监控各种（市政的和省的）角色对实现共同发展目标所做的贡献。 这种监控能够使省政府（1）提取地方信息为省计划所用；（2）决定是否和在什么程度上省范围内的问题、战略和项目能够在市政计划中被采纳；（3）在各自的省部门和市政当局考虑参与的有效性。

续表

一个整体发展计划的利益		省的角色	
利益相关者	利益	责任	描述
国家和省部门	对这些部门提供指导，比如哪儿需要他们的服务和以后何处配置他们的资源； 在一个市政区域内，根据地方条件和需要，允许部门协调他们的服务供给和开发项目。		
私人部门	指导私人部门在投资领域和部门进行决策。		

资料来源：改编自 DPLG 2000。

（二）主要机构人员和角色

主要的地方管理实体是由选举产生的市政议会，市政议会“在地方财政方面拥有全部控制最终决定权”（Ainsoo 和 other 2002：280）。议会负责建立计划、预算、地方税务、任命地方管理人员、确定行政职位工资和管理市政财产。议会的作用在立法中得到详细指定，如议会成员组成审计委员会。议会委任和罢免地方执行委员会的领导。经过议会的批准，地方执行委员会的领导委任执行层级的管理人员。一个负责财政和预算的副地方长官通常是被任命的。地方政府组织法案描述了地方政府的执行职责；实际上赋予的职责是十分复杂和容易混乱的。职责包括健康、教育、社会福利、文化、娱乐、交通、经济服务和一般性公共服务。

（三）预算框架

战略计划程序倾向于利用法律驾驭地方政府预算。地方发展计划有一个为期三年的时间界限，而且在分析经济环境和社会条件的基础上建立优先权。时间范围延伸到覆盖地方政府的长期承诺。然而，因为培训问题、不能凝聚内容和形成需求、政治性引发调整、不现实的目标定位，这些计划不象一个政策或管理工具那样完全有效。不需要一个独立的资金预算。但许多大城市使用一个独立资金项目程序，优先次序存在问题的投资建议常常是预算资金的五倍多。

地方预算根据功能、组织支出单位和对象（经济条款）进行分类。地方预算包括：一般政府运作（议会和代理部门）、由私法制约但由地方政府所有的组织、对非政府组织和基金会的拨款和捐助、与其他公共组织或者地方政府共同参与的协会或公司、对提供公共服务的非赢利或私人组织的支持、从外部组织的合约式购买以及计划行为。外部预算实体的预算是独立构建的。如果地方政府向这些实体的运作分配资源，采用了地方预算后它会构筑这些实体。

地方预算并不是全面的。捐赠和外部资源收入可能与预算分开管理，但是为了避免中央政府削减资金，有时他们也会被包括在预算中。实物支持没有全部包括在预算内。来自中央部门的专用资金可能会因为具有特定用途直接支付而不出现在预算中。社会援助支出（由地方机构管理）也不出现在预算中。

（四）预算参与者

主要的预算参与者包括预算和财政部门、预算委员会、政府首脑、市政议会委员会和市政议会。次级参与者包括临时委员会、机构和支出单位、组织和个人、公众、私人企业和民间组织（见专栏 8B.1）。

（五）预算周期

中央立法机关规定地方预算周期。地方预算要到每年四月一日或者州预算批准后三个月，两者中较晚的那个时间才能正式通过。预算草案、经批准的预算、修正案和以前预算的执行报告必须和审计报告一起，公开发布。实际程序具有本质的不同。一些预算被详细地逐条逐项地批准；其他的则根据功能和单位进行总额度的批准。

爱沙尼亚，市政当局实际的预算参与正式始于 3 月份，比国家预算新的财年开始的 1 月份早 10 个月。在这期间，地方政府进行立法批准和检查，是执行准备阶段。这个程序开始于对需求和资源的考虑，以及由常务议会委员会和议会预算和经济委员会建立的支出上限。预算建立的指导准备已经设立，次级预算草案在 5 月份准备好并且呈报给政府。这些预算在 6 月份在由以预算和经济委员会分析的基础上进行修改。同时，市政议会批准机构的收入计划。

专栏 8B.1　爱沙尼亚的地方政府预算参与

Ainsoo 等人（2002）对爱沙尼亚的地方政府预算参与进行以下描述：

主要参与者

预算或者财政部门：这个部门在预算准备前指导所有的分析，制作所有中间账户和文件，参与和所有预算单位的直接谈判。议会委员会，特别是预算委员会，尤其会从一开始就参与谈判。

预算委员会：这个地方议会的委员会，在较小的地方政府单位会有议会以外的成员，在预算形成流程中是主要的参与者。议会委员会的角色是讨论和协调在准备稿件中表达的各种观点。

地方政府首脑：这个个体负责预算的准备和确保在预算得到批准后所有的部门能够遵守。事实上，政府首脑把他的职责委托给政府副首脑，在许多地方政府中，副首脑负责地方财政，或者直接负责预算部门首脑。

市政议会委员会：委员会，像社会、审计、预算、财政和经济委员会在某种程度上参与预算流程。这些委员会讨论地方政府单位和代理部门的预算。

市政议会：这个议会有权采纳或者拒绝预算草案。它监督和评价执行机构的行为结果。

次要参与者

临时委员会：在一些地方政府中，这些委员会的形成是为了实现特殊任务，比如准备零基预算。

地方政府代理和单位：这些代理和单位应当准备他们自己的预算，但是他们面临着支出限额，这个支出限额是在预算程序的早期阶段建立的。机动的空间很小。

其他组织和个人：为了从地方政府那里得到财政帮助，这些组织和个人必须在一定时期内提交适当的申请。

公众：公众能够在议会上参与预算流程，因为作为规定，议会会议是开放的。公众一般对参与预算流程不感兴趣。

私人部门和企业：地方政府可能支持帮助这些企业准备市政发展计划和经济预测。

一般性公共和民间组织：二者都可以向市政议会就关于预算的改变和市政发展计划提出意见。其他，市政议会将会在委员会内讨论这些提议，而且对预算准备或市政发展计划，向政府或者议会呈报结果。

资料来源：Ainsoo 和 others 2002:304－05。经允许可重印。

6 月 15 日，编辑次级预算从而建立一个预算草案，这个预算草案包括了一个传递前一年度收入和支出总和的备忘录，以及按功能分类的分项合计，消费单位和经济文件。从六月到八月，预算草案（增加一些补充统计数据）被呈报给议会的预算和经济委员会进行进一步分析、评议，呈报给市政议会第一次阅读。8 月 10 日，议会委员会开始审议预算草案，形成意见。为了抵销增加的支出，要进行调整，所进行的调整要提交给预算和经济委员会。议会能够批准已经由委员会拒绝的修改案。

12 月，地方政府和预算和经济委员会为预算的批准合作准备最后的预算草案。下一财政年度开始时没有批准预算结果会形成一个自动连续的拨付。已经批准的预算可能会被修改，通常是在中央政府转移支付结束的基础上。3 月 1 日前，上一年度的执行报告，以及外部审计员的说明，会递交给市政议会。6月1日前，市政议会讨论和批准执行报告。然后被批准的报告被呈报给财政部。

最初被采纳的预算的细节推动了年中预算修改（或补充）的流程。因为只有市政议会能够修改市政预算，多数议会司法采纳详细项目的时间是用来进行财政年度的预算调整。在司法机关采纳的预算有相对较少的分项细节时，政府管理的变化就不需要议会的干涉。后一个方法提供了管理的灵活性，预算执行的必要性，替代了控制（有的时候毫无意义）。

附件8C：乌干达参与式地方预算和计划

1998年，乌干达引入了乌干达参与性贫穷评估项目，此项目调查了多个穷村地区和两个城市区域内的穷人，来调查他们未得到满足的需求。在地方和国家计划层面上，一份对这些需求的评估会体现在政策审议中，影响着预算对提供清洁用水和安全的优先权的设置。项目调查指出了在地区总税收支配中对灵活性的需要，以及对向城市和地区当局移交服务供给的需要（EAC 2004：11－12）。

乌干达地方政府法案要求召开预算会议，而且预算会议在每一级地方议会都要向公共开放，从村到地方选区、选区、市政当局、行政区。市政和部门会议对下一个财政年度和一个三年连续计划形成支出建议。在村的层级上，所有的成年人都是审计员。因此，年度预算大会是一个市民的年度大会。每个村的执行委员会成员将会参加选区大会。选区预算会议包括村和地方选区主席、选区议员和利益相关者。市政和区大会包括当地利益相关者的领导者、商业集团、非政府组织和社区组织。一份对乌干达7个市政当局这一程序的检查显示，代表和参与的实际水平各管辖区域中是不同的。一些村不能够组织他们每年的例会，在其他一些村，代表远没达到广泛的程度。

> 因为邀请参加（上一级）预算大会由地方执行委员会决定，那些不在委员会“典籍”中的利益相关者就不可能得到邀请。因此，预算大会的参与者可能并不是重要利益的代表人（DFID 2002：4）。

会议试图征求各利益相关者和个人的意见。然而，实际上的参与是非常有限的。在部门、市和区层级上的讨论“多半是由技术专家促成，用英语组织，以正式的预算语言来表达，这些都可能不会有助于普通市民的参与，更不用说穷人了。得到更好教育的人施加了更多的影响”（DFID 2002：5）。

然而，由金贾市政议会（一个一天的会务）从事的程序形成了对市政预算中相关选区和中央政府层级的内容的提议。它还通过讨论市政管理和服务供给的成就和不足，为直接责任提供了一个论坛。恩德培市市长还使用市政大会在城市的24个村的每个村内指导预算扩大会议。

尽管人民在预算大会上显示出了“日益增长的畅所欲言和挑战他们领导的愿意”，但是许多障碍仍旧需要解决：

> 对资源配置有效的决策仍由中央制定，地方议会在决定资源去向哪个优先地区时，仅有有限的影响力。此外，参与在实践中仍旧少于它从法律中出现的程度，如村会议的举行要比需要举行的次数少；预算大会吸引了很少数人，而他们根本没有准备好要参与到这个系统中；程序仍旧由富裕的和受过教育的人操控。当对地方发展流程的主人翁感增强的时候，还出现了令人担心的参与疲劳现象，地方选举和地方层级发展行为的参与度降低现象（DFID 2002∶11）。

本章注释

①Treisman（2000∶2－3）确定了5种政治非集权化形式：结构非集权化、决定非集权化、资源非集权化、选举非集权化和制度非集权化。除了第一种形式之外，其他所有的形式都对地方预算程序有着重要的含义。

②在津巴布韦，城市所辖区域（城市和市政当局）享有更大的自治权和独立权，拥有“更复杂的管理系统和全职执行市长和镇职员”（Ndlhlovu 2001：8）

③措施需要实际的贯彻，而且很大地影响了前两个阶段的作用，达到预算在财政年度内被调整（要么明确地要么含蓄地）的程度。

④在法国，地区司法对教育资金和维修支出负责，但是教育政策却是由中央政府制定。在澳大利亚，审计委员会研究在各层级政府间的重复水平。

⑤政治俘获通常是由于选举人一方较少的政治意识和特殊利益的介入。官僚腐败是“一个在被选举产生的政治家和中央官员之间的代理问题，它是由于效率低下的沟通和信息系统阻碍了有效的监控和对官员的绩效评估（Bardhan and Mookherjee 2000∶5）。研究人员假设因为被选举产生的地方官员要么亲自管理要么严密地监控服务供给系统，代理问题会在地方层次上减少。

⑥Von Braun和Grote（2000）举了很多例子。中国经济发展的不均衡现象的日益增加和十分严重的农村贫穷是由于管理因素导致的。这些因素如“被破坏的创新结构、权力精英的存在，或者不切实际的法律系统”Von Braun和Grote（2000）。印度的非集权化允许穷人在地方政府的3个层级上行使投票权。然而，被保护人关系有时候需要穷人按照他们地主的喜好投票。加纳地区议会为实现参与建立了一个框架，注重扶贫项目。尽管一般贫穷率下降了，但是利益增长却没有有效地用于穷人。

⑦得到许可方可重印。

本章参考文献

Ainsoo, D. , A. Jaansoo, Tahve Milt, Eliko Pedastsaar, Georg Sootla, Aivar Surva, Paul Tammert, and Tarmo Tuur. 2002. "Local Government Budgeting: Estonia." In *Local Government Budgeting*, ed. M. Hogye, 273 - 327. Budapest, Hungary: Open Society Institute.

Antonio, V. 2001. "Local Government Reform in Mozambique." Case study on local governance, Southern African Development Community Regional Information Centre on Local Governance, Harare, Zimbabwe.

Azfar, Omar, Turgrul Gurgur, Satu Kahkonen, Anthony Lanyi, and Patrick Meagher. 2000. "Decentralization and Governance: An Empirical Investigation of Public Service Delivery in the Philippines." Working paper, Center for Institutional Reform and the Informal Sector, University of Maryland, College Park, MD.

Bardhan, Pranab. 2002. "Decentralization of Governance and Development." *Journal of Economic Perspectives* 16 (4): 185 - 205.

Bardhan, Pranab, and Dilip Mookherjee. 2000. *Decentralizing Anti - Poverty Program Delivery in Developing Countries.* Berkeley, CA: Center for International and Development Economics Research, University of California, Berkeley.

———. 2002. "Relative Capture of Local and Central Governments: An Essay in the Political Economy of Decentralization." Center for International and Development Economics Research, University of California, Berkeley, CA.

Calia, Roland, Salmon Guajardo, and Judd Metzgar. 2000. "Putting the NACSLB Recommended Budget Practices into Action: Best Practices in Budgeting." *Government Finance Review* (April): 1 - 9.

Campbell, Heather, and Robert Marshall. 2000. "Public Involvement and Planning: Looking Beyond the One to the Many." *International Planning Studies* 5 (3): 321 - 344.

Campos, Rocio, and Warren Krafchik. 2005. "Budget Analysis and the Millennium Development Goals (MDGs)." Working paper, case study 2, International Budget Project, Center on Budget and Policy Priorities, Washington, DC, 8 - 9.

Chattopadhyay, R. , and E. Duflo. 2001. "Women as Policy Makers: Evidence from an India - Wide Randomized Policy Experiment." Unpublished manuscript, MassachusettsInstitute of Technology, Cambridge, MA. Constitution of the Republic of South Africa. 1996.

Crook, Richard, and James Manor. 2000. "Democratic Decentralization." Working paper, Operations Evaluation Department, World Bank, Washington, DC. de Mello, Luiz. 2000. "Can Fiscal Decentralization Strengthen Social Capital?" WorkingPaper WP/00/129, International Monetary Fund, Washington, DC.

Dethier, Jean - Jacques. 2000a. "Some Remarks on Fiscal Decentralization and Governance." Paper presented at the Conference on Decentralization Sequencing, Jakarta, Indonesia, March 20.

—— 2000b. "The Effectiveness of Decentralization in Hungary and Slovakia." Paper prepared for the IMF Conference on Decentralization: Experience, Issues and Policies, Washington, DC, November 20 – 21.

DFID (U. K. Department for International Development). 2006. "Local Government Decision – Making: Citizen Participation and Local Acountability – Examples of Good (and Bad) Practice in Uganda." Building Municipal Accountability Series, International Development Department, University of Birmingham, Birmingham, England.

Devas, Nick. 2002. "Local Government Decision – Making: Citizen Participation and Local Accountability – Examples of Good (and Bad) Practice in Kenya." Building Municipal Accountability Series, International Development Department, University of Birmingham, Birmingham, England.

Dillinger, William. 1994. "Decentralization and Its Implications for Urban Service Delivery." Urban Management and Municipal Finance 16, Urban Management Program, World Bank, Washington, DC.

DPLG (Department of Provincial and Local Government, South Africa). 2000a. *Ward Committees.* Pretoria, South Africa: Department of Provincial and Local Government, Republic of South Africa.

——. 2000b. *Municipal Integrated Development Planning.* Pretoria, South Africa: Department of Provincial and Local Government, Republic of South Africa.

ECA (Economic Commission for Africa). 2004. *Best Practices in the Participatory Approach to Delivery of Social Services.* Addis Ababa, Ethiopia: ECA.

Edmiston, Kelly D. 2000. "Fostering Subnational Autonomy and Accountability in Decentralized Developing Countries." Working paper, Andrew Young School of Policy Studies, Georgia State University, Atlanta.

Forrester, John P., and Daniel R. Mullins. 1992. "Rebudgeting: The Serial Nature of Municipal Budgetary Processes." *Public Administration Review* 52 (5): 467 – 473.

Foster, A. D., and M. R. Rosenzweig. 2001. "Democratization, Decentralization and the Distribution of Local Public Goods in a Poor Rural Economy." Unpublished manuscript, University of Pennsylvania, Philadelphia, PA.

Gamedze, Benedict N. 2001. "Strategic Corporate Planning at the Municipal Level." Case study on local governance, Southern African Development Community Regional Information Centre on Local Governance, Harare, Zimbabwe.

Goodpaster, Gary, and David Ray. 2000. "Competition Policy and Decentralization." Paper presented at World Bank/Asian Development Bank/U. S. Agency for International Development/Australian Agency for International Development International Conference on Competition Policy and Economic Adjustment, Jakarta.

Gooptu, Bert Hofman, Ashoka Mody, and Vinaya Swaroop. 2000. *Indonesia: Public Spending in a*

Time of Change. Washington, DC: World Bank.

Gurgur, Tugrul, and Anwar Shah. 2000. "Localization and Corruption: Panaceas or Pandora's Box?" Unpublished manuscript, World Bank, Washington, DC.

Kahkonen, Satu, and Anthony Lanyi. 2001. "Decentralization and Governance: Does Decentralization Improve Public Service Delivery?" *PREM Notes* 55 (June): 1 – 4.

Kanyankole, Alex, and Darius Nzabakwiza. 2005. "A Case Study of Nyarugenge District Kigali City." Civic Participation in Municipal Governance in Rwanda research series, Rwandese Association of Local Government Authorities, Kigali, Rwanda.

Kingsley, G. Thomas. 1996. "Perspectives on Devolution." *Journal of the American Planning Association* 62 (4): 419 – 426.

May, Peter J. 1998. "Environmental Management and Governance." Paper prepared for the National Academy of Public Administration/National Institute for Research Advancement, U. S. – Japan – China Conference, Tokyo, July 26 – 29.

May, Peter J., and Raymond J. Burby. 1996. "Coercive versus Cooperative Policies: Comparing Intergovernmental Mandate Performance." *Journal of Policy Analysis and Management* 15 (2): 171 – 201.

Mikesell, John L., and Daniel R. Mullins. 2001. "Reforming Budget Systems in Countries of the Former Soviet Union." *Public Administration Review* 61 (5): 548 – 568.

Mosha, A. C., and O. L. Mabaila. 2003. "Financing Municipal Authorities for Sustainable Development: Case Study of Gaborone City, Botswana." Policy Brief on Governance Issues 7I, Municipal Development Partnership, Eastern and Southern Africa, Harare, Zimbabwe.

Musekiwa, Norbert. 2002. "Rural District Councils Capacity Building Programme: Best Practices from Zimbabwe." Case study on local governance, The Regional Information Centre on Local Government, Harare, Zimbabwe.

NACSLB (National Advisory Council on State and Local Budgeting). 1998. *Recommended Budget Practices: A Framework for Improved State and Local Government Budgeting*. Chicago, IL: Government Finance Officers Association.

Ndegwa, Steven. 2002. "Decentralization in Africa: A Stocktaking Survey." Africa Region Working Paper Series 40, World Bank, Washington, DC.

Ndhlovu, Ashella Tshedza. 2001. "Mobilization of Capital Funds by Urban Local Authorities: Zimbabwe." Case study on local governance, Southern African Development Community Regional Information Centre on Local Governance, Harare, Zimbabwe.

Norris, Era – Dabla, Jorge Martinez – Vazquez, and John Norregaard. 2000. "Making Decentralization Work: The Case of Russia, Ukraine, and Kazakhstan." International Studies Program Working Paper 00 – 9, Andrew Young School of Public Policy, Georgia State University, Atlanta, GA.

OECD (Organisation for Economic Co – operation and Development). 1997. "Managing Across Levels of Government, Part One: Overview." Paris: OECD. http://www.oecd.org/dataoecd/10/

14/1902308. pdf.

PAIR Institute of South Africa. 2002. "Intergovernmental Relations and Co – operative Governance in South Africa." Best Practices Case Study Series, PAIR Institute of South Africa, Harare, Zimbabwe.

Peterson, George E. 1997. "Decentralization in Latin America: Learning through Experience." Viewpoint series working paper, Latin American and Caribbean Studies, World Bank, Washington, DC.

Parker, Andrew. 2001. "Promoting Good Governance with Social Funds and Decentralization." *PREMNotes* 51: 1 – 4.

Rondinelli, Dennis. 1999. "What Is Decentralization?" In *Decentralization Briefing Notes*, ed. Jennie Litvack and Jessica Seddon. Washington, DC: World Bank.

Schiavo – Campo, Salvatore, and Daniel Tommasi. 1999. *Managing Public Expenditures.* Manila: Asian Development Bank.

Schick, Allen. 2004. "Twenty – Five Years of Budgeting Reform." *OECD Journal on Budgeting* 4 (1): 81 – 102.

Shah, Anwar. 1998. "Balance, Accountability, and Responsiveness: Lessons about Decentralization." Policy Research Working Paper 2021, World Bank, Washington, DC.

Smoke, Paul. 2000. "Beyond Normative Models and Development Trends: Strategic Design and Implementation of Decentralization in Developing Countries." Management Development and Governance Division, United Nations Development Programme, New York. November 2000.

Spahn, Paul Bernd. 2001. "Intergovernmental Relations, Macro Economic Stability and Economic Growth." Topic 4: Intergovernmental Fiscal Relations and Local Financial Management Program, World Bank Institute, Washington, DC. http://info. worldbank. org/etools/docs/library/128842/Spahn. pdf and http://www1. worldbank. org/wbiep/decentralization/Topic04. 8. htm.

Tanzi, Vito. 1995. "Fiscal Federalism and Decentralization: A Review of Some Efficiency and Macroeconomic Aspects." *In Proceedings of Annual World Bank Conference on Development Economics*, 295 – 316. Washington, DC: World Bank.

Treisman, Daniel. 2000. "Decentralization and the Quality of Government." Draft paper, Department of Political Science, University of California, Los Angeles. von Braun, Joachim, and Ulrike Grote. 2000. "Does Decentralization Serve the Poor?" Paper presented at the International Monetary Fund Conference on Fiscal Decentralization, Washington, DC, November.

Wamwangi, Kinuhia, and Phillip Kundishora. 2003. "Decentralization Issues and CrossCutting Themes in the Eastern and Southern Africa Region. Harare, Zimbabwe." Research report, Municipal Development Partnership for Eastern and SouthernAfrica/The Federation of Canadian Municipalities, Harare, Zimbabwe.

World Bank. 1994. World *Development Report* 1994: *Infrastructure for Development.* Washington, DC: World Bank and Oxford University Press.

——. 2000. "Indonesia: Public Spending in A Time of Change." The World Bank, East Asia and Pacific Region, PREM, Washington, DC. April.

第九章

地方预算执行

科特·特梅尔（KURT THURMAIER）

由于地方政府规模千差万别使得编写有关地方政府预算执行成为一种挑战。在美国像爱荷华州这样的农业州，地方预算被用于150人的“城市”；相比之下，地方预算在纽约被用于超过800万的居民（是整个爱荷华州的两倍）。博茨瓦纳的一个小城与内罗毕和比勒陀利亚这样的大城市相比，其对预算有着不同的需求。然而所有这些城市的居民（包括全球其他的城市）却有着相同的基本需求和权利。他们应该知道支付税费为了什么目的，以及那些税费是否完全花费在了由议会和大大小小的社区选出的正式代表们所决定的项目上，地方预算满足这些需求并支持那些基本的民主权利。当预算文件能够容易获取且能清楚地表明财政收支计划，并能在年中和最后的预算执行报告中清楚地显示资金是如何花的，地方预算就能满足这些需求并支持那些基本的民主权利。预算文件及适当的财政报告的生成需要把管理方法运用到地方政府预算中，就是说，执行主管和政府机构能够制定和实施一种切实努力实现城市发展目标和使命的预算。

令人遗憾的是，由于预算执行是公共管理的必要工具，所以也就不是很多学术研究的话题。很多预算执行的标准方法是基于预算教科书建立的（Axerlord 1995；Seelee，Johnson 和 Joyce 2003；Mikesell 1995），这些方法包括支出控制机制和收入监控活动，但很少有预算教科书是明确针对地方政府的（见 Bland 和 Rubin 1997；Giannakis 和 McCue 1999）。有关预算执行活动的讨论也解释了预算执行在公共管理中的角色（Bland 和 Rubin 1997；Giannakis 和 McCue 1999）。在公共支出管理宽泛的话题范围之内有关发展中国家预算执行的著作数量不多但却在逐渐增加（Fozzard 和 Foster 2001；IBP 2004；Killick 2005a，2005b；Lienert 2003；Lienert 和 Sarraf 2001；Polidano 1999；Premchand 1993；Schiavo – Campo 和 Tommasi 1999；Schick 1998，世界银行 1998；Zody 1996）。

为指导发展中国家地方政府预算执行，这一章将预算执行看作是重要的管理职能与预算执行基本原则的独特融合，并关注地方政府的预算执行。这些讨论有必要涉及对一些国家（和地区）预算执行的探讨。很多地方政府预算收入相当程度上依赖于上级预算的转移支付，这就意味着地方政府有效执行预算计划的能力依赖于上级政府部门有效执行预算计划的能力。

这一章的论点是应将预算执行看作为确保民主责任制和管理弹性的行政控制工具之一，这种方法承认预算执行的政治、法律和管理因素。例如，在预算执行流程中，人员控制多大程度上依靠法律的、管理的或者政治的决策来实现？这三者的融合又达到何种程度？从这三个角度来考虑资金又该如何在项目之间转移？

从预算执行中分离出去的预算中的政治因素要比从预算改进中分离出去的多。预算执行不是实现简单的会计职能，也不是预算人员能够轻松地推给会计人员的简单工作，相反，预算执行包括细致认真的收支管理和预算中的政治管理。

这一章首先回顾一下预算执行的正式控制模型，并把它放在预算周期的各阶段中，回顾像收入监测和支出控制系统这样的核心活动。下一节将预算执行作为一种管理实践来讨论，包括运用控制系统的管理方式，而且这种方式必须从行政主管和项目管理者两个角度来看。实践关注包括监测和有效运用控制系统所需数据的质量和可用性。这个讨论也包括预算和政策制定之间的联系以及预算执行影响政策决定的程度。本章通过关注发展中国家预算执行实践中存在的问题得出结论。

在接触预算执行的控制模型以前，这一章用到的一些关键词有必要说明一下。虽然预算职能能够在独立的预算办公室执行，但是由于没有安排专职人员进行预算管理，它常常被安排在地方政府的财政办公室进行。因此，“预算办公室”包括独立的预算办公室和行使城市管理预算职能的财政办公室，类似的，“预算主管”包括独立的预算主管和财政主管，他们同时对预算管理负有责任。

本章关注城市以展现各种类型的地方政府。概念适用于特殊国家不同类型地方政府的需要。在本章，“部门”包括城市中各种类型的组织单位，其中包括机构、科局和在国家和地区层面的基础发展机构。

地方政府的行政主管有时是市长，有时是城市或者县的管理者。“行政主管”这个词包括像管理者、总理、地区和中央总统一样的官员。很多类型的管理部门与各种地方政府相联系。“管理部门”这个词包括市政厅，其他类型的地方政府立法机关以及州、行政区、地区和国家的立法机关。最后，许多类型的职位影响着预算的流程。这一章区分预算编制人员（那些在城市预算办公室工作的预算人员）和被预算执行人员（在城市通过选举在各部门工作的职员和行政主管，这些人积极地参与预算当中）。

一、预算执行的控制模型：会计核算的重点

预算执行经常被看作是预算周期的会计阶段。强调支出控制使政府工作人员依据管理机构的意愿使用资金。预算办公室里的工作人员的角色是通过管理机构监督会计报告，确保没有过度拨款，监督可能导致超出支出限额的活动趋势。预算执行的控制模型不是错误的，但却是不完全的，因为模型忽略了预算执行的管理重点。尽管如此，控制模型仍旧为进一步讨论政府预算执行提供了一个很好的基础。

（一）预算的演化

预算执行起源于预算的控制职能。Schick 在 1966 年发表的文章中指出，随着时间的推移，预算已从强调控制支出变为通过预算来管理政府活动，将预算作为一种计划工具来预测以后年度的支出项目。Thurmaier 和 Gosling（1997）又把 Schick 的框架扩展到最近（始于 20 世纪 90 年代）所强调的把预算作为一种政策工具。

Kahn（1997）通过讨论美国预算的演化而将预算看作是实现民主的手段。他把注意力放在可执行性预算概念创始人的活动和争论上，认为 William Allen，Henry Bruere 和 Frederick Cleveland 将预算执行定义为界定地方政府权限的工具。预算执行是一种把地方政府各种活动综合放置在一个单独的计划或者一份文件中的工具，清楚地阐明地方政府在下一个财政年度应该做什么，不应该做什么。预算计划应当罗列出例如多少钱用在工资支付上，多少钱用在合约上以及多少钱用在燃料上，它认为公共活动与私人活动是相互分离且有区别的。

预算执行文件包括地方政府所有部门和科局，通过设定科目中的数据，集中、透明地为市民提供的信息，即政府部门领导和市长负责任地把钱适当地用于他们所期望的活动上。在自己所处的城市应该做些什么以及自己想要的服务如何

有效的获得等方面，改革者的目标是鼓励和促进市民积极参与其中。

改革者们一致认为民主负责的预算执行依赖于最初预算文件的质量。预算文件显示了在预算执行中得到监督的支出计划，但由于预算文件缺少足够的细节并且不能程序化的组织结构，使得市民甚至是立法者都不能有效地监督预算执行的情况。

Kahn 的分析也说明早期的城市改革者们强调的是，重点原在地方政府层面把市民参与作为民主问责制的工具，现在如何被在国家层面强调专业预算人员作为民主问责制的工具所替代。市民希望通过地方政府的公开透明来监督地方支出，然而在国家层面管理部门预算活动的责任转移到中央预算办公室专职预算人员，这些预算人员希望在行政主管（既总统）的引导下管理部门活动而不是市民。

国家执行预算为美国总统和国会成员提高了预算透明度。允许他们在每个部门观察政府活动的范围，并实施依附于政府拨款的监督。对于长期预算改革更重要的意义在于把重点由关注地方政府行为和预算制度的矛盾转移到关注增加预算透明度上。不幸的是，无论是地方还是国家层面对项目的监督都强调税收买了什么，而不是税收的作用。如今在美国和其他国家，绩效考评被运用到地方、州以及国家预算当中，考评政府在政策上优先安排的支出所产生的影响或者结果。大约 100 年后预算作为一种强调考评政府绩效工具这种情况才会被更新。

然而当预算转向新的重点时，并不意味着预算的发展忽略了以前的预算活动。控制、管理、计划和预算的政策因素都或多或少的在预算流程中有所表现（Schick 1996；Thurmaier 1995a）。比如地方政府可能强调预算方面的绩效，但是控制活动仍旧是任何预算流程必要的特征。基本的预算记账业务（先于现代预算很早的实践）发展成为现代会计业务（包括基金会计、管理会计和成本会计），之后成为高端财政信息管理系统（FIMS），该系统可能包括绩效和由基本收入和支出数据组成的工作量评估。

近期国际货币基金组织（IMF 1998）、经济合作与发展组织（OECD 2001）和国际预算计划组织（IBP 2004）编制了财政透明度标准，用以协调全球职业预算业务内容。IBP 的报告认为相比预算执行和预算流程中市民和立法人员的参与，各国在预算改进方面所做的工作要更好。尽管研究只涉及部分国家的样本，但这一努力却证明了专业预算和民主责任制这两个被各国所认同的基本价值。

（二）预算周期的各个阶段

预算执行是预算周期的显著特征。年度预算周期的各阶段通常分配在 12 个月里。年度预算周期开始于离本财政年度结束前 6 到 9 个月时向部门下达的预算编制要求（图 9.1）。大约 3 个月后，各部门向行政长官提交他们对于预算变化的申请（通常是通过中央预算办公室）。对申请进行 2－3 个月的审查后，行政长官向管理机构提交批准执行预算的申请。最后在对可执行的预算申请进行 1—2 个月的讨论和调整后，管理机构批准最终的预算并返回给行政长官予以实施。

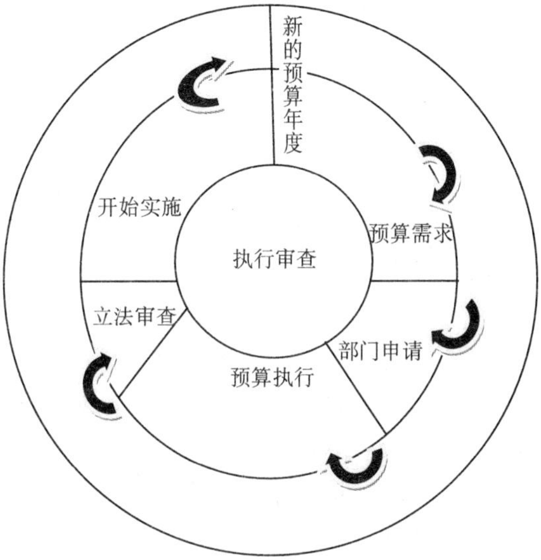

图 9.1　预算周期的各阶段

资料来源：作者。

如图 9.1 所示，预算执行开始于每个财政年度的第一天并在随后的 12 个月当中执行，即预算执行在这个周期背景下连续不断地发生。箭头表明预算执行信息在预算周期不同阶段的流动。各部门用年初至今的支出报告和其他信息来估计下个财政年度需要提供服务的支出，用对项目收入的估计来为下次预算制定收入水平决定做指导。为行政主管工作的预算工作人员审查同样的信息用以评估来自各个部门的预算申请。为了与行政主管保持一致，预算主管的权限覆盖整个城市部门，也包括公用事业单位。

管理机构对预算执行信息的依赖要比部门和主要执行人员少，在某种程度上是由于信息已经被重复审查，更重要的是由于管理机构的注意力放在了预算政策讨论上。地方管理机构通常依赖城市管理者和市长对预算执行数据的评价，因此管理机构能够把注意力放在预算的计划和政策问题。

然而比较预算与实际支出是市政厅、州和国家管理机构进行分析和审议时必不可少的手段。当实际支出超过预算限制或者比计划支出明显少很多时，他们就需要解释。预算确定了拨款的多少反映一定的优惠政策，实际支出与预算的偏离也会影响那些优惠政策的实施。

最后，随着各部门和行政主管开始实施获批的预算，预算人员把拨款水平、收费预测等数据输入预算和财政管理系统以便监督能随着新的财政年度一并开始。比如美国，中央政府、各州和地方政府的财政报告系统是相互独立的实体，各州通常需要地方政府在新的财政年度开始以前提交获批的预算计划，在财政年度结束后提交有关收入和支出的报告摘要。这些报告逐步以电子方式提交给州预算办公室，各州和他们的地方政府不需要向联邦政府提交综合的预算报告。

州和地方政府为获得特殊项目补助金或津贴，需要向联邦政府提交大量的财政报告申请，除此之外，州和地方政府还必须报告资金的具体用途。

（三）强调控制和监督部门开支

预算执行的控制模型强调对部门开支的控制和监督。这项任务首先是一个法律责任问题：部门支出不允许超过已经批准的款项，部门也不能把资金花费在未被管理机构授权的活动上，部门和行政长官不会转移拨款资金给未被授权的活动。控制支出的能力依赖于监督收入和支出的会计系统，这些系统包括从基础记账系统到复杂的财政管理系统（FIMS）。除特别注示外，“财政信息管理系统”指的是一系列系统特别是会计系统。

管理机构以不同的水平给各种规模的地方管理部门拨款，小一些的地方政府趋向于适用传统的分项预算，根据支出项目分配资金，例如专职人员、兼职人员、季节工、个人税、退休金等等。在单纯的分项预算中，资金在账户和基金（如普通基金）范围内被分配到这些项目，预算中很少能看出多少资金分配给了专职警务人员、多少分给了城市职员或公园管理人员等等。这样的信息通过管理机构与员工的预算讨论而被收集。管理机构讨论的焦点是预算资金的投入，而不是资金所要购买的服务。其他情况下，这些部门依据其获得的拨款在其各自范围内按照项目使用。

地方预算编制过程中，比较复杂的是在确定的项目之间分配资金，而这通常与部门的职责相联系。预算拨款（专业）结构与地方政府的组织结构相类似，大多数部门从一般预算基金中获得拨款。在美国，供水和排水公用事业支出从企业基金中开支，这样他们运营起来更像是一个基于收取服务费的企业。在一张预算表中，最后汇总后的项目很少，通常是人员经费，（包括额外福利）、供给和服务支出（包括合约服务）和资本性支出。重点是各部门在预算年度中如何履行职责，评判的要点也包括在部门预算的财务信息中。

会计系统必须基于政府拨款的结构，否则会计系统就不能提供用于评价预算执行的信息。会计和预算系统的基础是支出的项目，即政府买什么。每次采购（物品和服务）被置于种类相似的支出项目（给全职人员的工资、电脑软件、燃料等等），在会计图表中一系列的项目被编码，图表中列出了政府可能购买的全部项目。当政府使用项目预算格式时，他们根据列在预算中的每个支出项（目标代码）安排资金。项目在拨款范围内被授权，拨款被分成不同的基金，这些基金是伴有账户自求平衡（不同的基金有自己的收入、支出和资金平衡）的会计主体。美国的地方政府经常设有很多基金账户；有时，政府为每份拨款开设一个独立账户或者基金。很多其他国家对各级政府仅仅使用一般预算基金、信托基金和应急基金（Axelrod 1995）。

例如当部门购买汽油时，会计系统必须能够把为购买适量的汽油而支付的合适的拨款记入正确的基金借方。财政报告传达这些借方（贷方）每月、每半年以及每年的累积状况，在每份报告的任何时间中，会计系统应当能够提供最近（年初至今）平衡的拨款，包括每个部门和每个基金的剩余；也应该体现按照支出项和收入来源安排的所有花费 。年度报告必须是一个综合性的年度财政报告，并且报告所搜集的财政数据能够体现大众所接受的会计准则。

（四）收入和支出监督

会计系统为监督预算提供两种有价值的信息。监督收入是在财政年度结束时避免出现突然的短收或者非法的预算赤字所必不可少的。监督支出允许管理者和监管人员将法律架构放在预算开支上。监督活动重要之处在于它包括以往的收入和支出数据报告。同样地，会计报告告诉管理者政府已经做了什么，管理者必须决定政府将要做什么。从这个意义上来讲，收入报告告诉管理者和预算监督人员在当前支出趋势下，收入压力状况以及预算在财政年度结束时是否平衡。

在财政年度实际开始前，要预计 12 到 18 个月的财政收入。鉴于经济活动的不确定性，会计系统必须提供税费收入的及时数据，这样预算人员（包括项目管理者、部门主管和行政长官）才能够监督收入以免出现意外。如果没有获得预期的收入，那么开支就需要缩减。收入不足的早期警告允许部门管理者调整支出计划，以免依赖于项目收入的账户出现赤字开支。

同样地，如果收入不能如期望的那样流入一般预算基金，那么预算主管能够使用支出控制系统控制住资金。控制资金会在早期给项目管理者带来问题，但是这些问题比起到财政年度第 10 个月发现更容易解决，到那时他们必须“归还”拨款总额的一定比例或使他们停止支出或者“放弃”持有作为备用的应急基金。

（五）数据收集和其完整性假设

数据完整性有力的假设成为预算执行的基础，古老的谚语“种瓜得瓜，种豆得豆”存在的原因就是它的正确性。准确及时的数据对收入和支出报告都是必要的，如果数据不够及时，准确的数据就不是那么有用了。管理者必须定期（至少每月）了解收入制约因素的状况；否则，他们就不能相应调整支出。相反，及时但不准确的数据可能比没有数据更糟，比如报告的收入比实际收入的多，报告的支出比实际支出少，或者其他一些错误等等。预测虚假结余，结果是导致超支和非法的预算赤字；预测虚假赤字，结果是导致突然和不必要地缩减开支，这对重要项目会产生破坏性作用。

即使是在发达国家财政系统里的信息也不是一直都准确的。在发展中国家，主要问题是数据的准确性，即使是具有完备财政报告格式的复杂软件系统，仍旧依赖于数据有效收集和准确输入。财政数据来自于什么地方？如何准确而又及时地记录数据？如何在财政管理系统内及时传递数据？

政府重点控制支出的传统使大多数中央和地方使用现金收付制会计。尽管现金收付实现制会计有一些重大的缺陷，但动力是“你所看到的就是你所拥有的”。如果现金是在国库，它就能够被记录，如果现金被花费，它就从国库移出用以支付给卖主或者员工工资。这个简单的描述简化了一系列复杂的规则，但关键是在先进系统中的数据交易是相对直接的，不需要高技术的职员。如使用担保，复杂的流程实际上不需要较高的记账技术。在现金收付实现制中记录收支是相对直接的操作，并且数据完整性应当非常高（盗窃和腐败现象排除在外）。

因为他们允许数据快速传输到中央报告系统并且能够对预算收入和支出提供一种直观的描述，所以财政管理软件系统能够改善报告的及时性。可是，像这样及时看到收支状态则完全依赖于数据输入的那个时点，并且其中还存在财政管理高端软件系统与较低的财政管理技术水平之间不相协调的缺陷。

（六）财政管理系统报告的假设

如果财政管理系统是有效的，那么有资格的人员和合适的技术必须是互补的。一方面，相关人员必须具有使用系统技术的能力，另一方面，技术必须恰当地与相关人员能力相配，这样才能帮助制定决策。

1. 人员

一个可行的财政管理系统依赖于有资格收集和输入数据并能管理生成财政报告的个人。在分散式体制中，如美国，财政管理人员的资格由各实体（地方、州和联邦政府）独立决定。在一元化体制下，资格由中央政府确定，中央和地方执行统一的人员等级和资格标准。尽管在分散式体制中财政管理人员的薪金水平变化很大，但是相对于一元体制中相似职位更一致些。即使在分散式体制下对人员的资格条件的要求变化很大，如美国和加拿大政府财政办公室联盟（GFOA）等专业化组织，仍把推进预算和财务人员的职业化以及接受职业训练作为重要工作，以促进财政管理系统运转的透明度和公正性。

基本的记账技能对于记录地方政府事务是有用的。但是，更复杂的财政管理系统需要计算机操作技能，而不仅限于简单的数据输入，更重要的是，系统需要一定的管理能力以确保相关数据输入的及时准确，并且能保证软件能够正确的使用并形成适当的报告。除了这些简单的专业技能，管理能力还包括让系统中的信息传递给正确的项目管理者，使管理者能够相应地校正项目。

2. 技术

随着纸质记账被复杂的 FIMS 替代，人们可能会错误地认为计算机可以让大家很容易的沟通和交换信息。事实上，排除硬件上存在的问题不说，软件程序只能被设计用以交换信息，因此无数政府部门就要面对这样的问题。会计系统在政府的某个层面可能不能与另一个层面的系统交换信息，一个地方政府的系统可能与相邻的地方政府系统不相容，如果两个地方政府使用不同的操作系统，把不同的软件系统合并为统一的会计系统可能会是一场噩梦，这需要无数劳动时间，更不用说财政成本了。

作为另一种选择，中央政府为促进及时交换而推行的综合性 FIMS 可能在“桌面”实施计划中会理想些，然而像在地方、地区和中央层面不能得到的管理能力一样，系统可能需要超过地方政府层面所能提供的专门技术支持。虽然对于较好的预算实践来说为了实现 FIMS 准确性和及时性是完全正确的和必要的，但是没有在预算人员（包括会计和使用系统的管理者）技能上进行重大投资，它可能很难实现。像在软件和硬件的投资一样，无论是在发达国家还是在发展中国家，实现 FIMS 都需要在人员培训上进行大量的投资。

（七）支出控制系统

大多数预算控制工具都是为防止非授权活动发生的预期程序。预算主管要对预算负有法律和政治上的责任。分期付款、指标留置、个人职位控制、采购控制和水平转移控制，这几种工具对确保法律责任是有用的。这些工具互相联系，共同作用，以增加或者减少项目管理者所能得到的资金流。

1. 分期付款

从语法上分析它是部门把一项活动所能得到的全部拨款按季度或月度分期开支。分期付款能够根据部门或者项目的历史支出进行调整而不是把拨款均等的分期。例如旅游局可能会在财政年度早期签大量的广告合同，并为那些合同花费百分之百的预算。一般而言，季度分期付款确保部门不会很快就花完所有的预算而去管理机构申请追加基金。在财政紧张时期，如预算主管预计收入达不到计划水平，分期付款制度使扣留部门预算基金成为可能。部门对财政紧张时期分期付款制度能够承担的微观管理水平感到恼怒，但是对于接近财政年度结束时的撤销预期感觉更糟。

2. 指标留置

指标留置是确保一笔资金不被重复划拨的机制。例如为确保工资，在其他方面开支都平衡的情况下，所有需要支付给员工整年的开支都在年初被保留。留置指标要计入会计系统，作为可用资金的扣除项。在决定购买其他劳务、设备或商品时要把留置的指标从可用资金中扣除，就像实际会计业务发生一样。例如，如果在财政年度中某个职位发生空缺，用于支付那个职位的工资就能解除留置，项目管理者可用于其他工资项目支出。如果采购订单是为资本支出项目（例如公用载重卡车），预算主管要把资金指标留置，直到卡车到货并需要支付货款时为止，这笔钱不会用在购买其他设备或商品上。

3. 采购或合约功能

采购功能与预算主管的联系更密切一些，这是因为购买商品和服务首要前提是有资金买单并按时付款。另外，预算主管能够通过采购环节的控制对购买何种商品和服务施加政策影响，并对购买方式加以规定。

地方政府对于经常性购买项目能与供应商进行谈判；然后，每个部门就从那些供应商那里购买这些项目，并在整个合同期内支付相同的价格。这个策略在价格比较稳定或上涨时常常能为政府节省资金；但是，因为政府在合约的约束下价格是锁定的，当物品价格（如个人电脑）下降或者不稳定时合约在省钱方面就不是那样有效。预算办公室的采购中心要审查每个采购定单，以确保定单对应合适的供应商。

地方政府通常被地区和中央政府制定的采购规则所管理。这些规则可能规定采购规模超过 5 000 美元的购买必须发布公告，使供应商能够竞争出价。考虑到通货膨胀的影响，采购门槛的竞价肯定会升高，但是像在美国这种分权体制下，采购门槛高度不一。

地方政府可能属于一个购买财团，这个财团汇集了很多地方政府的采购需求，这样，大宗采购下规模经济效应会压低供应商的价格。采购人员也可能为两个部门工作，他们在相同的城市购买五辆具有相同规格的汽车以此得到一个较好的价格，这要比一个部门买两辆汽车而另一个部门买三辆稍微不同的汽车时的情况要好。除非部门至少在探索合作性的采购，否则预算办公室可能通过扣留配额的方式来鼓励这样的合作。

4. 个人和职位功能

一个最有力和最有效的预算执行控制手段是对组织中空缺职位的管理。在做预算时，管理机构设定每个职位在一年的 12 个月内都是有人的，并足额安排了经费（包括工资和福利）。然而人员的流动却是经常发生的，这就会导致在特殊项目中分配给特殊职位的款项未被使用。行政主管有机会用以下几种方法为组织节省资金。第一种模式是预算主管能够从每年的空编中按平均工资（和福利）计算出结余。例如，从财政年度开始时按部门拨款的平均百分之二自动地被预算主管留置，并从配额中扣留以做应急费用。

第二种模式就是需要部门主管申请允许他们在职位空缺时找人填补。这种方式需要预算主管和行政主管要求部门主管对该职位在项目中的连续性作用进行评估，依据这个基本原理，行政主管可能决定在下个预算（等待政府机构批准）中调整这个职位并继续持有应急费用。在政治上，这种选择不是经常有的。为确保公共安全，警务人员或者应急响应人员常常很快地被安排满，这常常就是地方政府机构的优先选择。

第三种可能是在财政紧张时期采取职位控制方法。当财政收入没有达到预期并且预算主管害怕在年末可能出现赤字时，项目主管可能采取职位冻结方式。职位冻结禁止雇佣新人来代替离职人员，这就可以节省资金并且在年底平衡预算。没有区别的全面冻结甚至会影响警察和其他公共安全人员。在职位冻结时期，极少允许弥补空缺职位。

此外，如果财政紧张持续并且预算需要持续减少开支，那么预算主管在下个预算中就会打算取消保留部分或者全部的空缺职位。一旦这个职位从部门中被删除，部门主管就会非常强烈主张在以后的预算中创造“新”职位，进而提供由于缺失人员所减少的服务。由于工资和福利在地方政府预算中占有很大比例，所以职位控制是预算主管能够在预算年度内控制开支的一种最有力和最有效的工具。

5. 分项间调剂

拨款的详细化程度以两种方式影响预算的执行。首先，拨款的汇总程度越高，项目管理者或者部门管理者在项目间资金使用上的自由裁量权就越大。例如，公安局长按照部门全年水平获得人员经费。尽管加班经费按要求定在1 000个小时水平，但如果在预算执行一半时发生了职位空缺，局长就能为承担空缺职位工作的现有人员支付较多的加班费，而不必经政府批准经费的调剂使用。相反，如果政府机构的拨款详细到具体项目水平，项目间的经费调剂就需要申请报批。

经费在项目间调剂的控制水平很大程度上依赖于地方政府的组织文化。在许多政府中，部门主管在一些特定项目的经费管理上被赋予很大的空间在另一些政府中，政府首脑对部门经费控制很严，部门哪怕调剂一点儿经费也要获得批准。在大多数情况下，预算主管都要保留人员经费与其他项目经费调剂的控制批准权。这种策略是确保他们对职位的控制（前面讨论过），否则部门主管就会用空缺职位节省的人员经费去干别的事情。同时，这种办法也能防止利用人员职位规避赤字或人为制造宽松预算的做法，使行政主管和政府机构能够在下个预算年度再分配职位。

（八）总结

对预算执行的形式控制模型的讨论列出了预算主管、城市主管和市长所能使用的基本工具和强制政府各部门机构实行政府所批准的预算开支计划。批准的预算是用来监督收支的基准或者标准。市政府的组织文化将会影响预算执行是否是灵活的，是否是以达到城市和部门目标为导向的，或者是否以严格控制支出为导向来使赤字最小化或限制政府一般性开支。这些正式的控制模型趋于体现预算执行的机械论观点。实践中，对于城市来说预算执行可以作为实现组织目标的管理工具之一。

二、预算执行中的管理方法

在预算管理当中，如果预算通过，地方政府就会按照这个蓝图来执行管理计划。预算执行就是通过管理计划的执行来达到地方政府目标和任务。监督重点不在于遵守法律，而是在于资源是否用在了提供有效服务上。管理方法要求对预算编制和预算执行采用统一的视角；预算主管的作用是协调和指导预算的编制和执行。

预算执行的管理方法没有忽视传统控制模式的监督功能。理解当前的收入支出状况对管理预算从而达到地方政府的目标是非常重要的。然而，一个重要的区别在于它更加依赖于事后控制和项目评估功能与预算执行的结合。预算执行的管理方法是使用财政预算案编制周期中的预算执行期来评估各部门利用预算分配的资源完成目标和任务的情况。地方预算管理的目标是使监督部门、行政长官和部门主管要把能够成功实现其目标和任务的城市财政长期健康发展作为主要关注问题。

（一）支出控制体系

预算执行的管理方法仍然需要支出控制体系来防止赤字支出。关键是对部门主管在资金分配、人员控制和经费流用控制方面的限制程度如何。提供给部门主管和行政长官的月度总收入、项目收入及支出报告采用了同样关键的信息来比较预算执行偏离预算计划的程度。通常，控制手段掌握在预算主管手里，而且通常是在财政紧张时期才会应用这些管理方法。

1. 监督支出的法律遵从性

尽管遵守法律在管理方法中是一个很重要的价值基准，但重点是在对购买、人员和项目调剂的事后控制上。不能要求部门主管在行动实施前获得购买、雇佣和项目调剂的批准，而是行政长官至少每年审查每位主管的工作，以此来评估主管们是否有效使用预算资源来完成部门目标和任务。

不是通过事前审计审查采购是否与城市政策方针相吻合，而是主管定期（例如每2到3年）进行项目审计，从而识别出与当前政策不相符的项目和决定（例如，部门有多少次没有采用有优先权的供应商购买商品？原因是什么?)。除非全面冻结，否则的话，主管可以按照自己的意愿雇佣人员来替代离职的员工；这项策略是假设主管按照已有的政策雇佣员工，这些政策包括反歧视举措和多样化要求。

2. 支出控制体系的选择

当组织文化为部门主管提供了很大程度的灵活性和责任感时，监督部门和行政长官可以采用目标基础预算（也叫做信封式预算）给予主管们财政年度的全部拨款。主管有充分的自由在必要时再分配资金，从而达到部门目标。没有分配和投向的限制，但是主管必须保证部门预算支出没有超出批准的数额。

问责结果是通过监督部门和行政长官的每年的事后审查实现的。对项目管理人员来说，好处是可以拥有高度的灵活性来达到部门目标。其代价是，当预算在一年当中管理不善时，部门主管无法向行政长官或者监督部门申请补充资金。除非异常事件（例如自然灾害）发生，其他情况下管理人员必须使用起初的预算拨款来实现部门目标。

预算执行期间财政管理体系的总执行报告将继续提供支出、拨款和平衡方面的基本信息。主要的不同在于信息对于项目管理人员是最有用的，项目管理人员必须在法律和财政的约束下管理项目资源，从而达到目标。行政长官和监督部门的争论主要在于管理者实现目标的程度如何，而不是管理者做得如何。

（二）预算执行和政策制定之间的关系

预算本身就是政策性文件，尽管在预算中没有明确地体现这些政策。政府财政官员协会著名的预算报告奖励计划（财政官员协会2006）就预算文件体现城市政策的程度，开始使用五个标准进行预算评估，其中这些政策是预算的基础。地方政府预算的基本原则是向贯彻实施政府政策的项目给予资助款。如果没有需要工作人员实施的政策（也就不需要工作人员了），那么就不需要地方政府预算了。关键的问题是如何更好地运用预算文件和预算程序来清楚地表达政府的政策，以及部门主管在预算执行期间对政策的影响程度。

（三）正式的执行阶段

地方预算与政策分析和发展的结合程度随着地方政府的规模不同而不同。最小的城市可能会提出他们没有能力按照GFOA提出的标准完成报告和预算文件，但这个理由是不成立的。在最小的城市提供最少的公共服务的前提下，政府职员或政府本身不需很少的努力就能形成预算文件，以便明确当前城市政策。如果城市仅仅提供最少的公共服务，例如城市公园、城市排水和治安，那么就会很容易确定和探讨优先性问题。在政府常规会议上讨论评估预算执行是否符合城市目标是很容易的。复杂精密的分析是不需要的，但是，对于预算管理实务来说，透明度是一个必备的条件。

至少有一个人管理预算和预算程序的中等城市和大城市可以很好地利用预算周期的执行阶段，从而把政策分析和政策制定纳入到预算程序中去。虽然预算制定和执行审查是劳动密集型阶段，但预算周期的实施和执行阶段向预算办公室的预算编制者提供了一个分析项目的机会，从而了解到他们使用分配到的资源达到指定目标的程度如何。

中等城市和大城市倾向于使用项目预算计划，这些项目预算计划明确地指定每个部门使用他们所分配得到的预算拨款应该达到的行为和目标。美国的地方政府预算越来越多地把具有实际意义的工作指标和标准纳入到部门预算说明和报告中。把工作指标纳入到部门预算文件中可以提高预算编制者分析部门工作的能力，包括指定工作目标的完成情况。

（四）预算监督作为政策分析的项目评估方法

预算执行的管理方法使预算人员的角色从记账人转变为管理分析员。这个任务甚至在没有复杂精密的FIMS技术的情况下是可以完成的。但是主管人员必须保证向预算人员提供足够的时间来执行该项职能。

1. 人员要求

随着地方公共服务的规模和范围的扩大，地方预算办公室的人员配备水平也随之提高。适当的人员规模很少取决于固定的比例，如预算编制者占雇员比为1∶100，或预算编制者占市民比为1∶10 000，更多的是取决于预算办公室在组织文化中的作用。控制导向型预算办公室除了记账人员和会计人员之外，几乎不需要其他人员。除了对照分项预算拨款核对收入支出以外，没有什么其他的工作。然而，政策导向型预算办公室需要足够多的人员，从而每个预算编制者能够被分配审查和监督4—5个部门预算。

2. 人员角色

在控制导向型预算办公室中，预算人员的角色是记账人。在预算办公室中，工作人员主要担当财务会计的角色，预算工作仅是常规工作的一部分。政策导向型预算办公室需要有管理分析能力的预算人员和能够运用预算技术、处理与部门人员之间的关系、全年扮演着管理顾问角色的预算编制者。拥有这些职责的预算人员必须有很好的写作和口头交流能力；他们必须能有效地与部门主管、行政长官、有时是和管理机构内部进行沟通。他们应该能够掌握组织的发展和改变，以及其他的公共管理技能。

政策导向型预算办公室的工作人员必须与部门主管形成良好的工作关系。因为每个部门主管对优先性和目标的深入了解为预算编制者提供了未来预算需求的分析框架。(一个重要的假设是行政长官同意部门优先性；当行政长官委派部门主管时，这个假设通常是确定的。）针对部门优先性、新出现的管理事项和管理目标的修改，预算编制者可以在预算执行阶段与部门主管和项目管理人员进行深入沟通交流。预算编制者的作用不是替代部门主管，而是了解部门文化和任务，知道如何与部门主管合作才能确保预算拨款能够支撑部门任务。

3. 实地考察的重要性

政策导向型预算人员需要评估项目的效果和了解他们的管理挑战，他们不能仅仅坐在桌前、盯着电脑屏幕或者写着报告。眼见为实。不太紧张的预算执行时期对于预算编制者来说是一个理想的时期，他们可以实地考察学习更多关于预算文件中描述的活动。如果预算编制者审查公共卫生预算，那么出于权宜之计，他就必须安排出时间坐坐垃圾车。如果预算编制者的服务对象是警察局，那么出于权宜之计，预算编制者就应该坐进警车或者步行一会儿。公园部门的预算编制者可以安排几天参观一下公园，评估一下游乐场设施、野餐设施、树木草坪和其他事物的状况。他们再用一天观察成人和孩子们的娱乐活动，估计一下有多少人使用健身器械以及器械的条件状况。

资料收集的多种方法比单单只是纸质（或者电子）报告更加可靠。政策、程序变更和表中数据的争论向预算编制者提供了有用的信息。与部门主管和规划管理人员的沟通能够加强书面报告中的书面论证；他们也可以揭露报告中所没有揭示的矛盾或缺少的内容，这些内容可能在提交预算办公室或者行政长官之前就被部门主管修改掉了。对城市垃圾、城市公园、消防站、警察局和其他公共设施的实地考察为书面报告中的论据和数据提供了又一次审查。

（五）会计人员和预算人员之间的关系

预算办公室的工作人员依赖于会计人员来提供遵守法律的支出监督。预算人员使用会计报告不仅限于资金平衡方面的简单监督。预算编制者与部门主管合作分析出不同项目的活动趋势，识别出推动成本节约或者创造结余、可用于部门预算再分配的行为活动。在这项工作中，预算编制者作为管理顾问，可以帮助部门主管有效地完成部门资源的再分配。反过来，会计人员成为信息推动者，这些信息是被纳入到预算办公室管理决定中的信息（McCue 2001）。

（六）深入观察与预算报告的结合

以预算执行阶段做为管理工具的最主要的价值在于，预算编制者可以向行政长官提供对部门经营和管理方面有用而深入的见解。不是报告呆板的数字表格，预算编制者可以对新出现问题提出书面和口头报告。做为管理分析员，预算编制者把会计报告、现场数据和通过与部门主管和项目管理人员讨论而得到的数据进行比对。预算编制者对多种数据收集方法的深入了解为他们与预算主管之间的探讨做好了准备，这些探讨是有关下一个预算周期的部门需求。

当增加公园维护资金的需求报告送到预算办公室审查时，公园部门的预算编制者对增加资金的重要性有着更好的判断力。预算编制者不能仅依靠部门的报告来证实预算需求的真实性，或者通过与部门人员讨论和实地考察得出相反的证据。在繁忙的预算形成阶段，预算编制者在预算评估上下功夫是值得的，数字是最重要的讨论要案的要素。数字中反映着人口、地区及其他情况，了解数字的内含是非常重要的。

（七）与第三方签订合约

在发达国家和发展中国家中，地方和中央政府越来越多地依赖非政府机构（NGOs）提供重要的公共服务。例如，美国的国家和地方政府越来越多地依赖于非政府机构提供广泛的公共服务，例如对孩子看护和收养管理、戒毒所，以及劳动密集型公共服务。发展中国家的非政府机构可能会从外界捐赠者那里获得大量资金，但是他们也可以在与中央政府、区政府和地方政府的合约下工作。

非政府机构和私人企业按合约提供公共服务需要另外一种监督，这种监督不同于对政府自行提供公共服务产品的监督。预算执行中需要监督承包人的工作绩效，而不是监督他们的财务交易。这项监督意味着业绩标准是被写进合约中，并且通过具体的行为来考核承包人的业绩水平，从而奖励（或者惩罚）他们。合约管理需要超出记账以外的管理技术；在部门预算办公室的管理分析员应该具备观察承包人业绩的能力，并且能把信息与对承包人付款的预算支出报告结合起来。有关公共合约管理方面的文献资料也在不断增加（例如 Cooper 2003）。

然而合约管理的深入探讨已经超出本章的探讨范围，不正确地管理合约浪费了大量的税款，这是不值得的。而且，管理者经常缺少正确签订合约技术方面的训练，从投标到管理合约。带有大量合约的项目预算需要仔细的检查，以确保遵照公正的程序，以及规划管理人员在签订合约时，知道他们在购买什么。采购官员唯一需要负责的是确保遵照正确的程序签订合约。采购人员不对合约管理水平负责。

（八）建立遵从规则文化的时间需求

组织文化在预算中的作用就像在公共管理的其他方面那样重要。

Thurmaier 和 Willoughby（2001）调查了政策导向型中央预算局与控制导向型预算局的条件和结果。这些条件和结果在地方政府水平下是有效的（Thurmaier 1995a）。基于项目执行结果的组织文化能够给予部门主管更多的自由裁量权——部门主管要对行政长官负责——这种组织文化应该在预算编制当中将项目预算以一种程序格式高度合并的形式反映出来。控制导向型的组织文化强调对程序的投入和减少部门花销，这种组织文化认为行政长官的责任不能超过预算约束；这种文化不允许部门主管改变经费流用，经费流用甚至要得到监督部门的批准。

无论行政长官需要怎样的组织文化，来自部门主管和普通组织工作人员的遵守规则的文化需要时间来建立。从可变通的文化到死板的控制文化的转变有可能遇到组织中多层次的阻力，因为对责任上移给了高层（首席执行官），并且成员会感到责任的缺失。从死板的控制导向型到更加灵活和使命驱动的管理导向转变的组织将会发现对组织参与者来说，决定灵活性的程度和怎样通过与行政主管非正式的讨论来确保部门决定受到首席执行官和行政长官的支持是需要时间的。

大城市的预算办公室在市长、管理者和部门主管之间充当中间人的角色。预算办公室的导向能够强烈影响到预算在组织文化中所扮演的角色。当部门主管企图用预算灵活性行使职权以及预算编制者实施由首席执行官和预算主管确定的预算原则时，控制导向型预算办公室将会成为组织冲突的中心点。然而，政策导向型预算办公室的预算人员的角色更像是咨询专家和政策顾问，帮助部门主管决定怎样使用可利用的预算资源完成部门任务和目标。

（九）小结

预算执行管理方法的讨论仅仅在更大范围的地方政府预算管理情况下有意义。如果各部门应该履行其使命和完成目标，那么对地方政府长期财务健全的关注就是很重要的。虽然一些人认为这种方法仅仅适用于中等城市和大城市，但这种争论是没有价值的。小城市相对于大城市而言，也许能提供更加有限公共服务。这个特点并不意味着管理方法是不可行的；相反，它暗含着这种方法更加容易实施和操纵，因为组织中的参与者很少，政策与项目的改变情况也很少发生。同样，预算和预算执行的管理方法是与发展中国家和发达国家的地方政府有关的。决定性的因素不是地方政府做什么，而是在预算中的法律和财政的约束和其他地方政府规章的范围内，监督部门和行政长官是否热心于确保地方政府活动被有效地执行。

三、发展中国家的应用

在地方政府管理中合理支出控制原则的采用方面，发展中国家所面临的挑战是可以克服的。支出控制体系的弱点是通过无政策干扰的可行的数据收集方法克服的。

（一）支出控制体系的缺陷

发展中国家的公共支出管理体系（包括预算执行）的缺陷有目共睹的（Fozzard 和 Foster 2001；IBP 2004；Killick 2005a，2005b；Lienert 2003；Lienert 和 Sarraf 2001；Polidano 1999；Premchand 1993；Schiavo – Campo 和 Tommasi 1999；Schick 1998；World Bank 1998；Zody 1996）。本章的目的不是再次批评问题，而是提供可行的建议。公共支出管理是国家的必要特性（Schiavo – Campo 和 Tommasi 1999）。本章的建议提出了许多发展中国家存在的预算执行的三个明显的严重问题。

引起许多争论的一个严重问题是对管理支出体系来说脆弱的制度安排。从根本上说，是零散的预算体系对财政部的预算制定、计划部的战略（多年度预算计划）计划、支出部门的支出管理负责。预算执行体系的一个重要特征是中央预算局协调——控制——预算的三方面。另外，允许支出部门维持独立的银行账户的国家反对集中现金管理，集中现金管理使资金分配和投向等有效支出控制成为可能。

第二个问题是比较差的预算编制。长期低估收入，预算制定缺少政府控制企业的投入和重要的监督机构审查。投入和审查的缺失造成两种问题。首先，缺少透明度意味着对收入和支出的错误估计在预算采用之前是不会被发现的。其次，缺少对支出、收入和人事安排重要变化项目的解释信息的预算文件不能为立法委员、公民和衡量预算执行的媒介提供衡量标准。如果起初不明白预算，又怎么知道预算执行效果如何呢?

第三个问题是预算本身，尤其是关于每月、每半年和年度的按项目、按拨款额、按部门和按资金性质的及时准确的支出报告。把较差的记录保存归因于没有能力实施 FIMS 项目（也就是说，缺少技术人员开发和维持 FIMS 软件和硬件）是容易的，但是许多国家在复杂的 FIMS 使用很多年之前就已经有了合适的支出控制体系。

基本的预算功能必须完全地使用一切可利用的技术来实施。如果因为工作人员被命令不记录特定的交易或者延迟记录交易使会计系统变差的话，那么问题就是政治和管理的问题，而不是技术问题。如果因为管理人员故意避免投标程序支持特殊的卖主，而使采购和承包制变差的话，那么问题也是政治和管理的问题，而不是技术问题。

编制（或人员定额）控制的问题对预算执行问题来说是中心问题。如果把“虚无的”职位放置在雇员名单中，从而把资金转到未经批准的支出中，或者当中央预算办公室没有权利掌握空缺职位来获得结余，那么预算主管（或行政长官）将失去最重要的支出管理工具。在各级政府中，人员经费占财政支出的比重是最大的。许多国家的地方政府把收入中高达90%的部分用于工资支出，留出很少的一部分用于其他开支和资本投资。能够集中控制编制的国家已经能够大幅度减少支出部门的职位数量，为其他目的节省资金，包括对地方政府的转移支付。

在发展中国家地方预算执行的管理方法可行程度依赖于中央和地方（地区）政府层级的政治和管理能力。管理能力包括中央和地方政府的会计制度的效率和项目管理人员的技术水平。政治能力包括各个层级领导人的政治坚韧，它表现为当政府部门工作失误时不为自己开脱，并坚持透明化的预算程序，允许媒体和利害关系的公民约束项目官员——对项目业绩负责的当选官员。

政治坚韧对于使用预算作为管理工具的公共管理者来说是一个必须的条件。这种坚韧意味着当中央预算拨款被转移给部门和地方政府用于项目时，当选的官员无法容忍资金流失。不管导致流失的原因是贪污或者总体管理的不善，透明的预算执行体系可以鉴别资金流失的源头，并要求相关工作人员对其负责。程序是否透明、是否由工作人员负责是一个政治决定。当国家越来越多地把精力集中在制止贪污腐败方面时，选择官员的依据是其是否反对改革或者推动改革。能够为公民提供监督政府支出机会的透明的预算执行体系对减少贪污和管理不善是有帮助的，许多国家的实践证明了这点（IBP 2004；Killick 2005a，2005b；Polidano 1999）。

1. 缺乏数据完整性

如果会计制度是用来为预算管理者提供有价值的信息的话，那么预算执行的会计方法和管理方法需要数据的完整性。如果输入到系统中的数据是错误的，那么最好的软件和无数小时的工作时间都是浪费的。发展中国家实施复杂的FIMS项目的经验是让人失望的（Killick 2005a）。坦桑尼亚和一些其他政府已经在中央层级成功实施了新的体系，并且已经把这新体系扩展到地方政府。但是加纳和许多其他国家多次考虑是否全面实施他们自己的FIMS（IBP 2004）。

2. 可行性数据和评估模式

虽然复杂的财政管理体系对于获得工作数据和财政数据是有用的，但是如果操作系统所必须的数据和技术得不到，那么财政管理体系对一个国家的行政部门提供的价值是很少的。直到全面的 FIMS（财政信息管理系统）被成功实施后，发展中国家才把资源集中于可行性数据和评估模式上。通过透明度程序跟踪实际财政支出与经批准的预算支出的吻合度并不困难，在逐项预算编制模式下追踪支出情况也并不困难。与购买决策紧密联系的支出项目追踪体系提供了更为详细的内容，而并不需要预算编制人员付出更多的劳动。

成功的关键是不同层级政府支出发生时能够主动编制透明的政府支出会计账目。如果中央政府向卫生部提供拨款，卫生部依次把全部或部分的拨款提供给地区卫生所，那么会计制度就能够解释在每一层级上每一点拨款是如何使用的。虽然在一些国家，预算执行改革是比较慢的，但在其他国家，进展是比较明显的。

3. 来自过渡期国家和发展中国家的例子

加纳的预算体系被称为表面化及仪式化的流程，与实际的支出没有多少相关性（Killick 2005a）。从中央到地方部门的资金转移有很大比例的资金流失，并且预算和实际支出（当数据可以获得时）的不一致已达到百分之五十；薪金一贯是预算不足的，其他支出与实际支出相比，一贯是超出预算的（Killick 2005a）。虽然预算程序变得越来越透明，但利害相关的公民——甚至是公共管理者——仍然觉得获得对特殊目的的预算拨款的数据是比较难的（ISODEC 2006）。预算体系的透明程度是政治决定的；政府贪污越来越不得人心，这刺激着当选的官员使预算编制流程，包括预算执行，变得越来越透明、越来越准确。

然而，Fozzard 和 Foster（2001）报导了由于教育预算透明度的增加，在乌干达教育增加的拨款已直接支付到了学校。资金发放和如何使用的细节都在学校一级显示出来。政府也通过国家和地方媒体发布了资金分配细节，包括资金将用于哪些学校以及资金使用的方面。

过渡期的国家，例如乌克兰和波兰，提供了截然不同的例子。20 世纪 90 年代后期，乌克兰的一名顾问接受了被要求帮助建立一个预算执行体系的任务后，遇到了来自财政部预算局的强大阻力。详述乌克兰各州（各地区）收支的报告刚开始被说成是不存在的。当每月的报告在与顾问的会议期间实实在在地放在了预算办公室的办公桌上时，就难以否认其存在了。报告显然揭露了乌克兰的一些州已经陷入了严重赤字。顾问被带去见预算主管，预算主管总是疑惑为什么有些人想知道这样的信息；主管拒绝公布这些报告。向更高层级官员呼吁的结果也只是公布了一些报告。公民很少有得到这种特权的机会。哪里的政治比较脆弱，哪里的预算执行就会遭遇质疑。[③]

在 1989 年之前的波兰，地方政府花费的金额是由中央政府规定的；地方政府的预算反映了中央政府批准的收入支出计划。地方政府接受中央政府在一些功能服务领域的拨款，这些功能服务领域被看成是集体层次目标章程。地方政府预算仅仅是一个没有说明性文字解释各个功能领域资金使用方式的账户表。会计人员负责追踪每个功能领域的支出，并负责向华沙发送报告。当地方政府官员了解到送往华沙的最终地方预算报告显示出地方政府的支出是确切地按照一年之前的预算计划决定的要求时，他们从来都不会感到吃惊。当地方政府1989年之后在地方分权项目中获得大量自治权时，政治领袖鼓励高度透明化，向提出与起初预算计划不同的实际支出的会计人员提供鼓励④。

波兰1989年之后的部分预算执行方面的改革反映了某种政治意愿，这种政治意愿把地方预算看成是地方行政管理指南，而不是来自中央政府的指令。克拉科夫和卢布林等城市首先在预算体系方面进行了改革，按项目编制预算，并包括项目及子项目的说明性文字，使政府部门的官员和公民能够清晰地看到资金是如何使用的（Thurmaier 1995b）。实施上述改革的市长们惊喜地发现政府部门关于预算的探讨是这么容易、这么有用。争论的焦点从关于信息披露不完整的政治指责转为关注支出项目和优先性的政策讨论上（Thurmaier 1994）。

4. 数据贫乏与腐败之间的区别

数据贫乏往往源于数据收集的贫乏。然而，发展中国家的政府不缺少从事收集、汇报数据的员工。多少钱是用在特殊购买上和多少钱是用在薪金和合约上的报告是会计制度的基础。这些制度的基础是建立在交易记录并汇总生成对管理人员有用的信息。会计人员记录交易数据，甚至是以书面的形式，分别按地方、区域和中央层级为管理人员作出月度报表。交易记录不需要复杂的训练，但却是政府单位预算的基本职责。

数据贫乏也可能归因于报告官员的非法行为。个人可能会故意地删除数据或者更改数据来掩盖其贪污行为。行政能力问题有时是贪污问题；把责任推到员工身上可以掩盖对预算执行数据故意的改变。责难诚实正直的公务员，这种政治腐败可能会把诚实的员工驱逐出公共服务部门，留下的是顺从以公谋私的政府官员的员工。约束——如果不是禁止——对数据的更改行为需要一定的政治坚韧和组织文化，重视透明度和公开性。同时也需要公民和管理者能够接触到的透明的预算文件，只有这样，预算执行才能够与政府部门批准的预算文件中的拨款衡量标准相对照（IBP 2004）。

（二）非正式遵从文化的价值

行政控制体系包含内外部利润与成本的权衡（Thompson 1993）。重视透明度的组织文化支持公开全部交易的预算执行体系。透明文化鼓励非正式的服从会计原则和程序；工作人员因为非正式的服从而受到奖赏，这种奖赏是来自分享共同专业价值观的同事的支持。既使工作人员集中精力完成组织目标和任务时，他们也要遵守规章和法律。

通过事后审计和法律上的强制执行实施的外部强制性服从有几点原因是不可取的。首先，外部推行意味着增加成本，审计人员、法律程序和相关费用也加入到了制定预算报告的实际成本中去。其次，遵从规则文化的缺失需要组织内部的推行措施如事前审计。事前审计会增加财务成本，而且也会导致延长购买和组织决策形成的时间。如果每一次购买和每一笔交易都是按照合法的事前审计监督的话，那么组织就会失去对经济和政治环境的变化和机遇作出快速反映的灵活性。这些附加成本扭曲了稀缺资源的配置。最后，传统观点认为，加强服从控制是集权的反映。集权化表现为中央政府对地方和地区支出都要执行事前审计程序。它表明了财政部事前审计权利的扩大，意味着其他中央部门权利和灵活性的下降。

集权化增加了组织的死板性，缺少必要的透明度；虽然合法程序有法可依，但中央控制部门可能不愿意推进透明化。而且，有效的外部控制和事后审计需要独立于执行部门和立法部门、不受借助人员任命施加党派政治影响的审计权利。美国审计官由总统提名，经参议院批准，任期十年，这些制度安排可基本上确保其独立性。美国政府审计署成立于 1921 年，作为平衡新成立的新算局在预算过程中权力的产物，一直直面中央（地方）政府部门的指责，却毫不退缩。现任总审计长大卫·怀特（他领导政府审计署），一直声讨美国赤字预算，是一位强调业绩评价和预算程序相结合的拥趸。

（三）有用信息的收集

对于政府来说，提供有效数据收集的一种方法是只收集高层决策所需的数据。仅仅因为数据可以收集就收集它们，对组织来说是没有什么价值的。中央政府应该避免那些于政策决策无用的数据报告。一些数据仅仅是由垂直的相关部门或地方政府层级使用；这些数据不应该用在提交给中央政府的报告中。对中央政策决策者和项目管理者都有用的财务或其他数据应该准确收集、适时报告出来。

（四）结果数据的收集

基本的财务交易数据对预算执行是很重要的。当中央和地方政府部门的组织文化包含透明度和遵从的专业价值时，行政能力就可以增强，从而把业绩信息融入预算报告中。结果数据收集和支出信息为在预算周期的预算执行阶段的中央和地方政府预算局的项目评估和政策分析提供了便利。当发展中国家能够实施复杂的 FIMS 时，预算编制者能够使用从部门收集的成果数据来评估项目业绩。假如按当前 FIMS 实施的速度，那么具备这种能力还需要几年。同时，预算编制者可以在对健康咨询诊所、学校、城市加油站、图书馆和其他设施进行实地考察时，收集关于项目业绩的定性数据。在安装 FIMS 程序之前，这种业绩数据的收集对美国许多地方政府是很有帮助的（Thurmaier 1995a）。

（五）依赖政府间转移收入引起的问题

在发展中国家，对地方预算执行最重要的控制手段之一是地方项目大多依赖政府间财政转移支付提供资金。当 Caiden 和 Wildavsky（1974）曾提到，发展中国家经常会遇到一些无法满足收入预测的问题，从而导致取消一些支出授权和取消对地方政府的补助。不稳定且不可靠的授权和补助妨碍了地方政府进行较准确的收入预测。不可靠的收入对地方预算执行造成严重破坏，停发工资、推迟购买和延期执行合约。如果地方政府允许依赖于自有收入，那么就会缓解中央政府转移支付中难以预测到的情况的出现。对自有收入控制权的增加也意味着一些基本需求如教育、医疗得到较好的满足（Lindaman 和 Thurmaier 2002）。

在乌克兰从共产主义制度转型过来的早期，中央政府政策制定者面临多种投入的组合，这些收入将在中央、地区和地方政府之间进行再分配。地方政府可以利用的收入来源（例如所得税、增值税）的数量每年都是在改变的，最终收入来源有时要等到进入财政年度后才能知道。不稳定的税收环境给地方政府带来了严重的问题，他们无法设计预算，因为不可能预测税收——他们甚至不知道可以征收哪种税。

直到 2001 年中央政府通过新预算法案的时候，这种情况才有所改善。立法大大地减少了地方官员对资金分配的武断影响。法律规定了地方预算的收入支出责任，并运用数学公式测算向地方政府转移资金规模。新的收入项目包括个人所得税和企业所得税，其与支出责任相匹配。如果所得税收入大于必须支出的部分，超收部分地方政府可自行支配。该方案鼓励地方政府以经济发展为重点，因为地方就业增加将带动所得税的增加。

不幸的是，乌克兰中央政府没有支持这项改革。2004 年以后的许多措施已经消弱了地方政府预算改革的能力。例如，在 2004 年，乌克兰统一了所得税税率，许多地方政府遭遇了财政部故意高估个人所得税收入（城市收入的最大组成部分）的后果。2005 年，在地方预算确定以后，中央政府拿走了一半的城市收入以弥补国家层级的预算赤字。政府间对城市的转移支付减少 5%，而没有相应的收入补偿。如果地方政府的自有收入和中央对地方的转移支付都没有增加，那么在 2005 年的收入不足的情况下，城市不能实现 94% 以上的支出预算。中央政府预算中存在的各种问题导致了地方政府预算对中央政府转移支付（包括共享税）的依赖，并在 2005 年时达到 97%，这与 2001 年预算改革方案中的承诺相背离。

有效的预算执行对于中央和地方政府来说是很重要的。中央层级无效的、不透明的预算执行对地方政府层级的预算执行有消极的影响。当中央政府对地方项目没有按规定补助时，地方层级遵从文化和透明度文化就会变得价值不大了。因此，在中央政府层级应优先推行预算执行透明化，这对地方也是有好处的。

四、结　　论

本章讨论了预算执行的管理方法，它们能促进预算过程更加有效，改善组织的长期财务状况，这对于中央、特区或地方政府都是有效的。管理方法在两方面超过了简单的会计方法。首先，它把预算执行信息连续不断地纳入到管理决策的制定中。其次，预算执行报告也离不开管理方面的信息。预算执行期间的监督和报告并不是简简单单的按法律规定去做，它为项目管理人员提供了关键性的反馈信息以指导他们执行经批准的政策和项目。

预算执行的管理方法不需带有复杂软件程序的财政信息管理系统。最重要的要素是一种组织文化，它重视透明度，并鼓励和奖励遵纪守法，并把它做为一种职业道德。在这种氛围下的员工能够通过简单的程序收集到交易和项目进展信息。报告的及时性很少依赖于复杂的软件，更多地依赖于组织文化的自发性去有效、高效地收集信息，并把信息传递给项目管理人员和政策制定者。

有利的政治环境对于建立预算管理方法以及维持具有透明度和遵从度的组织文化来说是很重要的。面对腐败和无法胜任的管理等信息，若政府领导人缺少政治坚韧品质，其下属工作人员就没有动力去收集信息，更不会及时传递信息。鼓励和支持透明化的政治领导也会促进有效运转的预算执行体系，以支持项目管理者。

选择建立有效预算执行体系的领导者不应该容许预算执行期间发生任何遗漏。领导者应该支持会计人员收集反映较差项目业绩的数据，同时领导者也要鼓励预算编制人员通过实地考察来收集关于项目业绩方面的定性数据。领导者应该鼓励管理者使用预算执行期间收集的数据以更好地促进工作。

本章注释

①立法机关能够审查和理解执行预算的程度有很大的不同，并且超出了本章的范围。查看 IBP（2004）对这个重要的问题进行全面的讨论。

②例如，威斯康星州的密尔沃基（人口为160万）、密苏里州堪萨斯城（人口为441545）、北卡罗来纳州夏洛特市（人口为54.1万）的预算人员大约包括9个预算编制者，再加上1个

预算主管。

③信息是建立在作者在乌克兰的几个项目中做顾问的经验上的。

④信息是建立在作者在波兰的几个项目中做顾问的经验上的。

本章参考文献

Axelrod, Donald. 1995. *Budgeting for Modern Government*, 2nd ed. New York: St. Martin's Press, Inc.

Bland, Robert L., and Irene S. Rubin. 1997. *Budgeting: A Guide for Local Governments.* Washington, DC: International City/County Management Association.

Caiden, Naomi, and Aaron Wildavsky. 1974. *Planning and Budgeting in Poor Countries.* New York: John Wiley and Sons.

Cooper, Phillip J. 2003. *Governing by Contract: Challenges and Opportunities for Public Managers.* Washington, DC: Congressional Quarterly Press.

DfID (U. K. Department for International Development). 1998. "Cost Sharing in Education: Public Finance, School and Household Perspectives." Education Research Paper 27, DfID, London.

Fozzard, Adrian, and Mick Foster. 2001. "Changing Approaches to Public Expenditure Management in Low – Income Aid – Dependent Countries." Discussion Paper 2001/107, United Nations University/World Institute for Development Economics Research, New York.

Giannakis, George, and Clifford P. McCue. 1999. *Local Government Budgeting: A Managerial Approach.* Westport, CT: Quorum.

GFOA (Government Finance Officers Association). 2006. Distinguished Budget Presentation Awards Program. Accessed May 20, 2006. http://www. gfoa. org/services/awards. shtml # budgetawards.

IBP (International Budget Project). 2004. *Opening Budgets to Public Understanding and Debate: Results from 36 Countries.* Washington, DC: Center on Budget and Policy Priorities.

IMF (International Monetary Fund). 1998. Code of Good Practices on Fiscal Transparency, updated March 23, 2001. Accessed May 30, 2006. http://www. imf. org/np/fad/trans/code. htm.

ISODEC (Integrated Social Development Centre). 2006. "An Open Letter to His Excellency." Integrated Social Development Centre, Accra.

Kahn, Jonathan. 1997. *Budgeting Democracy.* Ithaca, NY: Cornell University Press.

Killick, Tony. 2005a. "What Drives Change in Ghana? A Political – Economy View of Economic Prospects." Working Paper, Strategies and Analysis for Growth and Access Project, Cornell University and Clark Atlanta University, New York and Atlanta. http://www. saga. cornell. edu/images/killick. pdf.

——. 2005b. "The Politics of Ghana's Budgetary System." Policy Brief 2, Ghana Center for Democratic Development, Accra. http://www. odi. org. uk/PPPG/drivers _ of _ change/ODI –

CDD_Policy%20Brief_2. pdf.

Lee, Robert D., Ronald Johnson, and Phil Joyce. 2003. *Public Budgeting Systems*, 7th ed. Boston: Jones and Bartlett Publishers.

Lienert, Ian. 2003. "A Comparison between Two Public Expenditure Management Systems in Africa." Working Paper 03/2, International Monetary Fund, Washington, DC. http://ssrn. com/abstract = 879077.

Lienert, Ian, and Feridoun Sarraf. 2001. "Systemic Weaknesses of Budget Management in Anglophone Africa." Working Paper 01/211, International Monetary Fund, Washington, DC. www. imf. org/external/pubs/ft/wp/2001/wp01211. pdf.

Lindaman, Kara, and Kurt Thurmaier. 2002. "Beyond Efficiency and Economy: An Examination of Basic Needs and Fiscal Decentralization." *Economic Development and Cultural Change* 50 (4): 915 – 34.

McCue, Clifford. 2001. "Local Government Accountants as Public Managers: An Evolving Role." *State and Local Government Review* 33 (2): 144 – 57.

Mikesell, John. 1995. *Fiscal Administration: Analysis and Applications for the Public Sector*, 4th ed. Belmont, CA: Wadsworth Publishing.

OECD (Organisation for Economic Co – operation and Development). 2001. Best Practices for Budget Transparency. Accessed May 30, 2006. http://www. oecd. org/dataoecd/33/13/1905258. pdf.

Polidano, Charles. 1999. "The New Public Management in Developing Countries." Public Policy and Management Working Paper 13, Institute for Development Policy and Management, Manchester, England.

Premchand, A. 1993. *Public Expenditure Management.* Washington, DC: International Monetary Fund.

Schiavo – Campo, Salvatore, and Daniel Tommasi. 1999. *Managing Government Expenditure.* Manila: Asian Development Bank. www. adb. org/Documents/Manuals/Govt_Expenditure.

Schick, Alan. 1998. *A Contemporary Approach to Public Expenditure Management.* Washington, DC: World Bank Institute. http://siteresources. worldbank. org/INTPEAM/Resources/PEM_book. pdf.

Schick, Allen. 1966. "The Road to PPB: The Stages of Budget Reform." *Public Administration Review* 26 (December): 243 – 58.

Thompson, Fred. 1993. "Matching Responsibilities with Tactics: Administrative Controls and Modern Government." *Public Administration Review* 53 (4): 303 – 18.

Thurmaier, Kurt. 1994. "The Evolution of Local Government Budgeting in Poland: From Accounting to Policy in a Leap and a Bound." *Public Budgeting and Finance* 14 (4): 83 – 96.

——. 1995a. "Execution Phase Budgeting in Local Governments: It's Not Just for Control Anymore!" *State and Local Government Review* 27 (Spring): 102 – 17.

——. 1995b. "Using the Program Budget Model as a Tool for Local Development: Reforms in

Lublin and Krakow, Poland." Monograph prepared for the Office of Housing and Urban Programs, U. S. Agency for International Development, and the International City/County Management Association, Washington, DC.

Thurmaier, Kurt, and James Gosling. 1997. "The Shifting Roles of Budget Offices in the Midwest: Gosling Revisited." *Public Budgeting and Finance* 17 (4): 48 – 70.

Thurmaier, Kurt, and Katherine G. Willoughby. 2001. *Policy and Politics in State Budgeting.* Armonk, NY: M. E. Sharpe.

World Bank. 1998. *Public Expenditure Management Handbook.* Washington DC: World Bank.

Zody, Richard E. 1996. "Auditing in Africa: Some Unmet Needs." In *Public Budgeting and Financial Administration in Developing Countries*, ed. Naomi Caiden, 285 – 92. London: JAI Press.

第十章

地方资本预算

A. 约翰·沃格特（A. JOHN VOGT）

坐落于迅速发展的都市区、拥有 12 万人口的城市，在四年之内投入 1.9 亿美元用于提高污水处理设备的净化能力，使污水处理能力达到每天 5.8 万加仑。同样，为 70 万人提供服务的当地学区将在接下来的三至五年内投入大约 100 万美元来成立 15 所新学校，修复 11 所现存学校，获取新教学技术并改进学校现有设备。2007 年，一个 5 500 人的小镇投入 46.5 万美元来增加警察巡逻队，汽车和卡车等资源用于改进城市的卫生设备，街道部门和其他设施体系。[①]尽管这些开支在目的和数目上不同，但有一点是相同的，即：它们都属于资本开支，并都属于管辖区域内的资本预算范畴。

资本预算的内涵是很宽泛的。它包括辨别确定计划；优化选择计划顺序；筹算未来资金需求；估测财政能力；财政预测；发展和利用合理的资本财政选择权；资本计划的评估，设计和成本计算；计划的批准授权和拨款；和计划的实施。尽管文中探讨的一些概念和方法同样也适用于区域以及州级政府或公共实体，但本章我们着重研究地方政府的资本预算。本章对资本预算的原因作了阐述，界定了资本支出的有关概念，并探讨了哪种资本支出和计划属于资本预算；随后本章界定和探讨了一个完整的资本预算流程所包含的步骤。我们将组成资本预算模式的步骤与实际中的管辖区域内的资本预算实践进行了比较。这章的大部分内容都是围绕资本预算所包含的步骤所进行探讨的。

一、编制资本预算的原因

为什么地方政府和其他的一些公共实体都有一个特定的流程，用于计划、制定和实施资本方案和收购决策？原因之一在于一些资本方案和收购计划牵涉的资金规模较大，特别是为满足社区居民需求的水资源，污水处理系统，公共交通等基础设施。由于在决策中，投入巨额资金是有风险的，因此政府必须确保这些决策是正确的，资金的投入是明智的。因此有必要为规划和决策制定一个特殊流程。

资本预算决策的效果持续时间很长。一旦建立或取得资本性资产，那么其产生的影响会与该资产的使用寿命一样长。例如，当一个城市在市中心地段建一个风格特别的市政厅，这座城市可能在未来的30年或更长的时间内受益于此决定或承担此决定的后果。如果预算计划、设计的合理或者与个体发展相适应，这个新的市政厅就能刺激市中心地区新的商业投资。

债务经常用于为资本项目融资；这是资本预算需要建立特殊流程的另一个理由。当一个管辖机构决定为一个计划筹集资金而发行长期债券，他们有义务将未来多年筹集的资金用于偿还年本金和利息。赋予官员处理项目的决策权的重要前提在于促使现任工作人员对资本和财政计划作出慎重的决定。在一些地方，特定类型的债务一如普通债券或税收保全债券在发行前须经公共机构批准。机构建议采取债券公投，选民可以利用资本预算，以确保以国债融资的项目计划周密、详尽具体。

生成资本预算的另一原因在于并非每年都进行项目和收购决策。在年度预算和经营预算中，大多数投入以年为单位循环，因此工作人员可以参考最近的投资经验来指导接下来几年的决定。这样可以减少决定错误的风险。然而，大多数主要的资本项目使用年限长久，因此重复循环的决定是罕见的。往往正是这个原因使工作人员在做今年的计划时而没有近期的经验参考。这个决策错误的风险是很高的，正是由于这样，资本预算有一个特定的流程是必要的，以确保工作人员是充分考虑各方面的因素后才对主要计划作出决策。

资本预算有助于所涉区域进行有序的、及时的公共设施翻新和替换。为确保公共设施的合理性和公共服务的质量，政府需要定期翻新和替换相关设施和技术。资本翻新和替换计划的实施被经常性拖延。因此，这些项目最终花费更多。

资本预算有助于官员将注意力集中于资本翻新和替换上。

总之，公共基础设施和设备对于区域经济发展计划来说至关重要。有些地区发展迅速；为他们提供服务的地方政府尽力提供水资源、污水处理系统、交通设施和一些必要的设施以便与其发展速度相适应。另一些地区，特别是一些农村地区和传统工业倒闭的地区正经历着经济的衰退或停滞。政府对这些区域正在进行主要依靠建设来吸引新商机的最新的和一流的基础设施和设备的经济发展计划。无论是经济发展的地区还是试图刺激经济增长和改变的地区，资本预算都是经济发展计划的重要组成部分。②

二、资本支出和资本预算

这部分提出了关于资本支出的不同概念，探讨了资本化条件以区分资本性资产，区分不同类型的资本资产并且分析哪种资本资产可以合理地划入所辖区域内的资本预算。

（一）什么是资本支出

资本支出是指资产增值的经费支出或有使用年限较长的资产收购支出。资本支出通常是花费较大的。不同于流动支出和营业支出，许多资本支出并非每年都进行。其循环并无规律，并且定期替换的间隔时间比较长。

资本支出在字面上有两个概念。其中一个源于经济学，并且含义比较宽泛。另一个源于会计学，含义相对比较具体和严格。

经济学概念认为资本支出是今后几年产出利益的开支，然而，流动支出仅在当年内获得利益。（Quirin 和 Wiginton 1981）③这个概念说明，资本支出是否产生具体财产的并购是无关紧要的。因此，为一个地区吸引新产业的广告支出将被视为资本支出。因为它们会在今后的几年中获取利益。这是资本支出的宽泛含义。

相反，会计的原则和实践是这样定义资本支出的。它是一种产生财产并购和增加巨大价值的支出。④在美国，“巨大价值”是指 1 000 美元，或几千美元，或更多，这主要取决于区域范围的大小。在美国，政府会计准则委员会声明财务报告要求一些管辖区将 5 000 美元作为巨大价值的最低限度，目的就是定义资本支出和资产评估。如果一个实体价值少于巨大价值的最低下限，它的支出就是流动支出或经营支出，即使它能产生使用年限较长的财产收购。

会计和经济概念的主要不同是财产是否被获得。经济学认为任何将在未来产生效益的支出，无论是否具有具体的财产所得都是资本支出。然而，在会计学的概念下测定资本支出的概念不仅要求未来有利益回报，而且要求具有具体的、使用年限很长的财产收购或增加和改进已存在的财产。的确，正是通过对财产或资产的使用从而实现未来价值的回报。

通常来说，会计学的资本支出定义多用于政府预算和财政，也是本文所采用的资本支出定义。在此定义下的资本支出的主要分类如下：

1. 土地和土地所有权：此分类不仅包括土地或土地权的购买价格而且包括与此购买行为相关的合法手续和其他费用。同时也包括土地的准备价值，例如土地升值。

2. 楼房：这类主要是指为人们提供住所和为财产提供存放地的永久性建筑，和与此建筑相关的配备和实施。楼房建筑合同的价值和与楼房建筑或收购相关的法律、建设和工程服务都包括在内。这里的价值也包括地方政府雇佣自己的人员或建设楼房的劳动力所带来的花费和买这座楼的全部支出。

3. 基础设施：这类主要包括固定的和需要长期增加价值和改进土地（除了楼房之外）的一些基础设施。例如街道和道路、大桥、隧道、洪水设施，和软水和污水设备，以及公共事业设备和基础设施建设。

4. 设备、机械和其他永久的个人财产：这类的实例主要有汽车、卡车、建筑机械、通讯设备或系统、计算机、办公设备和物品。这一类设备和机械一定是可移动的而不是建设于和附属于一个楼房或基础设施的。私人财产包括艺术作品、历史文物、或某些无形资产——例如地方政府所有和使用的有价值的通讯或计算机程序。[5]

5. 加固和更新设备：当计划增加使用价值或改进设备用以延长设备的使用年限时，加固和更新就是必要的了。有时候很难区分维修设备的主要支出和资本翻新项目。如果需要结构和机械的改装，那么昂贵的修复项目经常被归为资本项目并且其支出形式是资本化的。项目的支出通常能够增加价值或延长被翻新设备的使用年限。如果项目中不涉及结构或机械的改变，例如设备的全面维修，即使这个计划是非常昂贵的，仍然被归为普通的维护维修。

定义资本支出和资产的资本化门槛是以物品对物品为基础的。如果一管辖区有一个 5 000 美元的资本化门槛，当其购买了 30 张办公桌，每个办公桌花费 500 美元，这些办公桌就被视为流动资产或物品，也就是说需要在当年全部支出而不是作为资本资产在会计记录中记录的。相应地，购买桌子的支出是经营支出而不是资本支出，即使办公桌的使用年限很长并且购买 30 张办公桌的全部支出是资本化门槛 5 000 美元的 3 倍，即 1.5 万美元。尽管资本化门槛通常以物品对物品为基础，但也有例外，如购买某些低成本但能长期使用的资产或财产时，例如购买城市公用系统的供水或下水管道，或当地图书馆购买一批图书，这些材料成为价值超过资本化门槛的长期资产或系统的一个部件或一部分，故也可认为是资本支出。

（二）哪种资本支出属于资本预算

并非所有资本支出都要归入资本预算。那些不需花费大量金钱的资本支出划归为经营预算是更加合适的。这些典型的支出是针对于某些设备的，如土地和楼房的一些支出，和相对较少的建设和翻新计划。以美元为单位计算，从小城镇的1万美元左右到大城市或地方政府的几十万美元甚至更多，花费截止点用于决定哪些支出和计划是有资格被纳入资本预算的。因此当一个拥有20万人口的城市预期将用于警察巡逻车辆的2.5万美元作为资本支出，这个城市的预算机构可能将这个支出划归为警察局的出务预算而不是资本预算。

通常来说，资本支出不包含每年循环的资产。例如，地方政府资本预算的价值临界点是5万美元，则其通常在资本预算中，对超过5万美元的资本资产包含一笔支出。然而，如果地方政府每年更换4辆居民垃圾清理车，每辆花费15万美元，每年的车辆更替花费需要从年收入中取得，并且在经营预算中体现。即使每辆车是长期的资本资产，每辆车的使用年限可以用到5年甚至更长，并且每辆车的价值高于5万美元的临界值，由于替换这4辆车每年的支出是可预见的，经营预算或年预算会将此类支出与每年的工资、附带福利、供应等视为同一类别。因此，被划入资本预算的资本支出价值是巨大的，也就是说，高于特定的价值截止点，并且不是每年循环的。

如果某个地方政府从每年的收入中筹集主要的设备更替和基础设施重建的费用，这样的替代和重建计划可能归于资本预算比归于经营预算会更好一些。即使资金筹集每年都发生并且筹集的资金数每年都很相似，但资金的用途却每年都不相同。这种变化正是通常设备更替或基础设施重建计划归于资本预算而不是经营预算更加合适的重要标志。

有人可能会说资本预算应该包括所有的特殊的、不寻常的或巨大的无循环支出，而不仅仅是那些只产生资本资产收购的计划。原因是这些支出，无论是当前的，还是资本性的，都依靠司法管辖区的资源，因此应在资本预算编制流程中考虑。这样的支出例子有一次性支出100万美元用于帮助低收入居民的冬季采暖费，或一年中有30万美元用于管理培训。用于取暖加热的成本仅产生一年的利益，在会计和经济两个概念范畴下都是当期支出而不是资本支出。用于管理培训的成本在经济的概念范畴下是资本支出但在会计的概念下却不是。将大量经营支出归于资本预算的风险是：如果资本预算是由长期债务融资的，这融资可能由当期支出实现。今后偿还的债务应该只用于向未来使用的资本资产提供资金。

三、资本预算流程

这里的资本预算流程表示角色、政策和对主要资本计划和收购的计划、融资、管理、实施决定的流程。尽管这个流程可能每年都发生和每年都重复，但是它主要关注的是多年的资本需求，而且不同于经营预算那种关注一年或两年时间内的资本需求。在这所提到的资本预算流程包括五个主要步骤，每一个都有具体的步骤：[⑥]

1. 组织流程

（1）定义资本预算流程；

（2）资本预算政策的发展。

2. 资本需求的计划

（1）资本需求的定义；

（2）资本需求和需要的优先原则；

（3）项目评估、范围和成本；

（4）资本优化项目（CIP）的准备和批准。

3. 资本融资

（1）评估一个管辖区域的财政状况并且准备多年的财政预测；

（2）定义资本融资选择；

（3）发展资本融资策略并且选择融资计划。

4. 项目决策

（1）推荐资本项目和花费；

（2）统筹资本项目和通过适当的支出来完成项目。

5. 实施

（1）计划融资的收购和管理；

（2）结构计划的组织和管理；

（3）设备和资本资产的收购。

一般的资本预算流程包括这些步骤。这个流程一定要在有效的计划需求和财政状况评估之前建立和组织；这种计划需要在项目决定之前制定和实施的。这个流程是可循环的，为接下来的阶段提供重新界定流程和改进前一阶段出现问题的基础。

资本预算某一步骤中包含的一些步骤可能延伸到一个或更多的步骤中去。例如，第二阶段的计划评估，项目范围和成本计划资本需求，因为决定计划利益和成本是计划的重要部分。然而一些计划评估，例如以工程为基础的可行性研究可能在接下来的流程中出现，或仅仅在决定通过之前和筹集计划。而且，尽管资本优化项目是归于资本需求计划之下的并且是置于资本融资之前的，实际上它是应该以地方财政状况的评估和预测为基础的。一个资本优化项目（CIP）也必须反映可行的资本财政策略。因此，在实际中这些步骤应该先于资本优化项目完成。资本优化项目之所以被置目前的位置在于其是资本需求计划中最重要的一部分。在一些管辖区域中，它是资本需求被定义、排序和原始评估的流程。

在实际中，资本预算的这些步骤常常相互融合。然而，分开来呈现并说明资本预算包括的每一个步骤是很必要的。有人可能会质疑项目的实施是否应该成为资本预算的一部分。实施所涉及的步骤在资本预算中是很重要的，因为实施错误将导致计划失败以及影响在这个阶段早早形成的财政策略。

先前列出的步骤和阶段组成了一个复杂的资本预算流程。一些当地管辖区域，主要是一些大的管辖区，有与在此流程相似的资本预算流程。在其他管辖区域，特别是一些小的地区，仅仅包括以上流程的一部分。例如，尽管一个地方政府可能有一个资本优化项目，但是它可能并没有一个正式的多年财务预测。在美国，很多相对小一点的地方政府都是这种情况。在这所呈现的资本预算综合模式为任何管辖区域的官员提供了一个清单，为他们的实际资本预算提供了一把标尺。下面我们来探讨资本预算的每一个具体步骤。

（一）定义资本预算流程

这个阶段包括定义谁将被归于资本预算流程，那些步骤组成了这个流程，并且它们是如何组织在一起的。在定义这个流程中出现了一些重要的问题：谁负责协调这个流程？什么将在制定资本预算的政策和检测通过资本预算要求的管理委员会和主要行政官员中起到主要作用？公民团体也和管辖区域一样递交请求吗？哪些形式的信息需要与资本预算请求同时递交上去？资本计划请求的优先顺序是按照什么标准制定的？需要资本优化项目吗？如果需要，它产生效应的年限和准备和通过它需要哪些步骤？哪种方式才能使 CIP 与每年的预算流程相辅相成？授权资本项目需要哪些步骤，并且创建计划和获得设备或其他资本资产需要哪些系统和步骤？

不一定全都包括在内，大部分问题是需要一个管辖区首先承担、组织、在组织资本预算流程中考虑的。然而这样的问题是很少见的，即使有，可以一次解决所有的问题。当然，在计划、融资、做决定和实施的经验中显示起主要作用和步骤的方式将被更好地定义和发展。

（二）资本预算的发展政策

通过确认流程中各类角色、建立责任制和参考资本预算中的主要步骤，政策可以帮助定义资本预算流程。如果一个管辖区域政府委员会正常采取政策，这一行为就使此流程具有了法律效应。政府委员会通过的政策就成为了资本预算本身的基础。

一些政策可能产生于法律的必要条件。另一些可能改编于由债务等级机构或其他负责资本预算和财政的管辖机构推荐的通常惯例。不过，有些政策可能反映地方政府本身的财政财政状况、前景和需求，并且反映地方政府委员会、一些高级官员和公民的目标和喜好。

具体的资本预算政策能反映资本计划，例如：要求一个管辖区域行政执行官准备一份多年的 CIP。其他政策可能与资本财政相关，例如：创建和筹集资本预留资金，这些资金用于替代主要设备和重建基础建设，定义哪种债务将被考虑的各种类型计划，和通过参考衡量区域债务承担能力的比率来限制债务，或鼓励部门工作人员去寻求政府间的拨款来帮助财政计划。其他政策能显示计划大额授权和制定计划实施的大纲。

所辖区域指导资本预算的政策可能是大量且精确的，或者是少量且简单的。一个面临重要资本优化需求的、相对大一点和发展迅速的地方政府需要更宽泛且特别的资本政策。例如：一个拥有 15 万人、坐落于美国迅速发展区域的都市有大约 6 页的资本预算政策，这些政策显示了城市的 CIP 流程、资本项目的筹集、债务限制、设备更替和资本预留。相反，一个相对较小的、发展缓慢的城市可能只有几点主要的资本预算政策。同样的一个例子，一个拥有 3 万人、坐落于美国中心地带农业区的城市只有 6 项一句话的资本预算和财政政策。一个简单但是重要的政策提供了每年的债务支付的等级税收征收额。这样不仅有助于确保资源能够用于偿还当前负债，而且也能作为资源，随时用于偿还债务请求。年度债务到了偿还期时，还有助于举借新债务以满足未来的资本需求。

（三）定义资本项目和设备需求

一些地方政府，在准备 CIP 的情况下才定义资本项目和设备需求的。部门的负责人和工作人员递交更替设备的 CIP 请求，这些请求为了翻新设备，为项目提供资金，购买为满足与经济发展相关服务的设备。公民和居民区团体，非营利组织，和社区商业协会同样被允许和鼓励确认项目需求并呈递与其具体利益相关的 CIP 请求。

在一些社区，长期重要的、战略性计划常常被用于明确未来的资本优化和设备需求。这样的计划始于政府委员会构建一个长期的未来计划目标之后努力将这一目标转化成基础建设，资本设施和地方政府服务于社区的服务需求。重要和战略性的计划的时间是很长的，可以从5—20年甚至更长时间。这主要取决于所面对的需求，那些在流程中领导和参与的实际情况，和与此流程相关的一些细节。涉及负责和战略性计划典型的以委员会为基础，不仅包括当地公共官员而且也包括居民区的领导、代表和不同的经济团体。

在通常情况下，一个重要的、战略性计划能对未来的基础设施建设和资本项目需求作出界定，提供的信息反映每个需求的本质方面的信息，并为满足此需求提供理由。如果有需要的话，与这个需求相关的一些信息，如战略性计划目标和与之相关的其他项目或服务需求，可在计划中确认，并粗略估计普通成本。一旦重要的、战略性计划完成并且大体上被地方政府接受了，那么它就成为定义资本项目和收购的最基本的出发点，并被纳入到CIP中。地方政府部门和其他团体是以战略性和重要计划中被定义的需要或项目来制定CIP的请求的。一旦重要的、战略性的计划制定以后就需要每年随时更新或定期与所改变的状况保持一致。这些可能是由制定原始计划的相同组织中的官员和公民来做，或者如果这个组织不是持续存在的话，那就得由原始组织中一个更小的，持续存在的，负责的委员会来完成或由地方政府官员完成。

这里有一个拥有35 000人口的美国南部城市利用重要的、战略性的计划界定资本项目需求的例子。这个城市目前有14个目标确定并且定义不同功能领域的资本基础建设和设施需求的重要计划。这些计划包括10年的全市性城市美化计划，10年的公园和娱乐设施服务计划，20年的人行道和自行车道建设计划和一些处理具体城市居民区的设备和服务需求计划。这个城市早在20世纪90年代就开始了它的总体计划项目。重要计划一旦制定，那么它每年都由城市工作人员和对此感兴趣的社区领导和公民组织进行年度更新。城市委员会通过原始的重要计划并且检验并大致同意每一个更新计划。大多数在城市每年的CIP流程中产生的计划请求皆源于重要计划。

资本更新和替代需求在不得不实施之前常被忽略。因此，当计划最终实施时，此计划的成本高于本应及时实施的成本。一些当地的管辖部门采取先进、实用的资产管理系统来确认资本更新和替代需求。这种系统仅仅通过以工程为基础的分析评估目前公路，水，污水基础设施和其他的设备和楼房建设的情况。例如一个拥有250 000人口的城市，它有评估主要城市建设的工程工作人员，如消防队。这项评估决定了楼房建设的总体情况，计划了需要更新和替换的时间，并且估算了维修和更替的成本。这个城市目前正在更新，加强和扩展这个系统。有些地方政府制定了设备和汽车的更替政策；计划帮助当地官员确定进行替换所需的最有利最经济的时间及所花费的成本。这样的资本资产管理系统是地方政府用于确认当前设施和设备的资本支出需求的重要工具。

（四）资本项目和设备需求的优先顺序

尽管很少有辖区拥有充足的资源来满足所有的资本需求。仅有一小部分需求可以在任何时候得到资金支持。资本项目和设备需求相互竞争有限的资源，此时，需求要优先考虑。尽管如此排序发生在整个计划和资本预算决定阶段，应该在 CIP 的发展阶段进行一个正式的需求排序。CIP 在其预测年限中分配资本计划成本；起初几年的计划拨款要大大优先于随后几年的拨款。因此，随着 CIP 的准备实施，必要的优先顺序原则也是应该在考虑当中的。

划分优先顺序的资本需求方法不尽相同。制定者可以根据其对请求的熟悉程度来优先选择并且判断每一个请求的相关需求。在任何级次的预算系统中，关键决策者作出的决定是列为优先考虑的，他们的决定成为预算内容的重要组成部分。在一定条件下，如果单纯依靠经验进行决策，会显现出不足之处。例如，由于决策者并不了解一些需求的意义，加之又有很多需求需要决策；而且每项需求都涉及复杂的必要性说明和技术方面的论证；而参与决策者又不止一人，在资源短缺的情况下，会有不同的观点。

这些情况中的一种或多种在资本预算中是很常见的。因此，划分等级的方法或者系统常常帮助决策者对资本需求进行优先排序。某些系统是由所谓的“紧迫需求”划分标准的，此标准如下：

1. 减少和清除公共健康和安全的威胁。
2. 是否由法律和法则规定。
3. 改进紧急设备或服务防御系统。
4. 是否与政府委员会的目标相一致。
5. 有助于更有效地运作。
6. 推动经济发展。
7. 利用可利用的外围资金。
8. 是否与其他计划相关联。
9. 是否受社区支持。

坐落于迅速发展的美国都市区边缘、拥有 5 万人口的小县在加权等级系统中衡量国家 CIP 的优先需求顺序时，既包含以上的方法也有其他的标准（如表 10.1）。

这个县用如表 10.1 的等级系统已经超过 10 年。县委员会（理事会）在此系统第一次被提出使用时就通过了它的等级和评估方式。这个城镇的负责人和工作人员每年提交递给委员会的发展资本优化项目都是用此优先顺序系统来评估的。

另一个用于选择资本需求顺序的是项目的优先顺序和目标。这种方法的主要要素是相同项目的需求和目标应该既推动资本预算又有利于经营预算。因此，如果当地管辖区的政府委员会确定交通和公共安全为最紧迫需求，且还没有在资本预算需求中确定等级，那就应该重视它。同样地，如果一个管辖区域政府委员会将具体的项目目标作为最重要的项目——例如减少市中心的交通堵塞和增加年轻人的娱乐机会，如果还没有决定资本优化项目请求的先后顺序，这些目标都会很大程度地影响着优先顺序的确定。

表 10.1　衡量项目优先需求顺序的县级加权等级系统

等级标准	定义或阐述	最高点	权值百分比
目标/目的	计划为满足县乡委员会的目标和目的的程度	25	15.9
安全性	计划清除，保护或降低威胁安全迫切隐患的程度	14	8.9
授权	计划帮助县满足目前或新的授权程度	13	8.3
及时性/相关性	计划的及时性和现行计划的连续性的程度和与高优先权计划关联的程度	12	7.6
经济方面	计划对改进县经济发展状况的程度或直接、间接的增加税务的保障程度	11	7.0
效率	项目有助于县经营成本或节省资本支出的程度	10	6.4
现行服务水平的维持	项目为县继续按目前的标准提供一个或多个服务的程度	9	5.7
改进途径	计划增进公民使用目前服务的程度	8	5.1
服务改善	计划改进目前服务质量的程度	7	4.5
增强服务	计划增强目前服务质量的程度	3	1.9
经营预算方面	0-15 指的低于未来经营支出的计划；0 指无经营支出的计划；0-15 指的是增加经营支出的计划	0-15，0，0-15	9.5
社区支持	计划拥有社区支持的程度	10	6.4
财政状况	计划用于非一般基金作为年收入的程度	15	9.5
递交及时性	计划需求递交及时性	5	3.2
所有类别的最高点		157	100

资料来源：北卡罗莱纳州查塔姆县管理办公室。

注释：这个表格中衡量等级系统最初是由县管理办公室的助理兼预算主管创建的。这个等级系统一直用于整个 20 世纪 90 年代。目前，这个等级系统不包括“目标和目的”，并且增加到仅 132 点。在这里，县委员会没有设定指导 CIP 和预算优先顺序的目标和目的。

从表 10.1 中的等级系统可以看出在划分计划请求等级的这些标准是与委员会的目标和目的一致的。确实，这些因素要比其他一些更重要，在 25 点左右。然而，这个要素仅仅是 14 个组成系统标准中的一个并且只占最大值的 15%。

项目优先和目标应该是任何用于资本预算的等级和优先系统中最重要的部分。然而，重要的事情和目标常常不能涵盖那些资本预算中必须考虑的优先计划的需求。压力和目标的所有方面。预算中的优先顺序应该考虑法定授权，公共健康和安全的威胁，退化的设备，和具体请求的社区支持，无论这种考虑是否与政府委员会的目标和目的相一致。在表 10.1 中的重要等级系统传达了政府委员会的目标和一些其他重要因素。

当按照项目优先或目标优先排列资本需求的优先顺序时，它有助于官方确定最高优先级别和目标，排除低优先级的项目和目标。标识为优先级低的项目会因相关人员不利的政治反应而面临风险。

等级系统不会决定优先顺序或项目决策。相反，他们通过确保优先顺序流程中各方面因素都考虑进来，进而帮助决策。而且，标准和系统为决策者提供优先请求和向公众解释的基本框架。但是使用等级标准或等级系统并不会使优先顺序和决策制定具有客观性。其产生的结果是主观的，因为官员们在选择了一些等级标准的同时也舍弃了一些，如果加权等级一旦制定出来，就表示官员们已经分配了一些项目权重。最后，认识到等级标准和权重的确定是随着请求形式而相互改变的。例如：尽管当地的理事会的目标可能推动对项目的优先顺序需要，其外部强制性并不存在，但是外部法律的强制性很可能会带动那些存在强制义务的地区的优先权选择。

（五）资本项目的评估、范围及其成本

资本项目和设备所需要的评估，要在资本预算的不同阶段和流程中进行。一般来说，这些阶段和流程指的是：资金需求被首次确认的阶段；将需求按照其紧迫程度、或其他标准排好先后次序阶段；按照资本优化方案把项目列入年度计划的阶段；完成了可行性研究和分析工作的阶段；以及针对大型工程项目，建筑计划和工程计划准备完成的阶段。对项目的评估应在资本预算的规划阶段进行，因为这是项目的开始阶段，并且这与资本优化方案所制定的项目优先次序和它的筹备工作息息相关。此外，对于一些项目而言，资本优化方案的准备工作应和详细的可行性研究工作共同进行。

一般来说，评估的目的是为了明确项目的利益、确定项目的范围、估计项目的成本以及预计这些因素对未来经营预算所造成的影响。对于建设工程项目来说，评估会涉及施工计划文件的编写。对于较大的项目或者需要考虑到技术因素

的项目来说，项目评估的工作通常会被承包给那些曾经做过相关项目评估的专业咨询公司来做。

从改进公共项目上会获得多少利益往往是根据一个或多个优先次序标准确定的，这些都是在先前条款中被讨论过的标准，其中包括：履行法定的职责，减少或消除对公众健康及公共安全的威胁，整修不良设施及完善服务的不足等等。一些项目的收益是可以量化的。例如，如果有一个建立新学校的请求，那评估就应确定将入校的学生数量，这些可能会包括正打算离开临时教学设施的学生，或者是已经有自己的教室，但教室过于拥挤的学生。许多建设公共设施的项目会在未来产生营运收入，这些收入可以被估算出来并且囊括在收益当中。有些项目将会在未来几年的经营中节省支出。还有许多涉及公共设施的项目也有些确实的好处，但这种好处很难或根本不可能被量化，然而他们却在决定项目的优先次序的时候发挥着重要的作用。举例来说，如图书馆、公园或休憩用地等的文化设施可以极大地提高社区人民的生活质量，很显然，这在本质上更是一种无形的利益，而不是可以被量化的利益。许多项目有其额外收益，这与项目本身没有直接的联系，可以算是因项目而产生的副产品，它为社会的安定和谐作出重要的贡献，并使得其他项目更有价值。某些额外收益是必然会发生的，而其他额外收益可能是潜在的。在任何情况下，它们都可以被罗列出来，我们可以因任何要求在对资本项目的评估中讨论他们，并指出当某个项目开始实施的时候，额外收益实现价值的可能性。

评估还需要确定项目的范围。一些资本项目的范围和参数可能是显而易见的。而其他项目的范围可能很难确定，尤其是大型项目或是那些在项目规模、能力和质量的问题上还存在争议的项目，他们的范围就更难确定。例如，如果一个所辖区域的紧急通信系统需要被更换，对于要更换的紧急通信系统需要具备哪些功能，执法的官员可能会与其他积极响应这件事的官员持不同的看法；所有积极响应这件事的官员都希望得到一个功能更强大但价格并不昂贵的系统，而所辖区域中从事预算的官员则会认为这样做完全没有必要。即使大家在表面上就项目的范围达成了协议，“范围蠕变”势头也有可能在设计和执行项目期间出现并增长。例如，致力于服务项目及建筑设计的专业人员在设计项目时，也许会将设计阶段讨论项目范围时被商议待定的部分包括进去，这会大大增加项目的成本。当项目范围在项目评估的基础上被界定之后，预算人员需要通过项目设计和实施的说明对其进行监督和指导。

建设项目成本的一般类别包括土地的征购和准备、规划和设计，施工，设备以及供应。设备以及供应可以附加到项目中去，也可以不附加。尽管这些不固定的设备和供应不会作为核算设施成本的一部分资本，但如果要使设施运营，他们就应被列入到项目费用中去。应急费用通常也应该作为不可预见的项目支出被考虑进去。如果某一项目需要不止一年两年，而是要很多年才能建成，估算费用里就应该包含为通货膨胀而预留的款项。与项目的设计相关的测试费用也不可被忽视；对环境许可需要的费用和时间也应被考虑其中。土地征用费用、工程承包费用以及和融资有关的法律费用也应被算作项目的成本费用。无论是将项目承包给别人，还是在公司内部完成，项目管理的费用支出十分重要，不可被忽视。施工期间支付的债务利息可以在项目中适当地进行赎购。可行性研究项目的支出费用最初通常是由其他财务来源（如普通基金）提供的，但如果一个项目被批准后是由此进行融资的，这些支出费用可以从项目融资的收益中被收回。最后，当项目建设完成后，通常也会需要项目的启动费用，例如搬迁费用。

资金项目的评估费用不仅要考虑到建设和收购成本本身，而且也应顾及持续的营运支出和维护费用。在固定资产的使用寿命中，所有的成本、营运支出和维护费用都叫做寿命周期成本。虽然我们很难估计在未来营运支出和维护费用会达到多少，但这种长期的生命周期成本能够决定如何设计项目组成部分及其品质特性，同时也在项目总体利益的评估中扮演着很重要的角色。例如，就某个项目而言，我们可以选择对其投入较高的初始资本费用，而不得不降低未来的营运成本，也可以选择降低项目的质量和资本支出，这样每年的项目运营成本可能更高。生命周期成本既要考虑未来的营运支出又要兼顾项目的资本支出，这样，它才能够在众多的可行性选择中比较出孰优孰劣。

对项目进行评估的方法包括合理的判断法、先进的统计学方法以及基于工程的分析法。在对小型到中等规模的项目进行评估，或成本估算已经完成的时候，判断法比较可靠。同时在决策者精通此类项目，或当人们对项目的要求没有可行决策的时候，判断法也还是比较可靠的。而当资本项目很大，或对必须的成本估算存在很大的不确定性的时候，定量分析的评估方法的优势就会凸现出来，当然这也包括存在量化的情况或存在财务利益的时候。

在商业中，财务分析技术通常用于评估已被推荐的资本项目。这些技术可以用来帮助评估政府资助的企事业，评估他们在项目有效寿命中创造的年度财政收入或储蓄。一套可以用来评估这些项目的财政技术，会随时间的变化依靠利率计算公式将现金流计算成当时应有的价值。利用公式，可以计算出未来现金流的现值并将其与项目的原始资本投入作比较。还有其他的公式，能够计算出在项目有效期内，每年用于分期偿还现今资本支出的到底有多少，并且可以计算出资本和未来年度支出的现值或在未来某一时间时的价值。我们需要选择有利率折扣的项目和有使用寿命的项目使用这些利率公式。即使对利率、项目使用寿命或其他因素的假设产生了财务分析方法使用的不确定性，对仍有许多方法适于对某类公共部门项目作出评估。例如，公共服务项目就是从他们的使用者那里筹集资金的。

（六）资本优化方案的准备与审核

资本优化方案是制定资本计划和资本收购的核心。资本优化方案同时是财务规划的重要组成部分，并且是为项目提出好建议的基础。资本优化方案是对基础设施资金、建筑资金、设备资金以及其他所需资金进行多年的长期预测，是为满足项目的需要而拨款或支出，是这个项目的资金来源和项目对未来营业预算的影响。资本优化方案包括在计划的最初阶段已经确定的资金优先级的需求，它记录了单个项目具体的收益和成本支出。资本优化方案本质上是一个计划，资本项目预测时期中第一年的项目支出预测通常会成为那一年被推荐的资本预算计划。

大多数资本优化方案会对今后的五六年作出预测。经验表明，这样做可以为我们提供足够的时间去确定和制定大多数的资本计划并安排资金，只要保证不会造成太多的“愿望清单”。虽然五六年是既定规范，一些所辖区域发现将资本优化方案的预测时期延长至10年或更长的时间会更加有效。这些地区经济通常快速增长并需要改良许多新的资本计划。这些资本优化方案的多年预测通常比那些短期预测被运用得更为广泛。有五年或六年的资本优化方案的所辖区域可适应在未来几年期间一连串项目的需要，这些项目不在资本优化方案之中，但会被其考虑。一些小的地方政府，资本优化方案计划的预测期仅有三到四年。只有当大多资本项目规模适中时，这样的预测期才适用。

表10.2列出的是，对某城市一普通基金进行为期六年的资本优化方案预测的基本总结。一般基金用于对公共安全、街道、学校和其他政府服务的资助，它从一般的税收和财政收入中获得资金。资本优化方案的本质特征是：在它多年的预测期中为一个项目的支出，融资、以及经营收支预算分摊费用。表10.2的专栏表明在“以前年度”及“本年度”流程中的资本计划。标有“第一年预算”的那一专栏表明在即将到来的一年中出现的资本计划和支出。这样的项目和支出可能会成为当年推荐的资本预算。此专栏可能包括在几年前就开始进行的项目支出和正在进行预算的新项目支出。第二年计划到第六年计划专栏中的资本项目开支是为当年或未来多年所制定的计划。

资本优化方案每年都应该进行，大多数的所辖区域每年都会重复施行资本改良方案。一年一度的重复循环评估为重新评估资金的需求，更新资本优化方案后所考虑的新需求，以及不断变化的环境做了准备。实施资本优化方案能够推测出未来的资本需求量，并在资本优化方案实施的一年或几年中提出具体的要求。随

表 10.2　　资本优化方案形式，普通资金

	预测期									
项目	以前年度	本年度	第一年预算	第二年计划	第三年计划	第四年计划	第五年计划	第六年计划	第六年以后	总额
按功能划分的项目和采购性支出										
公共安全										
公路和交通										
娱乐和文化										
社区发展										
科学技术										
一般政府服务										
支出合计										
财政收入来源										
经营性收入										
资金余额										
资本储备										
设备/工具维修基金										
一般责任债券/债务										
资本出租债务										
其他债券和债务										
影响/发展费用										
拨款										
其他来源										
资金来源合计										
对经营预算的影响										
债务服务：债券与参与证明										
资本出租支出										
增加的经营成本										
减少的经营成本										
增加/减少的年收入										
经营影响合计										

资料来源：根据沃格特（Vogt，2004：34）专栏 3－1 中资本改良方案总结表格调整后获得。

注释：作者根据劳伦斯（Lawrence）和沃格特（Vogt，1999：342）的表 11.2 中的财务预测表构建了其资本改良方案总结表。

着资本优化方案被不断地重复评估，提出的要求在每年都会被重新审评。即使在最后阶段的审评中，一些项目可能会被拒绝或者被推迟一年再施行，预算年度中采纳被提出的要求在后，这些要求就会被审核通过并得到对其的资金拨款。我们不可能提前五到六年预测出那时候的资金需求。在某个要求被首次提出后，某些资金需求才会立刻出现。然而，如果当时多出了很多需求，资本优化方案就失去其作为规划工具的重要价值。

如表 10.2 所示，资本优化方案还能够确定项目的资金来源以及项目的未来经营预算会出现的状况。资本优化方案对于那些为项目的融资，协调投资，以及运营预算制定资本计划的官员来说是十分有用的。本章后续章节将会对资本融资方案，以及资本优化方案在财务预测中未来经营预算中的影响作出详细分析。

资本优化方案为各种有用的目的服务。它能够为项目的决策流程省下充足的时间，可以让建筑师和工程师有机会来更仔细地确定项目的范围，准备项目计划以及评估项目成本。资本优化方案为安排项目资金提供了时间；安排资金可以包括建立资金储备，寻求以及获得拨款，确保社会能够购买项目所发行的债权，或是寻求个人对公共项目进行投资。资本优化方案也能让政府部门有时间为项目寻找适合的地点，并且为购买这些具有有利条件的土地进行协商讨论。资本优化方案能够帮助官员找出不同项目之间的关系，安排它们的顺序，及以最低成本进行实施。

资本优化方案的准备方案通常包括：不同的政府机构及社会团体从不同的视角对需求提出的看法。规划委员会针对那些完全符合他们要求的需求，对它们的发展计划、土地利用和环境污染限制的需求进行审评。公司总经理和行政人员会经常根据收益、成本和其他满足需求的不同方法来评断资本优化方案需求是否可行。所辖区域的管理委员会根据社会对这些基金项目需求的看法，税收收入或其他的种类收入，而对资本优化方案需求作出最后的审评。政府应该经常举办公开听证会，以给市民提出自己意见的机会，来评论那些被提议的资本改良方案和具体的项目。当审评完成、资本优化方案准备阶段即将结束的时候，管理委员会会批准一项决议，通过此资本改良方案。这会意味着资本优化方案会被正式执行。然而通常，这样的决议，既不会承诺为一个项目提供基金，也意味着一个项目会就此开始。这项决议基本上是监管委员会对支持资本改良方案中的总体规划、花费和融资情况作出的一份声明。通常先由管理委员批准资本预算，随后向他们授权项目并为项目拨付基金；围绕实施这些项目，资本优化方案具体确定对项目的首付金额或确定预算年度的支付金额，以及其他特别决定的支付金额，即根据项目进度支付合适数量的资金。

（七）评估财务状况并为预测作准备

任何资本预算流程应当包括：对所辖区域当前的财务状况进行评估；对所辖区域为未来的需求提供基金的能力进行评估，这既包括提供日常服务的经营预算，也包括资本优化方案中规定的资本计划和资本收购。

1. 分析当前的财务状况及其趋势

一个所辖区域的财务状况取决于它的税收收入，财政支出，资金结余及其他储备和债务。同时，财政实务也成为所辖区域的财务状况及其前景的基础。

每年的营业收入支撑了包括资本项目支出的所有开支。这种收入为缴纳运营开支、为费用发生拨款制的筹集资本、支付债券债务利息、及支付过去因为资本计划提供资金而欠下的其他债务提供了资金来源。主要地方性收入来源的增长和变化，比如财产税、销售税和消费税，应该在最近几年阶段中被持续跟踪观察。这种增长或变化应当与所辖区域管辖区的人口、整体运营开支，偿还债务的支出，以及其他相关目的的开支做比较。对具体税收收入的分析应将三种情况区分开来：一是由经济扩张而造成的税收收入基础的增长变化，二是与对税收基础的重新定义，三是纳税率的变化。如果有些收入来源并非日益增长或增长得十分缓慢，我们就应该找出其中的原因。

薪水、工资、附加福利的花费占政府服务的运营开支中的最大份额。在近几年为这些目的增加或变化的支出都应被跟踪观察。我们要分析并确定其增长或变化的原因，并将其与主要收入来源的增长或变化进行比较。其他主要的经常性业务项目的营业预算支出，包括政府的援助支出以及某些订约承办的事务也应该同样被跟踪观察和分析。

可用资金余额和其他业务资金结余对所辖区域的财务状况来说都是非常重要的。它们提供的流动资金在本年现金流短缺时，能够为政府提供资金帮助，他们充当着“未雨绸缪”的资金以支付意外开支或紧急开支。在下一章，我会介绍它们是如何进行资本融资的。可用的周转金结余通常被用于估量一般性周转金支出。目前对财务状况和趋势的分析应确定营运资金结余的变化状况，并找到产生这个变化的原因。[7]

对未偿债务的分析，包括对资本租赁融资的分析，对于评估任何所辖区域的财政状况都是至关重要的。如果所辖区域已经负债累累，并且每年都在进行大量的支出以清偿债务，那么对它来说，为资本需求进行融资，而承担新的债务就比较困难了。包括为定期租赁融资的拨款，每年清偿债务的增长或变化，都应被跟踪观察并与主要税收收入中整体营运开支的增长或变化进行比较。不同的债务比率用于衡量一个所辖区域负债的能力。本书将在发展资本融资策略一章中具体讨论这个问题。

一个所辖区域的财政实务迟早会影响到它的财务状况。预算、会计、税收、财政收入管理实践需要被核查，并与适合的标准或其他所辖区域财务状况的基准进行比较。比如说，这个评估应将实际支出和预算拨款进行比较、将实际的征税收入与预算的估计进行比较，将财务评估和按一般被接受的会计标准对财务报告进行的评估进行比较，将税收和征收的税或账单进行比较。

2. 准备进行多年财务预测

财务预测是建立在当前的财务状况和发展趋势上的，考虑在预测期间内当地经济可能发生的变化，并计划未来年度收入、支出和资金结余。同时该预测也支持经营预算和资本预算。通常，在任何一年的预测期内，年度营业、相关开支支出之后的少量年度收入以及营业资金余额的支持可以用于支付发生拨款制需要的资本和每年的债务偿还。财政预测能够与资本优化方案并行，对未来作出预测。

所辖区域可以利用表 10.3 对未来进行多年财政预测。该格式是对涉及城市普通资金而设计的，其中包括公共安全、学校、街道以及其他需要税收和其他一般性资助的设施。表 10.3 与表 10.2 中的资本优化方案使用了相同的年度格式。尽管此类结构的表格显示出不同收入和支出，仍可用来预测企业的收入、支出和融资。

表 10.3　　财政预测，普通资金

项目	预测期								
	以前年度	本年度	第一年预算	第二年计划	第三年计划	第四年计划	第五年计划	第六年计划	第六年以后	总额
最初资金余额年收入										
财产税										
销售和使用税										
政府间财政收入										
费用和收费										
其他收入										
转移支付										
财政收入合计										
财政支出										
一般政府服务										
公共安全										

续表

项目	预测期									
	以前年度	本年度	第一年预算	第二年计划	第三年计划	第四年计划	第五年计划	第六年计划	第六年以后	总额
街道和交通										
文化和娱乐										
债务服务和现存债务										
其他支出										
财政支出合计										
影响普通基金的资本改进项目										
债务服务，新债券和债务										
经营支出										
收入										
CIP 对每年净收入的影响										
预测底线										
年结余或赤字										
期末资金余额										
期末资金余额占支出比										
现存和新增债务										
现存和新的债务服务占普通基金比										
盈余或赤字对税率的影响										

资料来源：根据 Lawrence 和 Vogt（1999：342）的表格 11.2 调整后获得。

年度财政收入预测会考虑以前趋势并可评估在预测期内经济活动会如何影响收入。由于不同的财政收入会以不同的比率增长，所以有必要对每一种主要财政收入的来源作出预测。对很多地方政府来说，主要的一般财政收入来源通常包括财产税、销售税或增值税、由州政府或省政府及地方政府征收的税收收入，以及人民缴纳的税。很多并不重要的税收收入可以被组合起来进行预测。企业资金，例如像从事供水系统和排水系统的企业，为消费者提供企业资金，是主要的财政收入来源。他们应当与其他企业资金来源区别开来而进行单独预测。在预测期内，除非某项已通过的政策会在预测期内改变某一利率，通常评估认为当前税收和用户收费标准是保持不变的。

一旦预计好了年度收入金额，那么在预测期间内每年用于财政运营的开支就需要被估算出来。这可以通过分项类别估算出来，比如薪水和工资、附加福利、杂用支出等等。或是通过部门职能估算出了来。然而，通过部门职能作出的支出预测对于管理委员会和其他的地方官员来说似乎更容易被理解。表 10.3 中表现的是通过职能作出的支出预测。这项预测应该分别阐明在预测期内每年关于偿还债务的要求。如同年度财政收入对营运开支的预测应当考虑到在过去的几年中消费的趋势和变化，以及在预测期间内一些预期发生的事件将会如何影响支出，并在单项产品、部门或功能类别方面是如何表现的。在某些情况下，可以简单地被结转（向后期），在其他情况下，他们将不得不为预期的变化作出调整。

对于资本优化方案对未来年度财政收入和经营支出的影响应在进行预测时被高度重视（如表 10.3 所示）。对于官员来说，这些资料在他们作出资本预算决定时可以是十分重要的。资本优化方案对主要经营预算，包括为债务筹集资金的项目预算的影响，将会成为新的偿还债务的支出。为新职位或其他经常性项目提高运营成本同样可能是由一些资本优化方案中的资本项目造成的。少量资本优化方案项目可能会对未来年度财政收入造成增加或减少的影响。所有这些对年度财政收入或支出的增加或减少的预期都应在预测中被展示出来。

为了使决策目标更有价值，财务预测应该提出一个或多个底线。表 10.3 中的预测描述了几种这样的底线：年结余或赤字、期末基金余额、与支出比例相适应的期末基金余额、现行和新增债务、总额与普通基金比例相适应的现行和新增债务服务、与年度结余或赤字相协调的税率的变化。提出一个或多个底线可以预测某些风险。政府官员、新闻媒体和其他一些人需要了解年度结余或赤字以及还没有决定的税率的变化。财务预测提供的这些信息显示出如果这些潜在的项目被批准并实施后项目的财务状况会如何或者实际发生的场景会是什么样。

（八）确定资本融资方案

不同国家，甚至在同一国家不同省份或不同州之间，对于地区管辖机构来说具体的资本融资方案是否合适都是不相同的。比如说，在美国一些州给予了某类市宽泛的“地方自治”权，其中的一个作用就是相比起其他同州或别的州的非自治的城市，这些自治市可以为资本的改进采取更加广泛的融资方案。与发展、银行、财政、税收有关的全国性法律也对一国地方政府可用的资本融资工具造成很大影响。例如，在美国，（国家税务局）的法律法规会影响到美国地方政府的融资选择。通常情况，国家税务局的法律法规会从联邦所得税收入中为州政府及地方公债的投资者免除利息。这已经为那个国家地方政府的资本计划产生出数量特别多的进行低成本资本项目融资的私营部门，并且效果明显。最终，国家、联邦政府、州政府或省级政府为地方改良型资本支出授权并贷款对很多国家的地方资本预算，尤其对那些私人债务或融资市场是有限的地区，是极其重要的。

地方所辖区域的官员对资本融资来源熟悉或有经验能够有效地影响地方政府合法及可用方案的选择。因此，官员们可能会选择与其他融资方法同样合适或比他们更加昂贵的融资来源。对于负责财务策划的官员来说，全面了解那些对所辖区域来说既合法又切实可行的资本融资来源是极其重要的。

资本的融资来源通常分为两大类：现收现付来源与债务来源。其他来源逐步形成为专门的与经济发展有关的融资项目。一些所辖区域也为他们能得到其他党派的资金支持来帮助融资项目而结成了政府间伙伴关系或公—私伙伴关系。

1. 现收现付制的资金来源

现收现付制的来源相当于股权或私营部门业主所需的融资资本。对于这样的融资，商家会通过出售股票来保护股权资本，这些股票使股票所有者成为了公司股东，并且卖出的这些股票是由资本基金的所有者或其合伙人提供的。现收现付制由地方政府或社会团体进行资本融资，融资的来源为纳税人所缴纳的税款及市民为特定服务支付的年度财政收入。年度税收或使用费的财政收入的一部分会直接被分配拨款，用于为资产和资本的改良筹措资金。公共费用发生拨款之或同等的私人融资在债务融资上形成鲜明的对比，社会团体或私人公司会借用资金、借债为资本项目筹措资金，之后当项目进行一段时间或完全失去价值后连本带利地偿还借款。现收现付制融资的优点是它避免了借款所产生的利息，由于创立一个项目，现金要提前筹集好，所以这有利于激励更多的经济项目。现收现付制的一个也是最大的弊端在于，对于地方政府来说，为长期的项目积累足够从事此项目的资金经常是非常困难甚至是不可能的。

美国债券评级机构建议从现收现付制的来源提供地方部分资本预算（朴南逊和雅各布 2002）。这样做有助于帮助所辖区域在今后维持经营预算的灵活性。如果年收入水平在经济衰退时下降，现收现付制可以帮助应对税收的短缺。每年债务偿还义务和支付租赁义务不能因为税收的不足而被取消。现收现付来源包括以下内容：

■ 每年用于资本项目的税收收入：提高税收收入，直接对项目或资产提供资金，而不是为资本储备或对需要定期还债的项目提供基金。

■ 营运资金结余：如果运营资金结余的累积超出经营所需或年度预算的水平，那么结余部分的资金能够为新的项目进行资本融资。

■ 资本储备：资本储备就是一个储蓄账户。税收或其他收入会被筹集，然后存放一段时间，之后提取并用于资助资本投资支出。资本储备可以是存在于一般或其他运营基金之外的独立基金、一般或其他运营基金的指定部分余额、以及用于正在进行中的资本资产更新或康复工程的循环基金。

2. 债券来源

用于本地基础工程项目的举债筹资可以是来自本地的银行或者社区投资者的配售。在财政市场发达的国家，举债筹资同样可以来自地方政府公开出售的债券，或者一些经销商。这些经销商把债券转手给那些感兴趣的投资者，包括个人、企业和财政机构。他们会购买债券作为投资证券组合。向地方政府发放贷款的国家级或州级的公立机构也可以通过举债筹资建设本地基础工程项目。此时，它们提供的利率会比其他来源低。

通过举债筹资建设本地基础工程项目的优点是，可以将该项目的资本成本分散于工程有效期内附带利息的年债务清偿支出里。这样就可以将项目的资本成本分配到项目的使用者和获利者身上，由他们交纳年税款来补充年债务清偿支出，清偿条款效力不超过有效期。举债筹资还有助于主要基础工程项目的及时开展。而这种债务的主要缺点就是，它增加了项目成本，包括债务利息和财政支出。当然，这种利息和项目支出承认资金是具有时间价值的，也即是说，资金会随着时间的推移而贬值。

债务的类型和分类取决于国家和各州的法律，因此国与国之间，甚至国家之内都是存在差异的。尽管如此，一般来说，债务仍可以根据作为担保的抵押品来划分种类。以下这些不同种类的债务就是以抵押品来区分命名的，该方法广泛应用于整个美国。其他一些名称或术语使用上的差异也只是地域原因造成的。根据担保抵押品的标准，用于本地基础工程项目筹资的债务可定义为以下条目：

■ 一般责任（GO）债券：此类债券以债券发行者的完全信用和征税权为担保。任何可用税收皆可用于担保并偿还债务。在美国大部分的州，用于担保和偿还一般责任债务的征税权同时可以征收财产税。正因为这种债务被认为是“完全信用”的债务，用于征收财产税来偿还一般责任债务的权力便是不受任何限制的。此外，在美国大多数州，这种一般责任债务的授权需要选民公投的认可。GO，不受限制的税收，或完全信用抵押的债务，普遍来讲在债务中被认为具有最高级别的安全度。如果某地方政府拖欠一般责任债券，债券的持有者就可以到法庭索取一项决议要求地方政府征税以偿还债务。在发行的用于本地资本优化的长期债券中，一般责任债券拥有最低的利率。

■ 收益债券：此类债券以自营的公共企业、独立组织承办的活动及地方政府组织的其他各项活动的净收入担保和偿还。收益债券常用来资助基础设施建设和地方政府支持的公共企业，如供水排水、电气、机场、港口、公共交通和其他企业系统。发行收益债券的地方所辖区域为企业服务所设置的收费必须要超过其运营成本，要足够支付企业的年债务清偿。这点在发行收益债券的地方政府和债券持有者或投资者间签订的合同中必须明确指出。债券持有者或投资者可以任命一位理事来代表他们的利益，监督利率设定和地方政府对企业的管理。因为是以详细而非概述的收益作为担保，此种债券的利率与一般责任债券相比较高。

■ 资本租赁债券，包括参与认证：此类债券是典型的以抵押资产为担保的债券。地方政府发行人实际上以抵押资产为抵押；作为担保的是被抵押的项目或设施，而非普通的税收或特殊的收入来源。如果地方政府发行人拖欠资本租赁债券，债券持有者便可以通过法庭或合法渠道获得该抵押物的所有权。按照其法律，在美国大多数州，资本租赁或以财产为担保的债务包括一项资产不可挪用的条款，技术上债务是一年较之上一年的义务，而非长期责任。结果，这种债券无法被归类为长期的一般责任债券且不必通过选民公投的认可。另外，这种资本租赁债券的利率都高于一般责任债券。最初，资本租赁债券是美国地方政府用来购买昂贵器材的。现在更多的地方政府将资本租赁债券用于建设学校、监狱、供排水设施等。这种用于重点设施建设的资本租赁债券常以参与认证（COPs）的形式发行。COPs 就是资本租赁债券中的分红，并可以投入市场以抵押品的形式出售给感兴趣的投资人。

■ 特殊责任债券或有限责任债券：此种分类包含了多种不同的债务类型。这种债券以有限税收或特殊税收作担保，用于建设公共设施来满足某些特殊需求或服务于特殊的政府管辖区。这里包括所谓的特别估价债券，由地方政府发行，用于街道、供水排水等其他一些公共设施的改善，惠及一些特殊业主。特别估价债券以地方政府对受益业主的估税作为担保和偿还手段。这种估税更多的是使用费而非税款，而且是只从工程周围的业主身上收取。通常，在规划的特殊估税区内，根据资产的多少和工程的受益程度，估税的征收也会有所不同。业主一般来讲会在几年内以分期付款（含利息）的形式缴纳。

■ 浮动利率即期债券：之前所列债券的利率在债务有效期通常是固定的。固定利率债券可使地方债券发行人免受市场利率变动所带来的风险；不管债期有多长，要偿还的利率也是不变的。这样就简化了地方债券发行人的规划和预算程序。然而，一些地方所辖区域，尤其是那些规模比较大、设置比较复杂的，会发行浮动利率债券以满足部分资金需求。这种债券的利息会随市场的变动而定期（每周，每月，每年）征收，因此被视为短期债券；因其承担的风险比长期债券小，故而利率较低。这样，地方发行人就可以减少利息支出。浮动利率债券的缺点是发行人要考虑市场变动利率所带来的风险。权威人士建议，只有拥有强大经济实力和管理能力的地方政府才应使用这种债券，并且应将其控制在未偿债务的四分之一之内。

■ 来自于国家或州政府“债券银行”或组合贷款的贷款：许多国家和国家内的省或州都已经建立了政府出资和管理的“债券银行”，或者正在考虑建立向地方政府提供投资资金以改善公共设施的贷款方案。通常这种债务或贷款都带有很优越的条款——低于市场的利率和较长的偿还期限。对于那些没有足够信誉在商业债券市场里以合理的利率和条件来举债筹资的较小或较贫困的地方政府来说，这类债务或贷款形式尤为重要。

3. 经济开发融资来源

特定融资来源已经有所发展，一些地方政府已经在利用这部分资金建设公共设施以支持私有经济的发展。这些资金来源有影响（开发）费和税收增量债务两种。

■ 影响（或开发）费：影响费是针对新开发区征收的用于改善新开发区服务设施的费用。这种费用可以将改善所需资金的征收对象从原来的住户转向新入社区占有和使用改善设施的新住户。影响费在新开发区批准建设后开始征收。住宅开发费大多以户为单位收取，而产业经营费则以建筑面积为单位收取。这些费用会包含在住户或商家买入新开发区时支付给开发商的款项里。在地方所辖区域批准收取影响费的地区里，通过影响费获得的利润会用于旧设施的扩张或新设施的开发。一些地区对影响费有特殊要求，因此通过影响费获得的利润将会被强制用于该地区的公共设施建设。影响费的利润所修缮或升级的公共设施可以不对原有住户开放。如果影响费已经收取，而新开发区还没开始建造，影响费的利润必须放入资本储备直至工程开始建造。

■ 税收增量债务：这种债务发行的目的是筹资改善公共设施以支持增值税征收区域里的私有经济发展；债务以区域建立后，区域内财产的增值和其他税收、利润为担保和偿还手段。税收和利润的增长来自于该地区私有经济的新发展。一些所辖区域也会通过税收增量债务作为商业贷款和奖励，以促进坐落于本区域内或有意向本区域发展的企业（区域开发形式为场地使用或设施建设）。只有当本区域内的私有经济发展有一定保障时，那些地方政府才会建立增值税征收区域并发行税收增量债务。其他地方政府则在无法确保私有经济发展的前提下便建立增值税征收区域并发行税收增量债务，寄希望于它们可以促进私有经济发展。想要成功，建立增值税征收区域和发行税收增量债务的计划就必须归入地方政府的整体发展计划中。

4. 外部资金与合资项目的贡献

外部资金可以以下两种形式来帮助地方政府筹资进行设施建设：更高级别政府（国家级、州或省级政府）的拨款补助，利用规模经济与其他近邻地方政府共同参与的合资项目或与私有公司合伙的公私合营项目。

■ 国家级、联邦级、州或省级的拨款补助：国家级和州或省级政府在为地方政府提供拨款补助的程度上有所不同。在美国，拨款补助的利润与以前相比要少的多，这是因为美国政府减少了联邦的自由支出，并努力平衡预算，以支付不断增长的全国社会保障支出和面向穷人和老人的医疗护理支出。然而，即使在美国，联邦补助金也会用于地方政府某些类型的项目建设。在世界其他地区更是如此。任何国家的地方官员都需要了解其国家级、联邦级、州或省级的拨款补助是否可以应用于本地改善项目，并且他们要主动去使用这笔拨款。获得补助金就可以在很大程度上减少这些项目的地方支出。

■ 与其他地方所辖区域或私企部门的合资项目：现在，这种合资项目与过去相比更加普遍。这种合资项目一般是自行定制的企业，所以需要合作伙伴间大量的计划与谈判。谈判的要点主要集中在各自的责任和不同合作伙伴的出资问题上。正如之前谈到的，地方合资项目可以利用规模经济的优势，将周边较小的地方所辖区域组合到项目中，并由其近邻的较大的地方政府组织和运营。还有一些其他原因，公私合营项目可以使私营部门在税收方面获益，同时公营部门也可以采用私营公司的管理经验。

（九）资本融资战略规划和融资项目选择

在深刻了解了地方的财务状况和可用资金选择后，所辖区域就需要进行资本融资战略的规划和融资项目选择了。资本融资涉及需要细致计划的主要决策和长期承诺。没有一个具体的战略来指导资本融资决策的话，一些地方所辖区域就只能依靠少数熟悉的融资来源；其结果是，即使以最符合成本效益的方式来运营，仍有部分资本需求无法满足。其他的习惯用借贷的方式来满足项目资本需求的所辖区域，可能无法开拓现收现付的资金来源，并且背负了相对于未来运营预算过于沉重的债务清偿负担。一个地方政府的资本融资战略应包括以下目标：

■ 满足较高优先级的资本需求并限制其成本。

■ 保证长期的财务实力和灵活性。

■ 维持或加强所辖区域在债权人、投资人、管理机构和任何信用评价机构中的声望。

以下列出的十个策略将可以组成一份资本融资战略或至少对其有所启发。所有策略都很重要，但是不同地方所辖区域可以根据其所面临的资本需求、财政状况和整体形势对某个策略给出强调。

1. 维持相当的营运资金余额。
2. 在经营预算中为低成本的循环设备和项目建立基金。
3. 建立资本储备。
4. 使用合适的债券为重点基础工程项目筹资。
5. 确定并不超过地方的负债能力。
6. 努力实现举债筹资和即用即付筹资的平衡。
7. 维持或提高所辖区域的信用声望或债券评级。
8. 建立并完善经济开发项目的筹资政策。
9. 寻求拨款和其他外部自由基金来进行基础工程项目。
10. 寻求地方和公私合营项目合资的机会。

下面将对以上策略在资本筹集中所扮演的角色和发挥的重要作用作出简要的解释。

1. 营运资金余额

营运资金余额在资本预算中拥有重要地位是有多方面原因的。当年收益意外地短缺时，营运资金余额可以作为一种储备来帮助兑现每年偿还义务，包括过去用于基础工程项目的资金的债务清偿。营运资金余额可以作为不可预料的资本支出的储备以应对各种紧急情况，比如，修补因风暴而受损的建筑。对于很多的地方所辖区域，尤其是那些只能获取有限的债务市场的小地区，营运资金余额可以逐步积累后为基础工程项目提供资金。

2. 营运资本

年经营预算适用于为资本资产提供资金，这种资本资产既可以属于低成本，也可以每年以相同成本循环出现。这种条目有时被称为“营运资本”；经营预算里筹集的年收入可以随时资助如循环和现行薪水开销与其他营运条目等的资本资产。这使得资本预算可以专注于大型和长期的工程，并帮助所辖区域避免过度依赖举债筹资。

3. 资本储备

作为为贵重器材和小型建筑工程提供资金及为重点项目提供现金的手段，资本储备是十分有效的。在成立资本储备时效力是其考虑的重要原则。构成资本储备的来源包括：营运资金余额盈余；来自于运作预算的年拨款；特殊专项收入、部分一般收入或资本设备、设施或基础建设的折旧费或使用费。最后一种途径的一个例子是，美国某城市利用循环储备资金进行设备更新。该资金每年都会向城市里所有使用该设备的部门收取使用费。这部分收入会从使用交通工具和器材的市内各部门转入设备更新资金。

4. 适当举债筹资用于重点项目

这里介绍的资本融资战略的第四条到第七条策略都与举债筹资相关。债券经常是支持昂贵项目的唯一手段。现收现付制/收付实现制是无法及时为重点项目筹备其需要的资金的。举债筹资将重点项目的支出分配到使用期限中，并在工程结束前通过每年偿债支出还清债务。这样，大型项目的债务便可以用项目使用者或者受益者每年缴纳的税款和费用来支付。这些税款和费用部分用于履行项目的债务责任。

不同种类的债务适用于不同种类的项目。如果一般责任债券可以在不需要选民公投的情况下授权发行的话，它的低利率和低发行成本便使得这种债券成为一般政府项目——如地方政府办公楼、监狱、其他公共安全设施——的不二选择。如果需要选民公投才能授权发行一般责任债券的话，对于那些效果显著、直接应用于民的、受到选民欢迎的项目，比如学校、公园，这种债券仍是一个很好的选择。需要选民公投才能授权发行一般责任债券同样适用于地方政府要建立的新兴项目。官员们可以通过选民公投来了解项目是否会得到公众的支持，以便决定是否该开展该项目的建设。

收益债券适用于面向公共企业的重点基础工程项目和拥有独立收入渠道及良好自行运营记录的特殊活动。地方政府为这类企业和活动组织了独立的基金；它们的收入来源会得到合法的保留和保护以支持其正常营运。收益债券或同等的债券常用作地方政府建设供水排水、电力、机场、港口和收费公路等设施的资金。收益债券却不常用于固体废弃物排放和停车设施的建设，因为在很多地方所辖区域看来，这些活动都缺少固定的收入来源或面临着提供相关服务的私有部门的竞争。

资本租赁债券最初用于购买昂贵设备，如消防车、建筑设备和计算机系统。这种债券始终都在购买这些或其他种类的昂贵设备。债券一般拥有 3—10 年的期限，具体取决于设备的使用寿命；它通常储存于地方的银行或财政机构。一些地方政府制定了原始资本租赁计划来购买其机构会使用到的全部或大部分昂贵设备。大量发行并公开销售的资本租赁债券适用于那些不易获得选民支持的一般责任债券资助的重点指定项目。比如，美国许多监狱的建设都是使用 COPs（定义于先前的债务选择的讨论）的资本租赁债券提供的资金。

特殊责任债券或有限责任债券适用于满足一般情况下其他种类的债券无法满足的特殊需求。例如，美国的一个州授权它的地方政府发行一种特殊债券筹资建设有关固体废弃物排放项目。这种债券不需要选民投票认可，没有税款作担保。除了以地方授权征收的税款，它可以以任何收入为担保。州政府下放给地方这种权力，是因为当地的选民是不会愿意为了固体废弃物排放项目而通过一般责任债券融资的。收益债券不适合这种情况在于其收入来源——主要是垃圾运输工缴纳的垃圾倾倒费——并不足够可靠。要是贷款人不愿意收取垃圾场或其他固体废弃物处理设施作为抵押物的话，资本租赁债券就无法发挥其作用。

5. 借债能力

了解和决定一个地方政府或者任何公共个体的发行和承担债务的能力在资本预算中是至关重要的。社区的财富和经济增长及地方政府利用本地经济创造利润的能力共同构成了地方政府的借债能力。债务比率是决定一个所辖区域发行和偿还债务能力的核心。一组比率是关于净债务的。净债务由一般的可用利润偿还的债务组成。这种债务包括大部分一般责任债券，多数资本租赁债券，和部分特殊责任债券或有限责任债券。净债务不包括收益债券。净债务中一个关键的比率就是年债务清偿（主要还款和年利息）占一般基金和其他一般目的经费的份额百分比。一些权威人士声明，这种比率不应超过百分之十五到二十，具体数字取决于当地所辖区域的规模和财政实力（标准普尔 2007）。对于大量依赖不动产税的所辖区域来讲，另一种评估借债安全度的方法就是净债务占其市场和应税财产的百分比。人均净债务是第三种广泛使用的用来对比所辖区域债务负担的评估方法。在解释和应用以上或其他债务能力估量方法时必须要小心谨慎。一个飞速发展的当地所辖区域可以发行大量债券并拥有相对较高的债务比率，但未来的发展可以带来可观的年收益，这样所辖区域便有能力发行新的债务，履行现有的债务偿还责任及支持其他开销。

6. 平衡举债融资和现收现付融资

正如之前提到的，利用现收现付形式的资金来源来实现一部分的资本预算可以帮助保持未来经营预算的灵活性。制定政策以确定现收现付筹资和举债筹资间的平衡，有助于所辖区域在保持这种灵活性的同时发行大量债券来满足重点项目的资金需求。可以通过对比年债务清偿和租赁偿还责任的总金额与固定资产加上资本储备的供款总金额来实现这种平衡。各所辖区域的现收现付筹资和举债筹资间的平衡点都存在一定差异。发展迅速，规模较大的地方政府可以通过债券来为八成的 CIP 提供资金，另外两成来自现收现付形式的资金来源。而一个成熟的，拥有强大征税基础的所辖区域则可以更加依赖于现收现付筹资。

7. 债券评级

债券评级是用来评价当债务到期时发行者偿还定期利息和偿还清偿的能力及意愿。良好的债券评级可以拓宽债务市场，减少或保持利率和支出。所辖区域的完全信用或一般责任债券的评级取决于它的经济实力、增长力和稳定性；所辖区域的财政状况、发展前景和运营惯例；它的净债务负担和净债务能力，包括现存债务的即时交付率；选举出来的高层行政官员的领导能力和管理能力。收益债券的评级主要取决于债券发行企业和活动的盈利能力和发展前景。企业和活动用于抵押的净利润必须超过或足够支付每年的债务清偿。用于一般政府设施建设的资本租赁债券的评价取决于发行人的信誉度和发行人通过举债进行的项目建设的必要性。考虑到必要性的构成——比如说像监狱这样必须建设的项目——即使每年有拨款，发行人还是不太可能停止支付每年的资本租赁债券。特殊责任或有限税收债务的评级则会以支持债务的收入来源的基本实力为依据。

8. 经济发展融资政策

在某些国家或一些国家的州县中，法律可能会限制税款以及其他政府收入在公共服务以及工程上的支出。然而在其他国家，许多州政府或者地方政府法令较为宽松，它们为企业和私人非盈利机构提供财政资助，以促进经济发展。作为回报，这些公司和私人非盈利机构会进行投资，这些投资项目可以创造就业机会，提高人民收入为政府实体提供额外的税款，以进行新一轮的财政资助。财政资助可能包括以下几种形式：企业或私人机构的专用设施建设（道路、水利以及排污系统等）；允许这些企业或私人机构为自己的投资申请低利甚至无利贷款；为企业或私人机构购买土地、修建设施、引进设备等拨款；在未来的几年里减免这些企业或私人机构的税款。如果当地所辖区域可以为促进个体经济发展提供以上财政资助，那么它也应该有政策为私人机构提供决策层面的援助。这项政策应当建立在财政激励合法化的基础上。它必须声明可以提供的财政资助方式，可以获得资助的企业及机构所需具备的资格，以及相应的接受资助的企业在未来可以为社区提供的工作岗位、收入以及税款数额。

许多投资或者工程项目涉及多个地区，为减少与其他地方政府的竞争，地方政府应设立法令，支持跨地区的联合财政资助。换句话说，政府可以资助相邻地区的私人投资项目，参与政府可以分享这些投资带来的税款增长。

地方政府的财政发展政策可以接受来自私人开发商的捐助，这部分款项可以用于支援公共设施建设以及扶植新的私人开发商。这些捐助可以以发展项目费的形式收缴。

9. 拨款

正如之前所提到的，来自更高级别政府的拨款是本地资本优化的重要资金来源。即使在那些项目拨款限制较多的国家或者州县，为本地发展提供资助的拨款也是不难申请到的，这对那些小型的、不太富裕的社区来说格外重要。地方政府应当设立政策，鼓励领导及官员为各种项目争取拨款。外部拨款可以有效的降低投资项目的本地支出。

10. 合作项目

如前所述，合作项目可以是多个地区的执行机构参与，也可以是政府与私人开发商合作。以下列举两个合作项目，都在一座人口不足 17 000 人的小城里开展，可以充分说明这种模式的高效率。一个项目是一处废弃纺织厂的翻新改建，将其一部分改为店铺和共管公寓，为城市创税，其余部分改作市政府的办公场所。这个项目由私人开发商承包，由于其对历史文物进行翻新改建，市政府与之签订了一份有效期为五年的合同，合同期间该开发商可以享受税收抵免。另一个例子中，该市与其他四个城市共同参与一个国家投资项目，它们购买了一大块土地作为工业和商业用地。虽然其土块处于国家的未购地范围内，但所有参与的地方政府都可以按投资比例获得该地新建商业的税收。当然，不只有合作项目才涉及公共设施建设，城市经济发展项目以及项目的其他参与人也可分担这一职责。

（十）对资本项目以及支出的建议

对于开展了资本优化方案的政府来说，方案预测期的第一年包括对项目以及支出提出建议。资本优化方案执行的第一年通常被称为“预算年”，当年提出的项目以及支出计划，通常会成为当地执行机构当年的财政预算。也有少数政府会把方案预测期前两年的项目和支出算作前两年的预算。即使有的政府没有资本优化方案，它们也仍会有财政预算，这一预算通常包括主要的被力推在第二年开展的资本项目以及支出。这些项目和支出在审批通过或者获得资助时，都附有经营预算或者单项经营运算。

无论这些资本项目以及支出来自资本优化方案，或只是与每年的经营预算相关的一个部分，预算中都应明确注明预期利益、规模、成本以及对未来经营预算的影响。这些信息可以在项目前期的项目规划、优先度排序、项目及设备要求的评估中获得。类似的，年度财政预算也应细化到每个项目、每个条目，预算应该基于对地方政府财务状况的完整评估、对其财务能力的预测以及政府官员通过的影响财政决议的策略。每年建议的资本预算为项目授权以及拨款奠定了基础。

（十一）项目授权及拨款

授权是指财政计划或是并购方案获得许可，在此基础上，才能合法使用项目拨款。通常情况下，地方政府的董事会为资本项目提供授权以及拨款。有时地方政府会一次性提供项目所需金额，并将授权及拨款权委托给首席执行官或者董事会。授权以及拨款完成后，项目规模通常不会太大。地方政府的董事会也会将项目规模和支出的修改权委托给首席执行官或是委员会成员。如果发生这种项目修正，通常会对修正有所限制，提出决议后必须交由董事会审定。

项目的授权与拨款通常同时进行，在一笔或多笔拨款到位时，授权也相应完成。大型项目或者并购的授权以及拨款一般都分别进行。

大型项目的授权需要通过一系列决议，拨款只是其中之一。举例说明，一个大型建筑项目获得授权之前，它所在的资本优化方案必须通过董事会的审议，该方案可能是未来几年的计划之一。然后董事会会授权一位顾问对该项目进行可行性分析，鉴定其成本与收益。如果结果偏于利好，那么这一项目就可以被保留在发展计划中。几年后，该项目所在的资本优化方案进入预算，董事会便会进行更为细化的授权。董事会要审核建筑设计、项目规模以及成本预测。接下来董事会会授权一次公投，决议发行资助该项目的一般责任债券。如果投票者支持发行，董事会便将债券提上议程，随后便会发行。最后董事会将批准债券交易流通，和其他资金源一起辅助项目开展。这种拨款形式需要通过一项法令（下文会做解释）。基于法律条目以及项目具体需要，董事会也会批准建筑工地的合并申请、特别的建筑需求以及其他相关合同。在授权流程的前中期，董事会不会发出不可撤回的申请，委派当地所辖区域参与项目。对于某些项目来说，直到债券发行或者其他形式的资金进入项目之后，它们才会获得最终授权。

债券被批准发行是整个授权流程中关键的一步。董事会可以授权债券的发行，与美国其他地方政府发行的收益担保债券和融资租赁债券共同流通。除了董事会审议通过，当地居民在公投中的许可也是法令规定必需的，这与美国大部分州的一般责任债券的发行流程相同。地方政府为资本项目或其他目的发行债券有时也需要州政府或相关财政监管部门的许可。[8]即使获得债券授权，官员也可以不发行该债券，原因可能是政府不愿继续该项目，或者是政府试图使用其他资金来源。当然这种情况是很少出现的，一般某个项目的债券获得授权后便会立即发行流通。债券授权步骤通常较多而且比较复杂，因此只有在官员确定债券可以发行流通的情况下才会开始授权流程。授权后债券便开始流通，所得收益也可以不经过地方董事会的审议直接用于开展项目。然后有些法律也规定在使用收益之前，董事会需要将其以预算或者拨款的形式汇入项目资金。

通常包括募集债券收益之内的项目拨款的常规方法是通过地方政府的年度预算、经营预算或决议。拨款申请也可能出现在相应的资本项目条令或者决议中。

■ 年度、经营预算条例或决议：年度预算或经营预算中给资本项目的拨款通常会在年末或者一个财务周期的末尾失效，需要在次年或者下一财务周期的财务预算中重新采纳。对现行项目的拨款也可能在年末或者财务期间的末尾自动更新，不需要董事会采取额外措施。推荐项目拨款申请通常会在年度或者经营预算被采纳后提交给董事会进行审批。在这种情况下，董事会可以在资金允许的情况下通过已采纳预算的修改。

■ 资本项目条例或决议：此条例或决议专为资本项目拨款提供便利，它是不同于预算条例或决议的独立条目。项目条例为项目授权使用资金直至项目结束，这种授权在年末或者财务期间的末尾也不会失效。执行董事会可以为每个单独的项目或者并购计划制定一个项目条例，通常董事会接到全年的项目计划和资金申请时会统一制定相关条例。董事会也可以为资本优化方案第一年的全部项目和支出制定一个综合性条例，这种条例通常会在董事会通过整个资本优化方案后颁发。

每种项目拨款方式都有利有弊。在年度或经营预算中拨款可以保证项目决议与预算决议相符。而且接收这种拨款的项目通常只持续一到两年，可以在项目实施中提供定期项目评估。

预算拨款的弊端主要存在于大型项目中。首先，预算拨款一次只能为该项目提供一到两年所需资金，而大型工程往往持续数年，可能出现资金流不连续。其次，年度预算或经营预算中只包括那些短期内便可获益的投资，对于大型项目来说，获益时间相对较长，在年度预算或经营预算中很难体现其差别。

预算拨款的弊端可以通过颁布资本项目条例来克服。无论是综合性条例，针对全年项目的条例，还是针对每个项目的单一条例，在项目结束前一直有效。不依靠预算为资本项目提供拨款，这样产生的支出与收益可以更准确的与年收益相匹配。把可以多年创收的大型项目与那些仅收益一两年的小型项目区分开来，可以帮助政府官员更清楚有效的向公众解释每笔投资的成本与回报。

结合资本项目条例的拨款也有弊端，项目决议可能与预算决议不相符，如果资本项目条例与年度预算或者经营预算不在同一时间制定，这种境况可能发生。

（十二）项目资金的获取与管理

项目资金的获取与管理的主要步骤都集中在获得授权后债券的发行与管理上。项目获取非债券收益资金主要依靠执行现收现付制、现金拨款和合作项目政策。资本公积金或业务资金中为现收现付制预留的资金，应当进行有息投资，以提高项目融资能力。

债券收益是大部分资本项目的主要资金来源。有效的债券发行与管理可以降低债券的发行成本以及利息成本，尤其是发行大型项目债券时，通过这种方法节省的资金数目会相当可观。[9]下文将列举债券发行与管理流程中的关键步骤并做简要解释：

■ 债券市场的专业人士可以为政府发行债券提供建议和协助，应与之建立高效的工作关系。这种专业人士可能包含：专门处理地方政府债券发行问题、熟悉债券发行相关法令的律师；为地方政府计划债券发行的财政顾问；投资或购入再售出政府债券的银行家或投资银行家；负责监管地方政府债券发行的主要部门官员；为地方政府提供债券评估或信用度评级的信贷评级机构以及债券评级机构。考虑到债券发行的复杂度，即使是拥有债券专家的大型地方政府也倾向于向外界的专业人士寻求建议。

■ 为债券发行制定高效的计划。该计划包括：在预留突发事件储备金后，根据项目大小限制债券发行规模；不发行超出地方政府负债能力的债券；返还年限不应长过项目有效寿命；将年度债务偿还（主要指返还本金以及利息）结构化，使之与政府缴付其他年度费用后的债务偿还能力相当。

■ 选择符合成本效益的方式委托出售债券。债券出售方法因地而异，主要取决于地方法令以及该国债券市场的发展程度。如果没有债券市场，或者规模太小，那么意图发行债券的地方政府就要将债券委托给一家或多家熟悉地方政府、愿意为其项目提供财政支援的银行、财政机构或者投资者。如果有债券市场，地方政府就可以直接将债券出售给有意向的投资者。在债券的公开发售流程中，发行方可以直接将债券放在市场中出售，但更多时候，发行方会将债券出售给投资银行家或债券承担人，然后他们再转卖给其他投资者。在美国，大部分地方政府债券都是通过投资银行公开发售的。这些投资银行互相竞争，争取到政府债券之后再转卖给个人、共有基金、保险公司银行以及其他愿意购买并作为资产组合持有债券的投资者。在债券出售流程中，地方政府可以在竞争激烈的投资银行中挑选利率最低的一家，也可以通过谈判的方式选择最有可能以最有效方式售出全部债券的银行。被选中的银行随后便制定债券发行计划，从地方政府购入债券，然后转售给投资者。最后，很多国家、州县或机构就可以以相对较低的利率购买该地方政府的债券。地方政府应尽可能利用政府信用发行债券或者从其他债务来源获取资金。

■ 决定是否发行、何时发行短期债券。这种债券包括为长期项目提供资金的变动利率债券和为建筑工程提供资金的短期债券，比如债券先期本票或拨款先期本票。本书关于资本策略的章节中就采用了变动利率债券。

■ 在债券发行之后，正式获益前，应调查并估算收益。这项收益将是项目总收入的重要组成部分，也可以减少该项目债券的发行数量。对债券收益的调查一定要符合当地法规，通常来说都是短期调查，这样就不会影响债券收益的正常使用，比如及时付清建筑费用以及其他必需费用。

■ 债券发行之后，抓住时机发行新债券，以降低债务偿还成本。债券发行之后，当债券市场的利率下调时，政府应抓住时机发行新债券，用低利率的新债券替代之前发行的债券。

（十三）建筑项目管理

建筑项目管理包括项目分配系统的选择以及设计、建筑相关附加合同的签订。改进项目预算书，使之更清晰更准确更有条理，至关重要，因为在大型项目中，预算出错、成本超标会对整个项目造成严重破坏，导致超出预期的大量资金涌入，政府的负债加重，未来的经营预算大幅缩水。

1. 项目分配系统

项目分配系统指的是某个资本项目的建筑流程的组织方式。[10]流程包括设计、签订合同和施工管理。地方政府及其他公共机构通常采用几种基本项目分配系统："设计—投标—施工"系统、"施工经理风险制"系统以及"设计—施工"系统。不同的系统在应用中也会产生不同的变式。法律条例以及建筑工业标准是决定采取何种分配系统的重要因素。

传统的公营建筑工程通常采用"设计—投标—施工"这一项目分配系统，在美国的许多州，法律许可地方政府采用这一系统。系统由三个主要步骤组成：

（1）项目设计、建筑方案以及相关文档（设计图、规划书等）的准备。除了小型项目外，这一步骤通常由签约建筑师或设计师完成。

（2）公开投标。承包商间竞争该项目，最终可由一家或多家承包商获得。被选中的承包商常常不是出价最低的。

（3）在项目签约建筑师或设计师、所辖区域的设计建筑团队、签约建筑管理公司的共同监督下开展施工。

"设计—投标—施工"系统有两种常见应用方式——多个主体承包和单一主体承包。如果采用多个主体承包，政府直接与不同承包商签订合同，授权其负责项目的某一部分。比如说，承包商们分别签订合同，由一个承包商负责所有建筑部分，其他承包商分别负责水暖系统、空调系统和电气系统等。根据建筑合同签订习惯的不同，一个项目通常需要不同种类的承包商。如果采用单一主体承包，那么便由一个承包商负责该项目的所有部分。他直接雇佣自己的劳动力开始施工，根据需要将项目分包给次级承包商。如果建筑项目规模较大，政府尚有许多其他项目正在进行，所辖区域可能会雇佣一名施工经理或者顾问公司监督施工。这种情况一般发生在采用了多个主体承包的项目中。

"设计—投标—建筑"分配系统使所辖区域可以方便地将设计部分和施工部分区分开来。这一方法也促进了承包商间的竞争，尤其是在采用多个主体承包的时候。这一系统可以有效控制施工成本，也使得更多独立承包商参与到公共建筑中来。这一系统的缺点在于合同的责任不明确，常引发建筑师和承包商之间的意见分歧，如果再加上多个主体承包，那就会使工程延期，不同施工阶段无法匹配，施工成本也容易超标。因合同分歧导致的额外开销通常由地方政府负责。

考虑到"设计—投标—建筑"存在的种种问题，出现了其他分配系统，在很多地区，这些系统也被合法化，可由地方政府采用。其中有"施工经理风险制"系统，这一系统包括两个主要部分：首先是建筑师或设计师进行项目设计、准备设计文档；其次是根据资历和能力选择一位施工经理或者承包商，而不是根据项目报价。施工经理负责审核设计文档，提交完成该项目的最大担保成本。然后政府官员和施工经理协商确定最终报价。协商内容可能包括项目规模的变更、组件的更换以及设计的修改。最终报价确定之后，施工经理雇佣承包商，对整个项目全权负责，一定要将实际成本控制在最大担保成本之内。通常施工经理会签订一份履约保证书，以确保政府不会支出超出预算的资金。如果项目完成时，预算仍有结余，那么结余部分归施工经理所有。

“设计—施工”系统是有别于“设计—投标—施工”系统的又一新选择。在这个系统中，所辖区域首先制定出比较详细的项目发展计划。然后由设计—施工公司，或者分别具有设计以及施工能力的公司组成合作团队，提交议案，阐述自己承包该项目的能力与资格。政府从中选择数家公司或团队，让他们提交详细的设计文档和预计成本。可行性最高而成本最低的方案会在第二轮筛选中胜出。与“施工经理风险制”不同，“设计—施工”系统不需要提供最大担保成本。

一般有四项标准衡量建筑项目分配系统：控制项目成本，按时完成项目，保证项目质量以及减少行政管理负担。美国某州的一项调查（里克，2004）显示，采用了多个主体承包的“设计—投标—施工”系统是公共建筑经理们最不信赖的项目分配系统，他们倾向于根据项目的特点采纳其他系统——单一主体承包的“设计—投标—施工”系统、“施工经理风险制”系统或者“设计—施工”系统。如果某个项目包含标准的设计和传统的施工，那么“设计—投标—施工”系统（单一基本合同）或“施工经理风险制”系统都是最符合成本效益的选择。如果某项目的设计或施工不循传统，“设计—施工”系统应该是最佳选择。

这几种主要的项目分配系统都有变式。举例来说，施工经理可能不需要提供最大担保成本。在这种情况下，施工经理相当于代理商，财务风险由地方政府承担。在某些情况下，“设计—施工”系统被延展成“设计—施工—经营”系统，承包商不仅需要设计并施工，还需要根据合同经营该建筑一段时间。还有些时候，如果项目规模较小，政府往往放弃绩效合同，转而采用限时限材合同。在承包商不愿详尽说明工程所需材料以及时间的情况下，限时限材合同常被采用，整个项目成本也由地方政府承担。

2. 设计、签订合同以及施工管理中的额外问题

无论项目采用何种分配系统，都会不可避免的出现这样或那样的问题，其中较为重要的罗列如下：

■ 有关设计的重要问题：这个项目需要何种水平的设计？设计者需要同时具备建筑和设计技能吗？法律要求地方政府与设计师或建筑师签订合约吗？在美国的某些州，设计费有上限，高于该上限的部分不予支付，那么应该重新选择一家

出价较低的设计公司，还是接受这家设计公司调整后的费用？这个设计能从概念顺利转为设计图吗？在项目设计的不同阶段，图纸和文档应该交由谁来审核？建筑师或设计师的项目成本预测有多可靠？预期的施工日程可行吗？在指导监督施工流程中，设计师或建筑师应扮演怎样的角色？应该以什么方式什么频率给建筑师或设计师报酬？在职业标准存在，并可以回答绝大部分问题的前提下，无论何种规模的项目都需要在项目开始前对此标准加以阐述。

■ 有关施工合同的重要问题：是否存在施工市场的评估标准？以低于预计成本的报价投标的可能性有多大？投标流程是否符合法律程序？竞标者是否需要进行资格预审？资格预审可以排除那些有意向竞标却没有能力完成项目的承包商。是否应该为那些有潜力的竞标者召开一个标前会议？这种会议可以帮助承包商更有效地投标。投标文书是否需要注明小承包商的参与？评估投标以及选择承包商的标准是什么？存在细化标准的法令吗？比如“在考虑素质、价格以及业务水平的前提下，应选择报价最低最有责任感的承包商。”[11]官员应如何权衡选择报价最低的承包商？应如何避免虚报低价？这些问题界定了影响合同签订的因素范围。

■ 有关施工的重要问题：谁会参与管理监督施工，他们的职责是什么？实际施工与合同要求不相符怎么办？完工验收时、汇报进度时、偿付施工费时、控制施工成本时……不同环节会涌现出不同的问题。施工合同中是怎么定义“大体完工”的？开具竣工查核事项表和承包商宣布竣工的流程又是怎样的？

（十四）设备及其他资本资产的获得

设备及其他资本资产的获得是实行资本预算的重要组成部分。设备的购买流程一定要符合相关法规。无论法律是否要求，都应对比多家供货商，选择最符合成本效益的进行购买。最后，购买时机也至关重要。如果在经营预算中拨出一部分年度收入购买设备，一定要定好日程，在一个财年中资金比较充裕的时候购买。

四、结　　论

纵观资本预算，提一个总结性的问题：地方政府是否应该设置一个独立的资本预算流程？然而做地区项目决议的经验告诉我们，这并非出现最频繁的问题。大多数政府，无论大小，都已经采用了本书中资本预算的某些步骤。那么这个问题应该改进一下：地方政府应该把资本预算做到什么程度？本章开篇提到的实施资本预算的原因，也算是可以帮助官员们回答这个问题的衡量标准。下边列举的条件满足的越多，政府就能从独立的完善的资本预算中获得越多利益：（1）地方政府在稳健成长，或者政府并未成长，但它投资的公共设施建设刺激了经济增长；（2）地方政府需要大型投资以满足资金需求；（3）资金到位后，城市的社区面貌将焕然一新；（4）将会发行债券募集项目所需资金；（5）经营预算以及其他类似流程无法满足地方政府当前的财政需要。

本章注释

本章是作者修改其写的《预算：规划和实施》（第三版）中“资本预算”一章后的版本。该书由杰克·雷宾等编辑，乔治亚大学文森政府学院于2007年出版。

①地方政府资本计划和支出的这些例子是由这些管辖区域的预算办公室所提供的。关于这些计划的信息可以在所辖区域资本改进项目和预算文件中找到。美国佛罗里达州的一个研究表明基础建设问题在政府委员会选举时是非常重要的。见 McManus（2004）。

②对佛罗里达地区的研究表明基础设施问题在决定政府委员会选举中意义重大。参见 McManus（2004）。

③这个宽泛的资本支出概念并不用于所有的经济学家。例如，一个知名的经济学家在他的一篇文章中用的资本支出概念与会计学中的概念很相似。见 Baumol 和 Blinder（2005）。

④资本资产和资本化起征点的概念见于 Gauthier（2004），也可见于 Freeman，Shoulder，Allison（2006）。

⑤Freemman，Shoulder，Allison（2006）指出：艺术作品，历史文物和特定的无形资产是不属于资本资产范畴的。这里将他们加进来是根据 Gauthier（2004）中资本资产的范畴，并且当地艺术、博物馆和历史文化保护项目日趋重要。

⑥带有说明的详尽的地方政府资本计划、预算和财政的方法见 Vogt（2004）。更加简洁的资本预算概述见 Westerman（2004）。美国和加拿大的政府财政办公联合会的经济发展和资本计划委员会在联合会的网站：http：//www. gfoa. org. 上给出了实用和详细的资本预算大纲。

⑦美国债券等级机构考虑到统一基金和其他经营基金节余在评估地方政府财政状况中是一个非常重要的因素。见 Jacob 和 Rosso（2005）也可见 Moody 的投资者服务（2004）。

⑧在美国北卡罗莱纳州，一个州机构审批一个城市、城镇和地方政府计划发行的所有债券。这个机构是北卡罗莱纳地方政府委员会。这个委员会不仅批准该州的所有当地债券，也在债券市场出售美国地方政府的（州的或者当地的）债券。这个委员会在这些市场中是很受重视的，并且它们的主要任务是以较低利率批准和出售一个州的当地债券，这个利率比地方政府可获得要低，见 Larkin 和 Schaub（1999）。

⑨Ehlers（1998）是美国关于地方政府债券融资和管理的最好的书之一。同样可见于 Vogt（2004），特别是第7到11章。

⑩这个建设计划分配系统的探讨是基于 Riecke（2004）的理论。Riecke 女士是一位建筑学家。

⑪在北卡罗莱纳州，建造合同由地方政府和其他公共实体认可，须符合正式的投标要求。

这样，合同必须被授予“最低责任投标者，或考虑到质量、业务水平的投标者，并且在规定的时间内履行完成。”见北卡罗莱纳州普遍法规 143－129（b）。

本章参考文献

Baumol, William J., and Alan S. Blinder. 2005. *Economics: Principles and Policy*, 9th ed. Mason, OH: Thomson Southwest.

Ehlers, Robert I. 1998. *Ehlers on Public Finance: Building Better Communities.* Rochester, MN: Loan Oak Press.

Freeman, Robert J., Craig D. Shoulders, and Gregory S. Allison. 2006. *Governmental and Nonprofit Accounting: Theory and Practice*, 8th ed. Upper Saddle River, NJ: Prentice Hall.

Gauthier, Stephen J. 2004. *Governmental Accounting, Auditing, and Financial Reporting.* Chicago: Government Finance Officers Association.

Government Accounting Standards Board. 1999. *Statement No. 34 of the Governmental Accounting Standards Board: Basic Financial Statements—and Management's Discussion and Analysis—for State and Local Governments.* Norwalk, CT: Governmental Accounting Standards Board.

Jacob, Karl, and Baltazar Juarez. 2005. "The 2005 Annual Review of 'AAA' Rated U. S. Counties." *Standard & Poor's Public Finance*, September 21, pp. 1－8.

Jacob, Karl, and Jennifer L. Rosso. 2005. "Annual Review of 'AAA' Rated U. S. Municipalities." *Standard & Poor's Public Finance*, *June* 9, pp. 1－8.

Larkin, Richard P., and Jeff Schaub. 1999. "State of North Carolina Local Government Commission." *Fitch IBCA Public Finance*, *March* 29, pp. 1－6.

Lawrence, David M., and A. John Vogt. 1999. "Capital Budgeting and Debt." In *County Government in North Carolina*, 4th ed., ed. A. Fleming Bell and Warren J. Wicker. Chapel Hill: School of Government, University of North Carolina.

McManus, Susan A. 2004. "'Bricks and Mortar' Politics: How Infrastructure Decisions Defeat Incumbents." *Public Budgeting and Finance* 24 (1) Spring: 96－112.

Moody's Investors Service. 2004. "The Six Critical Components of Strong Municipal Management." *Rating Methodology*, March, 1－6.

Prunty, Robin, and Karl Jacob. 2002. "Top 10 Ways to Improve or Maintain a Municipal Bond Rating." *Standard & Poor's Public Finance*, February 4, 1－4.

Quirin, G. David, and John C. Wiginton. 1981. *Analyzing Capital Expenditures: Private and Public Perspectives.* Homewood, IL: Richard D. Irwin, Inc.

Riecke, Valerie Rose. 2004. "Construction Contracting: Project Delivery Methods." *Popular Government* 70 (1): 22－33.

Standard & Poor's. 2007. *Public Finance Criteria* 2007. New York: Standard & Poor's.

Vogt, A. John. 2004. *Capital Budgeting and Finance: A Guide for Local Governments.*

Washington, DC: International City/County Management Association.

Westerman, Nicole. 2004. "Managing the Capital Planning Cycle: Best Practice Examples of Effective Capital Program Management." *Government Finance Review* 20(3) June: 26 – 31.